——献给为摘掉屏山国家级贫困县帽子而付出辛劳的人们

摘帽记

ZHAIMAOJI

周云和 / 著

四川大学出版社

项目策划：王小碧
责任编辑：王小碧
责任校对：谢　鋆
封面设计：成都惟文文化传播有限公司
责任印制：王　炜

图书在版编目（CIP）数据

摘帽记 / 周云和著． — 成都：四川大学出版社，2021.3
ISBN 978-7-5690-3940-5

Ⅰ．①摘… Ⅱ．①周… Ⅲ．①扶贫－研究－屏山县 Ⅳ．① F127.714

中国版本图书馆CIP数据核字（2020）第213099号

书名	摘帽记
著者	周云和
出版	四川大学出版社
地址	成都市一环路南一段24号（610065）
发行	四川大学出版社
书号	ISBN 978-7-5690-3940-5
印前制作	成都惟文文化传播有限公司
印刷	涿州军迪印刷有限公司
成品尺寸	170mm×240mm
印张	13.75
字数	243千字
版次	2021年3月第1版
印次	2021年3月第1次印刷
定价	68.00元

版权所有 ◆ 侵权必究

◆ 读者邮购本书，请与本社发行科联系。
　电话：(028)85408408/(028)85401670/(028)86408023　邮政编码：610065
◆ 本社图书如有印装质量问题，请寄回出版社调换。
◆ 网址：http://press.scu.edu.cn

四川大学出版社
微信公众号

内容提要：

屏山县是国家级贫困县——乌蒙山片区重点县之一。《摘帽记》以翔实确凿的素材、亦庄亦谐的笔触，文学式地记录下屏山县的人民历经周折，罄其辛劳与智慧，最终高质量如愿摘掉贫困县帽子的过程，生动地再现了一个个屏山人狠挖穷根、力断穷源的精彩场面和感人故事，不失为决战精准扶贫与脱贫攻坚的用心、用情、用力之作。

目　录

第一章　屏山往事
一、那方贫瘠的土地 001
二、振臂一呼 006

第二章　呼啸的山村
一、号角声声传万里 010
二、"拆婚"的故事 015
三、一碗水端平 021
四、没有填不平的沟 024
五、"软肋"不软 028

第三章　生计大事
一、安得广厦千万间 032
二、"伏魔"记 036
三、有教无类 041

第四章　"第一书记"群雕
一、"萝卜书记"王红旗 047
二、"找水书记"吕沐洋 052

三、"摩托车书记"胡勇 057
　　四、"二战书记"程顺果 061
　　五、"两不书记"罗晓玲 067
　　六、"黑脸书记"许智 073

第五章　走在乡间的小路上
　　一、三任书记话清平 078
　　二、山里汉子 084
　　三、雪花飞絮 088
　　四、两个泥腿子村干部 091

第六章　酸甜苦辣都是歌
　　一、也算"抓壮丁" 096
　　二、山村夜色并不美 103
　　三、扶贫路上的尴尬 108
　　四、永福村五壮士 110
　　五、"白眼狼"与"保暖鞋" 115

第七章　我持彩练当空舞
　　一、岩门茶飘香 118
　　二、枇杷开花了 123
　　三、"打不死的小强" 128

四、"金鸭儿"飞回鸭池来 134
　　五、树高千丈不忘根 140

第八章　人生第二春
　　一、枯树逢春 146
　　二、"酒醉鬼"醒了 150
　　三、农家院里笑声飞 155
　　四、100元钱的故事 160

第九章　穷在深山有远亲
　　一、北京有爱 166
　　二、又一场"南征北战" 171
　　三、三峡深情 177
　　四、当好"娘家人" 181

第十章　屏山经验与希望
　　一、"歇帮"治懒病 187
　　二、"借牛还牛" 188
　　三、叫得最响的一个事 193
　　四、新起点新征程 199

后　记 207

第一章　屏山往事

摆脱贫穷是共产党人的初心和使命，尽管屏山县因为历史原因一直没有摆脱贫困，但人定胜天，在屏山人的共同努力下，未来可期！

1994 年屏山县因人均收入 262 元没能享受政策红利，这意味着屏山县与税费减免、财政资金支持等失之交臂，但是，屏山人从不气馁，用自己的方式演绎脱贫攻坚的赞歌！

——题记

一、那方贫瘠的土地

新中国成立前后，宜宾匪患成灾，曾有这样几句歌谣广为流传：江安不安，长宁不宁，屏山不平。

我曾读过宜宾籍作家杨宇心的长篇小说《风流古镇》，这是一本以龙华古镇为背景，描写当年镇政府如何平乱剿匪的书。山防大队长谷朝庆从老君山打猎回来所骑的银河马，敲击在石板街面上的嘚嘚马蹄声；县财政局长汪家桢船过辣子窝遭遇伏击，子弹在船前船后哒哒哒的呼啸声，时常在我耳畔萦绕，挥之不去。

不过，我说"屏山不平"，指的是屏山的整个地形地貌。数据显示：屏山县大部分地区海拔为 300～1400 米，山地占辖区面积 95%，丘陵占 5%。川南第一高峰老君山位于屏山境内，海拔 2008.7 米。《屏山县志》云："境内山岭纵横，沟谷交错，山高坡陡，地形破碎。"用"地无三尺平"来形容屏山可能会有人反对，用"地无三里平"来形容恐怕不会有人反对了。想起现在被向家坝水电站淹没的老县城的狼狈样子，如同一根弯曲的扁担随意扔在金沙江边凋零破败，我心里很不是滋味。在那个老县城"打了几十年转转"的龙孝贵说得详细具体一些。

"当年的老屏山，就在锦屏山下，金沙江边上有一条街。走上街一看，真的没有希望，要人没人、要钱没钱、要地盘没地盘。北城那一片，全是低矮的瓦房，居民电灯都用不起，还在点煤油灯。生活也很恼火，到了下午四五点钟，你去菜市场上看一看，家里没有参加工作的人全来买菜、买肉了。这个时候，农民菜卖剩卖罢脚（剩下）了，难得背回去，就相因（便宜）卖，甚至估堆堆（一堆堆甩卖）；肉剩下的也是边边角角。"

我在采写长篇纪实文学《水拍金沙》的时候，了解到一个令屏山领导们尴尬汗颜的事。修向家坝水电站时，要淹没老县城，需要整体搬迁选新址建新县城，前前后后考察选择了十来个地方，县境内竟然找不到一个能够容纳得下新县城同时兼具发展空间的地方，最后新县城被修在了叙州区（原宜宾县）的地盘上。

基层干部工作条件普遍恶劣。我所写反映宜宾市"八七扶贫攻坚"业绩的拙著《世纪宣言的回声》一书中有过这样的记载：冒水乡政府只有一幢60年代用乱石堆砌的一楼一底、木瓦结构的房子，年久失修，三面墙体已经倾斜，最严重的达15度；到处有裂缝，大的有近十厘米宽。木质地板及木窗、木栏杆，已被虫蛀，腐朽了，随时都有倒塌的危险，干部们根本无法安心在办公室工作。龙桥乡政府长期无办公用房，靠租借一家破敝的企业楼房供职员办公。大桥乡更典型，政府职员的住房不如一般农舍，乡干部办公无固定场所，生活条件极为艰苦。交通不发达，山高路远，乡干部要完成各项工作任务，常常是一天从早忙到晚，只好走到哪里黑，就在哪里歇。乡干部普遍感到穷家难当，干部难管，工作难抓。6个特困乡镇党政一把手向县委反映，要求调换工作地点。部分村干部由于畏难，干脆撂担子不干，外出打工一走了之。

"这是乡镇情况。乡村老百姓的境遇如何？"我向刘清华提出这个问题，他愣了愣，往昔所见情境依稀一幕一幕展现在他的眼前：

我1996年初任县扶贫办主任，当时全县有30多户人住岩洞，主要分布在富荣、新安、夏溪和屏边等乡镇。我去富荣镇三洞村看到的那两户住岩腔的人，他们用苞谷秆竖在岩腔外面遮风挡雨。家里所有的家当没有哪样值钱，除了锅用得（可以用）外，其余没有哪一样用得（可以用）；饭碗是粗碗不说，还都有缺口。灶头是几块石头堆成的，在岩腔边上，锅盖子也是用竹编成的。地面不平，床是用木棒棒绑的，上面堆一层苞谷壳壳；烂草席铺在上面，铺盖像油渣子，东一坨西一坨的。咋个会这样呢？一家三四个人，盖一张被盖，都想盖着，只能你拉我扯。屋子阴暗潮湿。我是夏天要收苞谷的时候去的,有一户有一盏马灯,照着有点发霉的苞谷,不过十来斤。锅里蒸着几个苞谷粑,不是磨成粉粉做的,而是磨成碎颗粒做的,我掰了一点来尝,酸的,一般人根本吃不下去。有一户马灯都没有一盏,苞谷也看不到一颗,没有田,喂的猪都是放养的,人穿得破破烂烂。唯一的优点是离水源近,不缺水。新安龙桥上面的肖匾组整体贫困,其主要原因是干旱,十年中起码六七年会遭遇旱灾,不要说生产,生活用水都无法保障。他们天不亮起身,走一个钟头的路去沟沟头找水。找着了,大家排队,你舀一挑我舀一挑,水还是浑浊的,甚至是泥浆子,大家把水挑回家常常已经九十点钟了。

清平乡的彝族同胞住在山上,今年在这个山头烧一把火,用尖尖锄头,挖一个小窝子,丢两颗苞谷在里面,不施肥,然后听天由命,生长得起来就生长,生长不起来就算了。有的杂草都比苞谷长得好,苞谷很小个,产量相当低。明年到另一个山头去烧一把火,又这样种苞谷,真的刀耕火种啊。住也是这样,今年住这个山头,明年住那个山头。所谓房子,就是大家用两根树棒棒搭一个剪刀架,再在剪刀架上放一根树条子,铺上芭茅花。像这种游牧民,清平乡和屏边乡加起来有上百户。

我去走访过好多户,不管啥子原因造成贫困的,贫困户们都没有粮食吃、没有衣裳穿、没有房子住。一家三四口人,只住一个窝棚、只有一套衣裳,哪个出门哪个穿。他们喜欢喝酒,政府送给他们的铺盖,他们都卖了打酒喝。问其原因,他们说铺盖盖起热和,酒喝起来也热和。他们宁愿缺穿少吃,也不能不喝酒;靠一块毡子生存,冬天冷了就烧火烤。

我们到清平乡去看望彝族同胞,帮他们解决住房问题。下了雨的机耕道,连摩托车都上不去,有的人摔了跟头,一身糊满泥巴。乡里派人背了点嫩苞谷、水来,饿了就啃苞谷、吃野果,青梨子怪难吃,饿慌了也得啃来吃。到英雄村、民族村去,单程都要走三四个钟头,要把贫困户看完,找村组干部商量,把一些事情落实下去,天都黑了。六七个人,晚上只能跟着住岩腔。蚊子多,睡不着,大家坐着摆龙门阵(聊天)。

夜,静静的,唯有刘清华圆润清晰的声音在灯辉下流淌。说到激愤处,他还辅以手势,引领我的思绪穿越时空隧道,走进昔日贫困地区老百姓凄风苦雨的生活场景中。透过这一幅幅缺吃少穿没住处的场景,刘光友给我讲过的昔日清平乡岩坪村、新市镇寸腰村老百姓卖猪难的画面，翩然呈现眼前。

刘光友，清平乡土生土长的农村人，在清平乡政府工作多年，对乡里的情况非常熟悉。他曾在清平乡一个叫水井湾的地方收过猪税。那时候没有公路，岩坪村上半坡的老百姓卖猪，在五黄六月的酷暑时节，为了赶早凉快点，他们四五点钟天不亮就要收拾好去赶猪，赶不走就请人抬。有一个村民叫马贵才，外号马大蒙汉，专门给人背猪下山卖，根据猪的大小，背一头猪的工程钱为20元或者30元。他们把猪弄到水井湾，已经上午九十点钟了，然后就坐在那里眼巴巴地等着猪贩子来买。猪贩子常常耍心眼，下午四五点钟太阳偏西了才不慌不忙地来收，这个时候猪的屎尿屙干净了，肚皮饿得针都穿得过，称重时就会轻很多。岩坪九组李贵超，赶猪下来卖的那天，太阳大猪遭热死了，按当时市场价，那头猪原本能卖1000多元，死了却只能杀了当瘟猪肉卖。肉卖不完，送一些给人，背一些回家去吃，结果一头猪还没有卖到200元钱。山路逼仄，弯道多又陡，像寸腰村老龙岩那里，山顶与山底垂直距离两三百米高，稍不注意猪就摔下岩去了。有一年在那里摔死了六七头猪，猪摔下去后，尸体都找不到。老海龙那个地方同样如此，只要踩滑了滚下去，尸骨无存。

这情境，无不令人扼腕叹息，唏嘘再三。

郑兴良在宜宾市扶贫和移民工作局工作，任过党组成员、副局长，现在是调研员，从1988年到现在，做的都是扶贫的工作，是名副其实的老扶贫人。我问他："这几十年间，你印象最深的事是什么？"他稍加思索，立即从脑海里回忆起"去屏山县新市镇坳田村了解情况"那一幕。

那是20世纪"八七扶贫攻坚"的末期，省上要来检查验收了，屏山作为全市6个贫困县相继通过脱贫越温验收后唯一一个未实现越温达标的县，也是乌蒙片区唯一一个未脱贫越温的汉族县，能否顺利验收过关？市扶贫办把所有乡镇做了一个排查，哪一些是重中之重，得挨着一个一个去跑一遍，做到心中有数。估计新市镇抽中概率大，市扶贫办派郑兴良去新市镇摸底。镇上有一个村，叫坳田村。寸腰村大半个村子都在山上，而坳田村还在寸腰村上面，是屏山县海拔最高的一个村，郑兴良让屏山一个同志带着他去看一看。

郑兴良回忆道："应该是七八月份，那个太阳晒起凶得很哟，'火燎燎'的，我们顺着山路往上爬，全是很陡的梯步路，根本找不到一个平一点的地方歇个脚。爬了4个多小时才到，穿的T恤脱下来一拧，水直滴，可把我们整惨了。记得下山时，我们路过一条河沟，我找了一个水凼凼，去游了一盘，舒服得很。

我问当时的镇党委书记（名字一时想不起来了），'你去过坳田村没有？'他老实给我说，'我在这里从镇长到书记，已经干了8年了，这个村我还真的没有去过。'他还说了一句话，'要是这一次抽到这个村检查，包出问题。'（我后来把这个话原封不动地写进了调查报告）。当时的县委书记吕晓莉拿着我的调查报告在会上原文照读，差点把他头上的乌纱帽'抹脱'了。"

这条路之陡峭险峻，给我不寒而栗的感觉，我忍不住问："你去那里看到一些啥子状况呢？"

郑兴良说："肯定恼火嘛。你想想，当了8年的镇领导都没有上去过。"他话锋一转，"你不要说，我还真佩服当地老百姓，我们空手走，都累得七喘八喘的，他们背着几十斤甚至上百斤重的东西，咚咚咚地就爬上去了。"

我再问："群众生活如何？"

郑兴良很概括地说："生活简朴，饮水困难，住房条件也很差。"

我不理解："坳田，沾了田字，应该有水啊？"

郑兴良脸色有点阴沉："水是有的，没得水老百姓咋个活得下去呢？但很缺水，村民们只能到山沟沟头找水吃，或者挖一个凼凼接点露天水吃。

关于屏山那方水土的贫瘠，山险路陡，地貌破碎，缺水少路，老百姓生活得艰辛，你找着任何一个了解屏山以前情况的人，都能头头是道地给你说出一大堆。难怪龙孝贵听说屏山没评上国家级贫困县，要用"很沉重"来形容当时的心情。这样一幅状况，谁能高兴得起来？

我沿着向家坝水电站屏山库区的岸边徘徊，望着老君山遒劲葱郁的参天古树发呆，面对龙华古镇八仙山上面相端庄、红色朗润的立佛沉思：20世纪末到21世纪初，屏山县的贫困广度和深度究竟有多广多深？除了上面典型事例外，我想用数据来说明，希望县上能给我提供屏山县1993年申报"国家级贫困县"的报告，可惜没有找到。而屏山县2001年申报列入"国家扶贫开发重点县"的报告找到了，但其中的重要附件《关于屏山县贫困状况的情况汇报》，谨此感谢县扶贫开发工作局和县档案馆帮助我查找资料的有关人士。我固执地想，这两份报告中，肯定有关于屏山县贫困状况的详细情况，但找不到官方权威发布的信息，我只有引刘清华撰写的《苦干战贫困世纪铸辉煌》一文中的数据，相信具有参考价值："1993年底，全县贫困人口由12.2万人减少到5.76万人，贫困率由60.1%下降为27.3%。"这个数据告诉我们，

1986年我国进入大规模开发式扶贫阶段之初，屏山县20余万人口中，一半以上生活在贫困线下，真让人触目惊心。

2011年1月24日，屏山县委、县政府给省扶贫与移民工作局写了关于将屏山县继续列入2011—2020年"国家扶贫开发工作重点县"的请示，在介绍基本县情时说："屏山县地处四川省南缘、宜宾市西部、金沙江下游北岸，与云南省绥江县、凉山州雷波县和乐山市马边、沐川县接壤。全县辖区面积1523平方公里，辖16个乡镇（其中2个彝族乡），总人口30.7万人，其中农业人口26.68万人，是传统的农业县。"

当时的请示提出四点理由，其中前两条为："（一）全县贫困人口比重大，贫困程度深。2009年底，全县建卡贫困人口17348人，按人均年纯收入在1196元以下标准测算，目前全县农村贫困线以下人口还有3.38万人，贫困发生率达12.69%。按照确定国家扶贫开发工作重点县的两大指标分析，2006年至2008年，全县农民年人均纯收入为2676元，人均财力为116元，在宜宾市各区县中最低。（二）彝区少数民族贫困问题突出。全县有2个彝族乡与凉山州相邻，彝族人口近1万人，其中贫困人口3000余人，生产生活条件恶劣。"

这个时候，国家已经经历了体制改革扶贫，大规模扶贫开发，经济发展、扶贫攻坚与社会扶贫共治三个阶段30年的扶贫工作，屏山县仍然是这样贫穷落后的状况，20世纪八九十年代至21世纪初的状况可想而知。

二、振臂一呼

面对贫穷落后的状况，难道只能不思进取，坐以待毙？一个个不甘命运摆布的屏山人振臂如林，对着穷山恶水声如雷霆地大声说不！

透过岁月的风尘，凝视屏山人前行的背影，我们看到一串串清晰的脚印。

也许屏山人穷怕了、饿怕了，房不避雨淋怕了，对贫穷有着切肤之痛，因而头脑清醒、认识深刻。1988年1月，屏山县委发出《关于进一步稳定发展农村经济几个问题的通知》（后简称《通知》），明确指出："贫穷不是社会主义，老是当贫困县并不光荣，尽快解决群众温饱是我们的责任，是摆在我们面前的重大经济任务和政治任务，是整个农村经济起飞的基础工作。"《通知》响亮地提出要把解决温饱、摆脱贫困作为农村工作的中心任务来抓。

措施也非常具体有力：把扶贫工作的重点放在解决群众温饱上，扶持到户，重点扶持发展生产，基本点放在增强"造血功能"上；扶贫实行责任制，一级抓一级，定期检查，限期"交账"，列入岗位责任制考核，作为工作述职、政绩考核的内容和依据；落实特困政策，加快特困村组经济开发，充分调动群众的积极性；依靠经济实体和服务组织，充分发挥扶贫资金效益，做到工作到户，服务到户，效益到户，解决温饱到户，切实起到"扶持一个点，安排一批人，带动一大片"的作用；管好、用好扶贫资金，选准项目，每年对扶贫资金使用进行监督；把智力开发放在重要位置，搞好技术培训，培养农村经济开发的带头人；组织各方面力量共同扶贫，下派干部到特困乡村组工作，促进全县平衡、经济快速发展。

这一扶贫方略，将它同今天精准扶贫的政策措施相对比，也颇具现实意义与借鉴作用。从另一个角度讲，它诠释着屏山人具有超前的意识和过人的胆略。

1994年3月，国务院召开全国扶贫工作会议，决定从这一年起，实施《国家八七扶贫攻坚计划》，力争在20世纪最后的7年内，集中人力、物力、财力，动员社会各界力量，基本解决全国8000万贫困人口的温饱问题。

这是一份世纪宣言。

纵观人类历史，就是一部血淋淋的与饥饿、与贫困抗争的历史。摆脱贫困，不仅仅是一个让人们有饭吃、有衣穿、有房住的问题，还是要将人类历史积淀下来的问题，在短时间内解决掉，只有中国共产党才有这种宏大的气魄、胸襟和胆量，同时这也是共产党人的"初心"、奋斗和追求的终极目标。屏山人闻令而动，以"负重自强、艰苦创业、团结拼搏、勤政务实"的"屏山精神"为动力，随即制订出《屏山县五七扶贫攻坚计划》，确定了在20世纪末基本解决农村贫困人口温饱问题的战略目标，工作要实现"四个重大转变"，即由单纯救济式扶贫转变为开发式扶贫，由分散式扶贫转变为项目式开发扶贫，由单一业务部门扶贫转变为全社会参与扶贫，由单纯资金输入扶贫转变为资金、物资、技术、管理、服务综合配套输入扶贫。

这一时期，屏山县制定了很多符合县情、行之有效的科学决策，创造出以龙头工程、帮扶工程、增收工程、管理工程、科教工程、务实工程"六大系统工程"为标志的"屏山模式"。

配套这"六大系统工程"，他们建立健全了扶贫攻坚的"三大工作制度"：一是进一步完善了部门、单位对口定点帮扶制度，坚持不脱贫不脱钩；二是实行"四制"（一把手责任制、定期交账制、督导督查制、一票否决制）加大乡镇扶贫攻坚力度；三是坚持选派干部脱产驻村帮扶制度。每项制度下有具体操作细则。

今天，我们深入屏山县脱贫攻坚战场可以清楚地看到，他们的很多办法措施，都是原来计划的递进和演绎。一年接着一年干，一届接着一届干，换届换人不换思路，保证脱贫攻坚工作的连续性。这一点，我将在后面的章节中予以例证。

这种宏大而壮观的场面，振奋人心，催人奋进：1997年3月5日，屏山县为了增强决战信心，打好"八七扶贫攻坚"总体战，县委、县政府在电影院召开千人誓师动员大会。时任县委书记吕晓莉代表25万屏山人民庄严宣誓："万众一心，决战贫困，越温达标，只许成功。"在这雄浑嘹亮的口号声中，全县各级各部门干部士气高昂，分赴农村联乡驻村包户，掀起"百村万户帮扶活动"的壮阔波澜。

到了1999年，宜宾市6个贫困县相继通过脱贫越温验收，屏山县成了宜宾唯一一个未实现脱贫越温达标的县。市委、市政府当年向社会承诺要兴办十件实事，第一件就是"决战扶贫攻坚，确保屏山县越温达标和解决10万贫困农民的温饱，实现全市提前一年完成越温达标任务"。市、县集中一切优势兵力发起强势猛攻。刘清华清楚地记得："那一年大家真的很辛苦。县里确实把扶贫工作列为重中之重的工作，全体党员干部一丝不苟，许多人在帮扶包户的过程中，克服重重困难，不顾严寒酷暑，不惧山高路远，俯下身子，决战贫困。工作中，我知道书记、县长不容易，我们干具体工作的也不容易，像负责整理资料的老朱（县扶贫办副主任朱宗林），天天晚上工作到十一二点，人都病了。县长周朝康说，哪里出了问题，哪个承担责任。我们做工作既要放心大胆，虎虎生风；又要小心谨慎，如履薄冰。检查验收前半个月，我怕出纰漏，采取'解剖麻雀'的方法，把龙溪乡的全部资料背到省上去，请省扶贫办李处长（李经平）帮我们把关，看能不能过。只要这一个乡过得了，全县就过得了。正逢李处长生病住院，我就去医院陪着他，把背去的资料一本一本翻给他看、念给他听，同时把县到乡、乡到村、村到户的情况一一介绍给他。他认为没有问题，我心里有了底。"

经过全县上下丝竹同声艰苦奋战，1999年屏山顺利通过越温达标验收。时任县委书记吕晓莉动情地说："这一成绩确实来之不易，它凝聚着省、市各帮扶单位同志们的热忱关心和无私帮助,也凝聚着全县各级党政机关同志们倾注的心血和汗水,更凝聚着成千上万的贫困户求生存、求发展、求富裕的不屈抗争。"

"八七扶贫攻坚战",屏山县打下了这场脱贫越温的恶仗。2000年,中国向世界庄严宣告:除了少数社会保障对象和生活在自然条件恶劣地区的特困人口,以及部分残疾人外,我国农村贫困人口的温饱问题已经基本解决。这中间,融入屏山人一份心血和汗水、一分力量与贡献。

所谓基本解决温饱问题,说的仅仅是"有饭吃、有衣穿、有房住"。至于"吃好、穿好、住好",那将是一道长期的、需要继续攻克的难题。由此,中国扶贫进入第三阶段,即经济发展、扶贫攻坚与社会扶贫共治的扶贫阶段。

第二章　呼啸的山村

习近平总书记吹响"脱贫攻坚"号角，屏山人闻令而动，迅速组织起一支脱贫攻坚队伍奔赴农村，用汗水与辛劳攻克"扶持谁""谁去扶""怎样扶"的难题，沉寂的乡村山风劲吹，林涛声声，不再沉寂。

一、号角声声传万里

2015年11月27—28日，中央召开扶贫开发工作会议，习近平总书记在会上指出："消除贫困、改善民生、逐步实现共同富裕，是社会主义的本质要求，是我们党的重要使命。全面建成小康社会，是我们对全国人民的庄严承诺。"他向全党、全国人民发出庄严号召："脱贫攻坚战的冲锋号已经吹响。我们要立下愚公移山志，咬定目标、苦干实干，坚决打赢脱贫攻坚战，确保到2020年所有贫困地区和贫困人口一道迈入全面小康社会。"

号角由习近平总书记吹响，从北京传出，宣告一场声势浩大、狠拔穷根的攻坚战，以前所未有的广度和深度迅速在全国打响。屏山能够借助这一关键时刻猛然发力，摘掉国家级贫困县的帽子吗？带着这一疑问，我走进屏山，走进以扶贫为主要工作职责的屏山县扶贫开发局。

局长文兴培，老家在屏山一个偏远的贫困村，参与完"八七扶贫攻坚"后，他辗转了几个农字头单位又回到扶贫工作岗位上。如果有扶贫职称，他评得上扶贫专家。我是一个不求甚解的人，对"扶贫攻坚""脱贫攻坚"的提法从来没有细究过它们的区别，他却不同。他说："以2015年11月习近平总书记主持召开的扶贫工作会议为界线，以前提的是'扶贫攻坚'，以后提的是'脱贫攻坚'，一字之差，有着本质的区别。'扶'是对贫困人口提供一种道义上的帮助，有'扶一下、拉一把'的意思，扶贫是长期的任务。'脱'不仅仅是'扶一下、拉一把'了事，而是要让中国贫困人口，在规定时间2020年以内，必须摆脱贫困。这是一个政治责任，是历史赋予共产党人的天职，充分体现出了以习近平同志为核心的党中央要彻底战胜贫困的坚定意志和果断决心。"只有扶贫专家经常咀嚼政策文件练就的特殊本领，才能在细微之处见功夫。

听见习近平总书记吹响的号角，屏山人是如何抓住这一历史机遇，摘掉国家级贫困县帽子的呢？文兴培从容作答："2011年，屏山再次被列入乌蒙山片区国家扶贫开发工作重点县后，我们的扶贫工作就没有间断过。无奈那个时候向家坝水电站屏山库区移民工作正处于关键时刻，县里一时顾不过来。2013年，移民工作刚刚结束，县委、县政府深知屏山既是国家扶贫连片开发特困地区县，也是乌蒙山片区扶贫攻坚的主战场，迅速调转马头，把工作重点转到经济发展和扶贫攻坚上来，力图以最快时间摘掉国家级贫困县的帽子。2013年9月25日，县里召开了规模浩大的'加快屏山脱贫达小康动员大会'，确定'区域发展带动扶贫开发、扶贫开发促进区域发展'的基本思路，采取'转移脱贫、产业脱贫、技能脱贫、保障脱贫'等措施，计划在2017年摘掉屏山国家级贫困县的帽子，2019年实现全面小康总目标。这个会把我们整个扶贫工作延续起来了。当时很多地方基本上没再抓扶贫工作，有的区、县甚至把专司扶贫工作的机构都撤销了。在这样的背景下，屏山敢于大张旗鼓抓扶贫，说明县委、县政府具有远见卓识，为习近平总书记提出的'精准扶贫'做好了充分的思想准备。从另一个角度上说，习近平总书记提出'精准扶贫'顺应了民情民意，是广大贫困地区老百姓的迫切愿望。所以，当听到习近平总书记吹响的号角声后，县里对定下2017年摘掉贫困县帽子的目标做了调整，与党中央、省、市相一致，这样能更好地赢得时间，积蓄力量一举摘帽。2012年，屏山按要求对贫困户建了档、立了卡。2014年，国家统一要求重新建档立卡，屏山又用了两个多月时间做这项工作。大家做得非常认真和仔细，当年9月进行数据调整录入微机管理系统，10月3日以县政府名义发布公告，从此脱贫人数除年年适当动态调整外，大体限定在公告范围之内。"

我手边放着一份《屏山县脱贫攻坚工作手册》（简称《手册》），是托屏山县委宣传部副部长周学庆给我找的，由"组织实施""政策宣传""精准帮扶"三个分册组成。《手册》开宗明义：2019年，屏山县要如期实现高质量摘帽和脱贫，成效走在全省前列。我翻看《手册》，它囊括了2019年屏山县整个脱贫攻坚的方方面面与细枝末节，实际上是实现上述目标的行动纲领。文兴培说："这几年脱贫攻坚最大特点和亮点是从2016年起，每年年初屏山县都要召开一个脱贫攻坚大会，每年都有新任务和新招法。"诚如此，《手册》

无疑是这些新任务和新招法最系统、最全面、最集中的展示。

屏山县定下2019年是脱贫攻坚摘帽决胜之年，实际上是多年来各个击破取得阶段性胜利后的一场大决战。指挥员们心里清楚，必须调集精兵强将，破釜沉舟，背水一战，方能万无一失地打赢这场仗。

如何调集精兵强将？作为县委、县政府参谋助手的文兴培，给领导献策："既然今年要摘帽，干部必须压上阵，抽三分之二的干部到乡镇和村上搞帮扶。"

此言一出，立即招来一片反对声：部门不愿意抽调那么多人去，乡镇也不愿意接手这么多人来。市里也有领导持否定态度："这样做怎么行？各部门的工作不抓了？"

说老实话，我第一次听说抽三分之二干部下乡扶贫，也为之惊讶。我问文兴培："你拿什么理由说服大家呢？"

文兴培说："县委、县政府领导们认真分析了利弊，首先，他们认为从2018年8月起，项目建设任务特别重，大面积聚居点建设才开始强力推进，只靠乡镇的人不行，何况很多人不懂技术和专业知识。其次，没脱贫的贫困村和贫困户，需要对照脱贫验收标准，要花大量时间把整个工作做细做实；脱了贫的贫困村和贫困户，也需要继续巩固提升。再则，非贫困村非贫困户，以及非贫困村中的'插花'贫困户，以前对这一部分人关心得不够；贫困户与非贫困户之间也存在着大量的矛盾和问题，需要理顺情绪，解开疙瘩，没有干部去做工作不行。汲取摘帽兄弟县的经验，他们都会集中人力、物力，用四五个月时间做最后冲刺。我们的任务比他们重，把时间延伸到一年才能争取主动地位。最有说服力的一条理由是，习近平总书记指出，脱贫攻坚任务重的地区党委和政府要把脱贫攻坚作为'十三五'期间头等大事和第一民生工程来抓，坚持以脱贫攻坚统揽经济社会发展全局。屏山是国家扶贫开发工作重点县，脱贫攻坚是最大的政治任务，全县上下每一个单位、每一个人，都应该成为扶贫干部。"

听文兴培这样说，我算明白过来了。我找县委组织部负责抽人工作的周德奎副主任了解市、县两级帮扶力量的情况。他介绍道，市里有13名市级领导、97个部门对口帮扶屏山。县里组建了15个一线作战指挥部，采取"硬抽人，抽硬人"的办法，明确县里9个重要单位主要负责人留守单位，其余单位留一名副职负责日常工作，剩下的全部下沉到脱贫攻坚第一线去；按50%~70%的比例抽调县级部门在职在编人员，包括32名县领导在内，一共抽了666名干部，加上乡镇干部、村两委、"五个一"、"三个一"驻村帮扶干部，集结成一支 2000 余人的攻坚队伍，充实到脱贫攻坚最前沿。全县 78 个贫困村、所有非贫困村全部落实驻村工作队，建档立卡贫困户和非建档立卡特殊困难户全部落实帮扶干部。我的眼前瞬间浮现出一支士气高昂、经过严格培训的帮扶队伍，浩浩荡荡地开进屏山沟壑纵横、峰岭列阵的乡村，抢滩登陆，各就各位，为全县脱贫攻坚、摘掉贫困县帽子展开了全力冲刺的场面。

记得 2019 年我应邀采写这本书时，打算先找几个朋友摸摸底，打电话、发微信，得到的回答如下：

"我现在退居二线，还是被抽到中都镇李家坝村扶贫来了。要求每月不得低于 21 天驻在村上，偶尔周末回家一趟，回来再联系吧。"

"哎呀，老兄，对不起，我下乡驻村扶贫去了。好久来屏山的？要不我喊一个兄弟接待你一下？"

"你要找的资料，都在我办公室电脑上，不急吧？今天星期二，我周末回来，找到了用 QQ 传给你，好吗？"

"呵呵，来屏山了？失陪哟，我被'发配边疆'了，在挨到马边县马河坝乡的中都镇建立村驻村扶贫，现在正在下乡入排查途中。大排查 20 天，不准请假，衣裳裤子没带够、洗澡没得换洗的，都不准回家去拿，只能在当地买。"

"周老师啊，我到龙溪扶贫来了。不只是我，人大机关几个主任，我们这一摊老同志全都被'赶'下来了，要等到年底脱贫攻坚任务完成了才回单位，你只有来乡下找我了，哈哈哈。"

我一再失望后终于解开心中疑团：屏山不好找人，原来是因为大家都被抽调下乡驻村脱贫攻坚去了。

"这么多领导和干部被抽调下乡脱贫攻坚去了，机关单位不就关门歇业吗？"我不无担忧。

"当然要确保正常运转。被抽调下乡去的人的工作由没有抽去的人兼着做。如县委组织部，留在部里的，一般一个人要兼两个人的工作。"周德奎说。

我请他举一个例子。他说你可以去采访一下县农技站站长简英，她那里的情况比较典型。

还真算典型。县农技站 9 个编制，实际上只有 6 个人工作，5 个被抽走，只留下简英一个人"守门"。农技站的主要工作，除了常规的农技推广外，还有每年惠农补贴工作：资金量最大的耕地地力保护补助每年 2000 多万元，

2019年开始的稻谷补贴每年资金量400多万元，油菜轮作休耕试点工作补助每年450万元，涉及农户10万人次；还有日常工作，诸如农情报送、大小春晚秋作物生产进度汇报、领导临时安排的任务等。2019年，农技站还遇到一个新情况，像耕地地力保护补助，原来通过"一卡通"发放，当年起省上要求用"社保卡"发放，这就需要农技站重新收集农户相关信息，通过新研发的系统申报，工作量比往年增加了三倍。我为简英捏了一把汗："这么一大堆工作，全部堆在你一个人头上，你如何干呢？"她的脸上浮现出一缕苦笑："没得办法嘛，只有加班加点。"

有人给我提供采访线索，说有一个部门领导，白天忙扶贫，晚上还要抽时间赶回单位处理日常工作，然后再赶回村上。我找到他，请他谈谈其间有多忙碌。他委婉谢绝了我的采访，说："县里要求驻村干部必须全脱产，一心一意抓扶贫，我这样分心做单位的事，领导晓得了不好。"我听后暗自一笑："偷偷摸摸"做堂堂正正的事。唯有一种解释：屏山的干部们真正把脱贫攻坚当成了头等大事。

大面积抽人，难免出现一些逸闻趣事，亲戚连襟兄弟姊妹均在县级部门工作的，分别被抽去扶贫不足为奇，上阵父子兵也不新鲜，但夫妻双双都被抽到就有意思了。县供销社的包富贵与在县发改局工作的妻子王洪英，分别被抽调到新市镇和鸭池乡做扶贫工作。包富贵很洒脱："响应县委安排，这是我应该尽的责任。"县农业农村工作局的游伟与在县发改局工作的妻子毛小兰，均被抽调到中都镇高峰驻村帮扶。虽然游伟说："既然干了扶贫工作，再有困难还是要克服。"这话透出些许无奈，但作为全县唯一一对解决夫妻两地分居的扶贫干部，享有这一特殊待遇，想来他应该感到满足。

再勒马回头，听听文兴培说县里对抽调下派的帮扶力量如何管理的吧。

抽调下村帮扶的人代表着单位形象，一般都抽能过政治关、品行关、廉政关和能力关的强人、硬人出去。为保证"下得去、驻得住、干得好"，县里配套了"六个一"保障体系，即15个一线作战指挥部、一支攻坚队伍、一张任务清单、一笔对标补短项目资金、一笔工作经费、一张奖惩清单。具体考核按照"人随事走，钱随人走"的原则，全部参与乡镇捆绑考核，综合补助费、差费报销等，均在乡镇领取与报销。工作干得好，不仅与奖励挂钩，还与提职晋升挂钩。对那种工作不严、不实、不称职，"呼着新鲜的空气，吃着有机的蔬菜，拿着国家的补贴，过着田园式的生活"的人，实施召回管理，凡是被召回的，

3年内不得评先评优；属于培养对象或后备干部的取消其资格，3年内不得提拔或重用；派员单位及主要负责人要负连带责任，当年年度考核不得评先评优。2016年被召回18人。县里选人用人的导向面向脱贫攻坚第一线，有被召回的人希望"从哪里倒下去就从哪里爬起来"，又申请重返扶贫岗位。

响鼓不用重槌，慢牛得用鞭抽。习近平总书记吹响的脱贫攻坚的时代号角，正在金沙江畔、老君山巅荡起阵阵山鸣谷应、震耳欲聋的回声。

这是一个十分有趣的细节：屏山真是处处有"战场"，从县里主要领导与各机关单位，到乡镇与村两委会议室，几乎都能见到一张自行绘制的"作战图"。例如，《屏山县脱贫攻坚作战图》，绘了屏山县整体概貌，用三个色块，把屏山县分为东部、中部、西部三大片区，标注出每个片区有多少个行政村、贫困村、贫困人口，以及分布情况，标明了县脱贫攻坚组织领导体系怎样组织人员脱贫攻坚等情况。乡镇有乡镇亮点，村组有村组特色。我在清平彝族乡民族村见到的《村精准扶贫作战图》，不仅标明了规划脱贫年度，还把公路建设、产业发展、每一户贫困户所在位置等一一标注了出来。好一个"作战图"，真是一图在手，一目了然，一切尽知。

我在富荣镇闹了一个笑话：我去找镇党委书记涂堂玮，工作人员说他在三楼。我挨着办公室找了两个来回都没有找到。再问，有人指着正对着巷道的那道双扇门对我说："就在那里。"我抬头看，落进眼窝的门框上方牌子上赫然写着：脱贫攻坚作战室。

二、"拆婚"的故事

一个十分棘手的问题像山梁一样横亘在龙溪乡新胜村驻村工作组面前：17年前，毛某的妻子胡某不辞而别。毛某看着冷冷清清的家，看着孤孤单单的儿子，心里很难过。他四处打听，多方寻找，可胡某像一粒沙子，凭空消失得无影无踪。从此毛某心情抑郁、精神萎靡，啥事也不想做。儿子渐渐长大，外出打工，结识了一个湖北妹子，带回家来。那妹子见条件差，生活不习惯，尽管怀上娃儿，还是走了。毛某儿子去追，女方父母威胁他，不准他跟女儿在一起。娃儿呱呱坠地，女方父母让毛某儿子抱走。毛某儿子带着娃儿，坐火车转汽车回家，禁不住失恋的打击，途中精神崩溃，大冬天的没给娃儿穿一件衣裳、一条裤子，把娃儿赤身裸体头朝地脚朝天地背回家。毛某接下孙子，磨米粉喂养。

但毛某儿子那次精神失常后便经常发病，一发病就要打毛某。毛某受不了，只好搬去单身汉弟弟家一起住。毛某弟弟镇得住毛某儿子，也算相安无事。精准扶贫，毛某被识别为贫困户。

也许是颠沛流离、居无定所的日子不好过吧，年事已高的胡某外出打了几年工后回村生活了。但因某种原因，胡某在不辞而别后跟别人形成了事实婚姻。怎么识别？

由是观之，精准识别看似简单，其实很难！但又不能因为难就绕道走。

那么，如何做到精准识别？我学习过习近平总书记 2015 年 6 月 18 日在贵州考察时的精彩论述。他要求"精准扶贫"必须做到"六个精准"，即扶持对象要精准、项目安排要精准、资金使用要精准、措施到户要精准、因村派人（第一书记）要精准、脱贫成效要精准。其中扶持对象要精准，是统领另外"五个精准"的旗帜，包括精准识别和精准帮扶。精准识别是摸穷底、拔穷根的关键。我认为县扶贫开发工作局认定股负责人杨刚的比喻形象贴切："'精准识别'就像穿衣服的第一颗纽扣，第一颗没有扣好，衣服肯定是歪的、斜的，不得体。"

是的，我们连真正的贫困户都识别不出来，组织大规模帮扶干部队伍去扶持谁呢？只有精准识别，真正把贫困人口、贫困程度、致贫原因等搞清楚了，才能做到帮扶时因户施策、因人施策。从国家层面来说，要进一步转变贫困人口的估计指标，从单纯依靠收入和消费来评估，转变为依靠包括收入、消费、资产、健康、教育、环境等多维贫困指标进行综合性评估，使贫困人口评估情况尽可能符合贫困地区的实际情况。

杨刚早在"八七扶贫攻坚"时，就跟着分管农业的副县长黄国照做扶贫工作，后来又做了 10 年世界银行贷款外资扶贫工作，五十多岁的他头发几乎白完，全县 259 个行政村，他至少去过 200 个。所以，无论是岗位职责所系，还是多年跑农村田坎的历练，他算得上"老扶贫人"了，要了解屏山县如何精准识别贫困户，他应该是不错人选。

果如所料，杨刚对数据一清二楚，说起事来如数家珍："第一轮精准识别，从 2014 年上半年开始准备，真正启动是六七月份的事。通过广泛宣传，组上提议，村上民主评议公示，报乡镇审查再公示，无异议后报县政府，经审批后于 2014 年 10 月 3 日向全县人民公示。当时全县评定下来的贫困村 78 个，建卡贫困户 10601 户 38914 人。"

我佩服杨刚超强的记忆力，问："这个贫困人口数，是根据评定贫困户标准应评尽评的结果，还是上面下达的指标？"

杨刚说："省上下达了指标。市、县、乡（镇）、村根据指标层层分解落实到户到人。大家把这个称为'锅底政策'，首先在锅底铲一锅铲，找条件最差最穷的进行评定；若还剩指标，就再往上铲一锅铲，一直铲到把指标用完。"

"无规矩不成方圆，全县'精准识别'有无一个统一标准？"

"有。我们根据中央、省、市有关'精准识别'的要求，结合屏山实际情况，实行'三比三看九不评'。"

"三比三看"即比家庭收入，看经济来源；比家庭资产，看消费水平；比家庭劳动力，看致贫原因。"九不评"即参与吸毒、赌博、嫖娼等违法行为者，有劳动能力和劳动条件而不自食其力造成生活困难的（以户为单位，家有两个或两个以上青壮年劳动力且不是智障或残疾人），三年内新建自有住房（二楼一底砖混结构）、在城镇购买住房且高标准装修现有住房的，家庭拥有或使用运营车辆、船舶、工程机械、大型农机具的，从事第二、第三产业的（如家有小纸厂、茶厂、加工厂以及运输和经商）的，大规模发展养殖业或种植业的产业大户、长期雇用他人从事生产经营活动的，对举报或质疑不能做出合理解释和具有其他不符合扶贫开发对象情形的，已被民政部门纳入低保、五保、优抚对象以及在 2013 年以前贫困农户信息系统中已经脱贫了的（因灾因重大疾病返贫的可再次纳入建卡贫困户），凡是家庭成员中有一人在乡镇及以上事业、机关单位工作的九类人不参评贫困户。

具体操作过程分"一看、二算、三查、四问"四步走。一看，即看贫困户家庭实际居住人口与贫困认定人口是否一致，看减贫资料与实际是否相符，看家庭拥有的粮食、副食、蔬菜、家具是否满足基本需求，看家庭成员的四季衣服、被褥是否齐备，看住房条件是否达到安全标准，看是否有安全饮用水、生活用电、广播电视，看有没有当家产业；看贫困村有无硬化道路，有无达标的文化室、卫生室，有无通信网络等。二算，即算贫困户家庭人均纯收入是否稳定或超过当年国家脱贫标准线，算在县域内住院个人医疗费用支出是否控制在 10% 以内，算贫困村农业人口人均集体经营性累积收入是否达到 3 元人民币以上，算当年贫困发生率是否降到 3% 以下。

我打断杨刚的话："这个集体经营累积收入'3 元人民币'对不对？"杨刚说："对的，对我们四川省少数民族待遇县的要求是 3 元；非国家扶贫开发工作重点县的标准高一半，是 6 元。"我明白了，请他继续往下说。他说三查，是查贫困户家中凡年满6周岁的儿童义务教育阶段有无因贫困而辍学现象，是否参加城乡居民基本医疗保险、大病保险，或是否进入医疗救助保障范围；查贫困村脱贫人口参加新农合和城乡居民医疗保险参合（保）率是否分别达到100%，查卫生室是否至少有1名合格乡村医生/执业（助理）医师或巡回医生。四问，即问贫困户吃穿情况是否不愁，问教育医疗情况是否有保障，问是否有比现有贫困户条件更差的非贫困户，问对帮扶工作的认可度和对达标脱贫是否认可，问贫困村"五有"达标情况，问帮扶政策落实情况。

杨刚介绍到这里概括地说："'三比三看九不评'的识别办法，浅显易懂，操作简单易行，农户容易接受，也减轻了乡镇与村组干部的工作量，得到省上高度认可。"

我也觉得屏山县精准识别办法好，只要依葫芦画瓢，就能八九不离十地识别和评定出贫困户。杨刚说，有的乡镇在"三比三看九不评"识别基础上，结合自身实际创新工作思路和方法。为了杜绝优亲厚友，确保贫困户识别精准，富荣镇提出由联系村干部牵头，根据各村识别的贫困户名单，进行村与村之间的交叉检查，全县对这一做法做了推广。屏边乡塘湾村和富荣镇清华村，采取在全村范围内进行倒排的方法，把最穷、得票数最高的排在最前面，然后根据下达贫困人口规模数筛选贫困户。这应该是"锅底政策"的形象诠释。锦屏镇从学校抽调5名工作人员，专门负责全镇建档立卡工作，要求贫困户在申请时，需要附上贫困原因的照片作为佐证材料。中都镇采取"一个体制、两个倾斜、五个严禁"的原则进行精准识别工作。"一个体制"指主要领导全面负责，分管领导具体负责，经办人员具体落实。"两个倾斜"指向没有被民政纳入低保的三四级伤残人员以及大病、重病、长期慢性病家庭倾斜，向重教育且子女上学困难家庭倾斜。"五个严禁"指严禁优亲厚友，严禁分户拆户，严禁把规模控制数直接下达到村民小组，严禁把村组干部纳入建档立卡贫困户，严禁村组干部自行决定贫困户名单。

然而，现实中遇到的情况总是形形色色，五花八门。在识别过程中，尽管各级领导和帮扶人员千方百计力求"精准"，但还是存在许多"考手艺"、难以识别的情况。精明干练的屏山镇扶贫办主任陈启炜如是说：

精准识别，屏山镇最复杂，半天都给你说不完。比如，一女子婚约未解除，在我们这里生育子女，子女应该识别，那么这个女人识不识别？婚约未解除，带来与前夫生育的子女，户籍又没有在我们这里，在法律上没有形成继子女关系，在我们这里生活的，该不该识别？这类女人自己都不知道自己叫啥子名字，办不到结婚证，从法律层面讲，不管她和她的家长是否愿意她在这里生活，对没有民事能力的人，是办不到结婚证的，这种该不该识别？达到婚龄了，在这里共同生活，生育子女，或者带有子女，这又有几种情况：办理了结婚证，但是从未在我们这里生活，户口又迁来了，或者没有迁过来，识不识别？再就是没办理结婚证，男方倒插门，户口又在我们这里，识不识别？算应迁未迁还是外出务工？还有非婚的情况，双方都未达到法定婚龄但共同生活生育的子女肯定要算，但这个姑娘算不算？未满18岁的算不算？还有16周岁以下的算不算？千奇百怪的事多得很，镇上组织识别讨论时，争论非常激烈。

提起精准识别，新安镇龙桥村支书廖远富脸上愁云密布："政策不断变化，以前以户籍所在地为准，即你的户籍在哪里，就只能识别在哪里。比如，你的户籍在甲地，嫁到了乙地，但户籍没有迁过来，乙地不能把你识别进贫困人口中。如果她在甲地、乙地都可以被识别为贫困户，还无所谓，都可以享受国家帮扶政策。如果她在甲地是贫困户、在乙地不是，或者在甲地不是、在乙地是，都可能会出现漏评。以户籍所在地为准似乎是对的，但也存在问题。2017年后，政策变了，以实际生活在一起为准。这似乎不会出现漏评的情况，但实际生活在一起的标准是什么？总之，情况很复杂。"

夏溪乡的乡党委书记梁爽告诉我这样几件事：

> 夏溪乡西河村有一个老婆婆，住在一个烂房子里，吃穿不足，也没有固定收入。相隔20来米有两幢房子，是她大儿子和二儿子的，老婆婆还有一个女儿嫁出去了。原来兄弟俩议定，父亲跟着大儿子过日子，母亲跟着二儿子过日子，各自承担老人的生老病死。父亲死了，大儿子负责处理好后事，母亲的事他就当"甩手掌柜"了。母亲跟二儿媳妇关系不好，二儿媳妇经常拿气给婆婆受，母亲受不了气，只好一个人过。我去走访，老婆婆边说边哭："早晓得是这个样子，我结啥子婚嘛，一个娃儿都不要，我还免得受这种气。"查看户籍本，上面又只有老婆婆一个人的名字，村上把她识别为贫困户，同时对他儿子进行了批评教育。夏溪乡红岩村有一

家老两口都70多岁了，被列进了贫困户。查阅县里车辆管理系统，发现老人名下有两辆面包车，由于政策有硬性指标，有车不能列入贫困户，于是把两个老人清退出贫困户名单。怎么一回事？他有一个儿子，没跟两位老人住在一起，在坎下修了楼房单独住，他买来跑运输的车辆上在父亲名下。有一次，他妈坐他的车上街买药，途中见有人招手"打车"，他便喊他妈下车自己走回家，把车位让出来。这算不算不孝之子？乡里人知道后，对他儿子做了批评，责成其写出赡养承诺书，必须照顾好两个老人。两层楼的房子，给父母一间，若住在一起性格不合，父母可以单独开伙，要是子女再不尽好赡养义务，将被移交司法所、派出所处理。

也有识别起来很困难的。夏溪乡红岩村有一户贫困户，儿子长年外出打工，后来在外结婚生子，女方和小孩的户口没有迁到男方户籍本上。有人说这家儿子长年在外，没有和家人一起共同生活，不应该识别进来。经调查，他打工的收入两个家庭都在拿，逢年过节也带着爱人和孩子回来住几天。怎么办？本着省上领导说的"不翻烧饼"的原则，经群众讨论评议没有异议，还是识别为贫困户人口。

听书楼镇党委书记彭锐敏说，他们在精准识别贫困户时创了全县之最。"开了两个白天和一个大半夜的会，盒饭都吃了几顿，889户贫困户一户一户地审。由于识别政策建档立卡开始是以户籍为准，后来以实际居住人口为准，共同生活达半年的都要识别进来。那么，怎样鉴定达没达到半年？桤木村一家姓权的贫困户，丈夫60多岁时死了，儿子结婚生了两个女儿后死了。儿媳妇再婚，男方住在女方家里，夫妻俩又生了一个娃儿。这些人，按照共同生活半年以上的标准应该识别为贫困人口，但识别进来又不合情理。研究讨论了半天，又请教郑调研，最后以与姓权的有无血缘、经济关系来识别。老年人和她两个孙女识别为贫困人口，其余为非贫困人口。"

现实生活就是这样捉弄人，折磨人。比如，习总书记说得很清楚：全面小康路上一个也不能少。胡某的问题还没解决，怎么办？驻新胜村工作组邀请有关领导和乡司法所主任唐艳梅展开讨论，最后形成一致意见：按照国家法律法规调解，要么胡某回去跟毛某共同生活，要么跟毛某离婚，跟形成事实婚姻的人一起生活。这项工作具体落实到帮扶责任人李良平身上，请他找胡某谈话，问她愿意跟谁在一起。

李良平得到了结果：胡某要求离婚，毛某也愿意，但毛某提出胡某应对他进行经济补偿的问题。后来，在李良平的建议下，这个问题解决了，双方都满意。其后，经李良平细心安排，胡某和毛某去县民政局办理了离婚手续。胡某因此被识别为贫困户，享受到了国家扶贫政策的阳光雨露。

三、一碗水端平

这一轮精准扶贫建档立卡之初，人们对当不当贫困户并不看重。按以往的经验，大不了逢年过节送点米和油，外加一个"红封封儿"；房子实在很烂了、越冬都成问题的人家，再送一点铺盖蚊帐、衣裳、裤子、鞋子。家有儿子的，觉得"贫困户"的名声不好听，影响娶儿媳妇。所以，评得上、评不上，他们也无所谓。

我的面前放着一份《自愿放弃贫困户申请声明书》，是新安镇龙桥乡村民王某写的。村里在评定贫困户的时候，觉得他家里比较困难，意向把他纳入贫困户名单，请他提供资料、相片等相关要件。他嫌麻烦："算了。"组长李安全问他："你是否放弃申请贫困户？"他说："我自愿放弃。"确定上报的时候，村里再一次征求他的意见，他索性连电话也不接，委托他弟弟王某交来声明书，说他外出打工去了。真心希望他发自内心想通过打工、自食其力让家庭走出窘境，而不是一时"嫌麻烦"赌气出走。

还有整组拒绝当贫困户的，如夏溪乡大埝村。村文书游朝祥告诉我，2012年，向家坝水电站淹没后，县国土局在大埝村干坝子实施"金土地改造工程"，村两委想抓住这个机遇，修一条公路到后山去，因为后山有500多亩茶园、300多亩竹林。修公路要占4组21户中19户人的土地，村两委决定若占用1亩，在后山割补1.5亩进行置换，4组表示同意。路修好了，可因为工作中存在疏漏，承包给别人的后山期限没到，所以终止不了合同，否则会引发官司。为此，4组被占的地得不到补偿，群众找村两委闹得不可开交。2014年实施精准扶贫，有5户应该列入建卡贫困户，但他们怕村上"编他们的筐筐"（骗他们），整一个贫困户的帽儿给他们戴上，又没什么实际内容，以后就不管他们了，所以他们要置换的土地而坚决不当贫困户名单。村民向某家里比较贫穷，经过乡村干部反复做工作，2015年他才勉强愿意被纳入贫困户。陈某的儿媳妇跑了，两个孙女读书成绩很好，村里多次做工作，说贫困户可以减免学杂费，享受一些扶持政策，2016年他才同意被纳入贫困户名单。

以上诸例，大多是由于群众对贫困户的认识模糊，但也不排除其他原因。然而，这一轮脱贫是真刀真枪、货真价实，按文兴培的说法是"真金白银，足斤足两"，呈现出"各个行业、各个渠道铺天盖地出台脱贫攻坚扶持政策"之势。我翻读《屏山县脱贫攻坚工作手册》中的"政策宣传"，足足有22页，公布了15项扶贫政策，大到公路建设，小到贫困户子女上幼儿园的午餐，连一餐补助多少钱都是板上钉钉，标准明确。这本册子只提到了一部分帮扶措施，还没有完全涵盖所有帮扶措施，如享受代缴医疗保险等。这些政策不是蒙头盖被，关在抽屉里，领导掌握，工作人员经办即可，而是广为宣传，公开透明，家喻户晓。作为一个贫困户，该享受哪一些政策，一目了然，对号入座即可。

贫困户享受的最大、最实惠的一项政策，莫过于安全住房。我阅读过《农村危旧房（土坯房）改造补助政策》，不管你的家庭有多少人，不管你住25平方米，还是150平方米，凡住进聚居点，每户统统只出1万元。向堂银是清平乡烂田村党支部书记，给我的印象是憨厚朴实，敬业心强，工作勤勤恳恳，任劳任怨。当选村支书前，他拉班子带队伍搞建筑而致了富，对建筑市场行情很了解。我问："你们那一些地方修房子，比如聚居点'彝人部落'，建筑成本1平方米要投多少钱？"他说："1200元左右。"再问："1平方米可以卖多少钱呢？"他说："清水房卖2000元/平方米不成问题。"这个信息告诉我，假使修一座100平方米的房子，至少得花上12万元，而贫困户只出1万元。

当贫困户可以获得这样多的好处，在这等利益诱惑面前，当然会有人眼热心跳、利令智昏，没有条件创造条件也要当贫困户。

挤进贫困户的方法多是装穷叫苦，隐瞒财产与收入，制造假象，等等。没有评上贫困户，对干部挖苦讽刺者有之，破口辱骂者有之，到领导办公室拍桌子、砸杯子者有之，但我更关注的重点是精准识别时，由于缺乏经验、政策变化等种种原因，把不该识别进贫困户的识别进来了，后期又是如何处置的。

动态调整，无疑是亡羊补牢、及时修正过失的高招妙举。杨刚告诉我，他查到新市镇有一户贫困户，家有两楼一底的房子，有3个人外出务工，养了6头牛、10多头猪、几十只鸡。杨刚用"三比三看"练就的火眼金睛瞟了一眼就产生怀疑，问镇上有关人员，得到的回答是该贫困户是通过帮扶发展起来的。他分析一个家庭不可能在短时间内就成长出3个可以打工的劳动力，也不可能发展起来那么多牲畜，应该是不该进而进了。我问他："怎么办？"他淡淡一笑道："动态出去行了。凡是错评、漏评，评得不准确的，全部通过动态调整予以校正。"

事物每天都在不停地发展变化，前方永远是一个谜。杨刚说，对不该进而进了、外嫁外迁、死亡等自然减员，以及通过帮扶和自身努力已经脱贫的人员，就把他们动态调整出去。对该进未进、新生儿、嫁进来的、新的因灾因病等原因致贫的人员，就把他们动态调整进来。像龙溪乡翻身村的罗某，他在外面打工，月收入五六千元，家里也有产业，不是贫困户；2016年，他生病去医院检查，查出身患癌症，不能再外出打工，家里主要经济来源断了，没多久他父亲也得了癌症，他和他父亲都死了，家里只剩下他母亲一个人，遇上这种情况，就要及时地把他母亲动态调整进来。从2015年起，到2019年止，全县一共开展了10次大的动态调整，最终锁定10742户42819人为建档立卡贫困户，很好地化解了精准识别中存在的不精准问题。

为了显示言之有据，杨刚站起身，给我打印出5年间10次动态调整的具体数据。看着这一个个心血凝结的数据，瞬间幻化成一幕幕扶贫干部们走家串户为核准贫困户情况劳累奔波的场景，由此浮现出我大脑里贮存的柴进水动态调整低保户的事来。

低保户与贫困户是一对孪生兄弟。低保户指家庭人均收入低于市低保标准的村民或居民，享受国家最低生活保障，按月或者按季度按年固定发放低保补助，如2019年屏山最低生活保障按农村320元/月（3840元/年）补差发放；贫困户泛指家庭生活比较困难，低于国家贫困线标准，如2019年屏山执行标准为3750元/年，但不是固定发放，而是通过一系列扶贫政策和措施促使家庭发展经济增加收入达到这个标准。那么，人们愿意当低保户，还是贫困户？龙溪乡纪委副书记余安贵说："要看属于哪种情况。如果有房子住，没有孩子要读书，就愿意当低保户，月月有钱进。要是没有修房子，又有子女读书，就愿意当贫困户，因为贫困户享受的建房补助比低保户要好一些。医保方面都差不多，贫困户治病自己出钱不超过10%，非贫困户可以报销百分之七八十，差别不是很大。"如果贫困户通过帮扶仍达不到脱贫标准，一般要纳入低保户"兜底"，被群众调侃为"骑双头马儿"。

柴进水是宜宾市委群众工作局选派到清平乡烂田村的第一书记。他说话声音洪亮，口齿伶俐，逻辑清楚，正义感强，能秉公执法。他到村上不足两个月，根据乡民政办要求，要对全村29户低保户和拟新增的5户进行民主评议。在此过程中，还跟当地一位老人家还有过"交锋"，但是，因当地村干部亲自带头，一碗水端平，符合政策的都打勾，不符合政策的都打叉，群众民主评议工作顺利得出人意料，而且还取得了大家希望的结果。

四、没有填不平的沟

"贫困户与非贫困户之间，有时只有一个鸡蛋的差距。"采访中，有人告诉我，"2014年建档立卡，全国统一划定贫困线为每户每年人均纯收入2736元。有两个邻居，各喂了一只母鸡，生了一个蛋，一个人拿去卖赚了1元钱，精准识别算账时，他超过贫困线1元，不是贫困户；一个人煮荷包蛋吃了，饱了口福，精准识别算账时，他低于贫困线1元钱，成了贫困户，享受一大堆优厚的扶贫政策，他那个非贫困户或者贫困边缘户的邻居，肯定心里不舒服。"

文兴培也为我举过一个例子：一家两弟兄，哥哥勤耕苦作，外出打工挣了一点钱，还借了一些账，2014年以前回家把房子修起来了，评定贫困户时，按"三年内新建自有住房不评"的规定，哥哥尽管外面还借着账，但不在评定贫困户的范围之内。弟弟好吃懒做，游手好闲，睡觉睡到自然醒，打牌打得手抽筋，住的是不遮风、不挡雨的烂房子，成了贫困户。国家出台的政策是主导性、灌输性的：只要你的房子是烂的、不安全的，政府就有责任帮你修好，还要对标补短送新床铺、新沙发、新电视等。哥哥见状，难免产生怨气。

文兴培还说："对贫困户实行医疗救助，我们省各个市州都学泸州的健康扶贫'四百工程'，简而言之，就是做到让贫困户零元挂号、零元就诊、零元检查、零元吃药。全国在泸州学经验，省政府还在泸州召开现场会，希望贫困户能尽快摆脱贫穷。曾经医不起病的贫困户，不用担心了。特别是得了重病、不治之症的贫困户，原来没有钱医，只有'肝癌（干挨）'、拖；现在能得到及时救治，延续了生命。政府出台的健康扶贫政策肯定很好，可问题是屏山县49%的贫困户是因病致贫，实施这样的政策基本上把县上和乡镇有限的医疗资源占用完了。"

"由此，贫困户与非贫困户的矛盾更加显现出来。"文兴培说这一句话时，语气饱含忧虑。

县司法局退居二线的副局长凌勇，是一个幽默的搞笑能手，在中都镇高峰村驻村帮扶，他在屏山扶贫工作中创造了"三个第一"：一是在帮扶干部中年龄最大，快要退休了。二是提拔最快，驻村时白丁一个，没几天就当了副组长，隔一个星期就被提拔成常务副组长，一个月后被提拔成组长，再过一个月之后就被提拔成第一书记兼组长。三是级别最高，享受副县级生活待遇。他说现在帮扶过程中肯定不时有矛盾。

屏边彝族乡三河村支书与主任一肩挑的罗玉刚，已任基层干部20多年。他说："在建档立卡时，村里很多贫困边缘户想不通，相差就一二十元钱，为啥子别人成了贫困户该帮，他们就不能呢？后来更多的人弹拨（批评、指斥）贫困户，他们认为大家都是一亩三分地，在一片蓝天下，为啥子他们能整走（过日子）其他人整不走（过不了日子）。"

俗语说，人吃五谷杂粮会生病。我想，因病致贫的贫困户应属于健康支出型贫困户，在精准帮扶中，不管他们获得多大好处，非贫困户一般都会认为这是应该的，不会有什么意见，甚至还会寄予深深的怜悯和同情。对教育支出而致贫的贫困户，不管供孩子读小学初中，还是供孩子念高中大学，所有支出其实是智力投资，以后会有回报的。常识告诉我们，这类投资越大，日后回报越多。大学生、研究生的工资大概率都要比技校生、专科生的高。因此，对教育的支出与扶持无可厚非。

对"五保户"、大病重病困难户、重度残疾人户等这一类绝对贫困户，不要说自食其力，连生活都不能自理的人，把这类人员列为精准扶贫对象，让扶贫优惠政策密不透风全方位覆盖，非贫困户也不会有意见。

在农村，大家生活在同一片土地上，分得的责任田土和山林竹木都是一样的，差距并不大，如罗玉刚所说："只要有劳动力、有脑壳（头脑）、会计划，勤奋苦做，都能够生活下去。"新市镇新村的刘某已是75岁的老人了。2019年7月的一天，她找到村第一书记杨晓东对他说："杨书记，习总书记的政策很好，脱贫标准很低，我今年帮人摘茶叶、捡柑子米米（金橘的果核）和知了壳卖，都挣到5000元了。"罗玉刚和刘某的话很质朴，也很令人深思：生存简单，凭我们自己的一双手，只要勤劳肯干，就会把日子过得很好。

胡天银说："农村人，只要找到了钱，都要修房子。如果现在还没修，肯定是有困难。县里领导要我们去毗邻的沐川县学习全面消灭烂房子的经验，用适当给予补助的方法鼓励非贫困户修房子；各地修建聚居点的时候，把非贫困户统筹规划进去，县上统一按照1200元/平方米跟他们结算，按照'土地增减挂钩'政策，他们还可以享受几万元的优惠。精准扶贫前两三年，领导包村、干部包户，多数是拿钱、拿物，县里觉得这样会滋养懒人，会让贫困户们'等靠要'的思想会越来越严重。从2017年起，县上明确要求，干部去走访贫困户，绝对不能简单地拿钱、拿物，也只能支持和帮助贫困户发展生产，以购代捐。以前一些基础设施如水管、天然气等，按规定只能贫困户才能享受；产业发展，种植茶叶、柑橘或者茵红李，也只负责买树苗发给贫困户。非贫困户都享受不到这些福利。现在我们不这样做了，政府投资做统一规划：修产业路，改善果园喷灌、滴灌等配套设施，让大家都受益。解决饮用水问题，按政策贫困户水管要接到家里，非贫困户不行。现在，对于只差几米远的非贫困户，我们提出了解决方法，一是请他们出水管钱把水接到他们家中，二是我们利用帮扶单位捐资解决。比如，我们单位每年'扶贫日'，按县上统一规定捐款，正职捐1000元、副职捐500元、一般职工捐300元，每年都要捐一两万元，定向捐到帮扶村，这笔款由村里安排，不受监督检查。我们用这笔钱把事情解决了，让非贫困户感觉到脱贫攻坚还是给他们带来了好处。还有，建卫生室、文化图书室、通信网络等，把整个乡村公共服务设施提升起来让大家受益。2018年，为了提高群众对脱贫工作的满意度和认可度，县上要求帮扶人员统一做到'两必'，即凡节必过，凡事必到。每年的'三八妇女节'、端午、中秋节、国庆、春节，帮扶干部要组织全村村民搞群众文化娱乐活动；不管贫困户还是非贫困户，家里凡有大小事，帮扶干部必须亲自到场。"

对于"两必"，我所到的乡镇村的帮扶干部几乎都给我讲过，他们的做法大同小异，有的结合地方风俗民情，如"五一"组织拔河拧扁担比赛，端阳组织大家包粽子，中秋组织大家打糍粑，过年组织大家吃刨猪汤等。被我撞了一个正着的是中都镇永福村，驻村工作队利用周末回县城之机，大包小包"像搬家一样"买了一车东西运到村上，组织村民包抄手"过中秋·迎国庆"。还说他们过年的时候，亲自掌灶办九大碗，"前前后后累了三四天，硬是累安逸了"。工作队盛情挽留我参加活动，可惜我事先约定了采访，工作队与乡亲们"开轩面场圃，把酒话桑麻"的热闹场景，只好让我发挥想象去猜测了。想不到的是，抄手才吃了不到一个月，村第一书记顾文申晒出微信——他们又给村里老人"补过九九重阳节"，看着老人们一张张和蔼可亲的笑脸，真羡慕他们有口福享幸福。我还碰上了新安镇和平村驻村工作队和村民们一起，鼓乐齐鸣、载歌载舞、欢天喜地迎国庆的热闹场面。

胡天银说，把贫困户和非贫困户全部组织起来开展一些文体活动，设置一点奖品，只要参与，人人都有奖品，把大家聚齐，让大家和和气气、高高兴兴，这就融洽了贫困户、非贫困户、帮扶干部之间的关系。同时，群众中隐藏的问题也会暴露出来，个性的，帮扶单位和责任人个别解决；共性的，提出来县上或者乡镇解决。通过这种形式，我们也会发现群众对我们的工作满不满意。

我困惑："怎么还能发现群众对你们的工作满不满意呢？"胡天银说："一个人要是对谁有意见，肯定不会来参加活动。比如中秋节，开一个户长会，要是一个人在家却不来就说明他有意见。都来了，都围绕村上乡上的指挥棒转，说明大家就没有意见。通过这一年多的实践，我们总结出群众对扶贫工作满不满意集中体现在其对帮扶干部的态度上。要是你对人处事不公不平，做出来的所有事情他们都不满意，肯定不会听你的招呼。"

这种于细微之处发现问题的眼力，让人不佩服都不行。

贫困户与非贫困户之间的矛盾，有的地方激烈、有的地方温和，原因很多。各乡镇村组都在八仙过海积极探索化解的方法，柴进水的"两头说"很有意思。

对于贫困户，他对他们说："现在脱贫攻坚政策这样好，家里没遭天灾，没遇人祸，没有重病重残，又不憨不痴，你都还致不到富，那么，请你给我一个为什么不能致富的理由。无论哪一级领导来看，给你批的就是一个字：懒。国家不养懒人。只有勤劳致富，才能拔掉穷根，才是光荣的。"

柴进水把贫困户组织起来搞义务劳动："我组织他们打扫公路，凡是不干的，我问他凭啥子不干？你贫困户也好，低保户也好，享受了比别人更多的党和政府的好处，相应的你就应该多尽一点社会义务，不能只享受不付出。"

难怪我见烂田村境内的公路那样干净。

对于非贫困户，他就举老家的例子感化他们："大家不要不知足，要是烂田村不是贫困村，村道、组道不会全部给你们加宽到4.5米，入户路全部给你们修硬化路。我老家不是贫困村，10多年前老百姓自己出钱、出工把毛路挖通了，到现在为止还没有一寸硬化路面。你们沾了贫困户的光，如果你们不是贫困户，这个路不会修得这样好。还有水电全部入了户，所有公共基础设施大家共同享受。不要去攀比贫困户得了多少好处，要去想我们自己享受了多少实惠。"

好一个柴进水！

贫困户与非贫困户之间那道无形的深沟，正在被扶贫干部们用心智、用感情不断填平。龙溪乡党委书记邓旺松经历过的一件小事令人回味。2017年秋天，还在乡长任上的他，去大兴村参加户主会吃坝坝宴。

五、"软肋"不软

又一把双刃剑亮锃锃地摆在帮扶干部面前。

脱贫攻坚考核评估有一个非常重要的指标，也是检验脱贫攻坚的唯一标准，即群众对帮扶干部的满意度和认可度（以下简称"两度"）。我以为"两度"是一个概念，杨刚告诉我二者有区别，满意度针对贫困户而言，认可度针对非贫困户而言。按国家和省里要求，"两度"不得低于90%。屏山县要在2019年"高质量脱贫摘帽、考核走在全省前列"，市里要求"两度"不得低于99%。县里自我加压，要求达到99%以上，充分体现出屏山人急于摘掉贫困帽、走上小康的金光大道的迫切愿望。

我问锦屏镇副镇长李足云在实际工作中如何提升"两度"？他认为，应该站在群众角度说话办事，从细枝末节、点点滴滴做起。他举例，2017年5月一个星期天早晨，他想睡一下懒觉。6点刚过，手机响了。一接通，传来一个女人的声音："你是李书记吗，我是万涡村高某，给你反映一个事情。"原来当时万涡村党支部班子不适应脱贫攻坚的需要，镇党委让李足云去兼任村支书。李足云在大会上告诉过大家他的电话号码，方便大家有事联系他。这时，李足云应答道："啊，请问有事吗？"高某检说："我家的母牛发情了，找不到公牛配种。你能帮我一个忙，找一只公牛配一下种吗？"李足云以为她开玩笑，想说你家母牛发情了，关我支书啥子事呢？但听她的声音不像开玩笑，便问起了情况："你是哪家的，什么时候买的牛？"他边问边想：老百姓母牛发情了要给他打电话，至少说明几个问题，第一，老百姓纯朴，咋个想就咋个说；第二，一个女同志，这种不好说出口的事都给我说，说明她相信我；第三，她确实解决不了这个问题、认为我能帮她解决才来找我，牛一年只发一次情，产一条小牛将有一笔可观的收入。李足云经过认真思考，答应帮她想办法解决。

答是答应了，哪里能找到公牛配种呢？李足云给县畜牧站站长打去电话求助。经指点，李足云联系上锦屏村一养牛场老板，让高某检把牛牵去配了种，总算解决了这个贫困户"有点怪"的要求。我揣想，李足云如此尽心尽力，贫困户高某检肯定会投他满意的一票。

群众无小事，帮扶无小事。

帮扶干部在走访贫困户时，有时会有一些尴尬场面。第一书记、驻村工作队、对口帮扶干部走访贫困户均有规定，每月至少一次。加上各级领导的慰问关心与被抽查等，有时贫困户一个月会遇上几次干部上门走访。从内心讲，他们希望经常有领导、帮扶干部来家里做客摆龙门阵；但干部们来得过频过密，难免遇上要忙要紧的时候，不接待不对，接待又要影响做事。屏山是一个山高坡陡、地形破碎的地方，比如上山采茶叶，季节性很强，要是头一批茶叶摘不下来，第二批茶叶就摘不下来；头一批茶叶摘得好，第二批茶叶的嫩芽才发得好，才有第三批茶叶。万一这时接到电话有人要来家里走访，不回去或者电话上说显得不恭敬，要是回去接待，说不定大半天时间就耗进去了。我问帮扶干部，遇上这种情况如何处理？他们说，一般先打电话联系，选择贫困户在家的时候去；如果事情紧急，要填一张表，签一个字，必须与本人见面，就中午、晚上去找，或者到他们干活的地方去找，尽量不耽搁他们干活。

龙溪乡来得干脆，联合党委直接发文"两严禁"：严禁在春耕大忙期间白天召开群众大会，必须开的会晚上开；严禁进村入户事先通知群众在家等候。要求全体帮扶干部丢掉"官气"，多接"地气"，带着感情为群众排忧解难，深入田间地块，一边帮助贫困户干活，一边与贫困户拉家常了解情况、征求意见、解决问题。乡纪委书记余安贵告诉我这是乡里为了提升群众满意度，倾情打造的"三心"品牌之一的"用心"为民解难题。

"三心"品牌之二是"真心"为民造福祉。联合党委要求帮扶干部筑牢"以困难群众为中心"的思想，把"万事民为先"切实地落实到工作实践中去，用真心换群众"真话"，用真情换群众"贴心"，用真理换群众"决心"，努力解决群众的糟心事与堵心事。刘某是低保户，女儿嫁去云南生了两个孩子，一个孩子外出打工音信杳无，一个孩子因打架被抓。女儿后又被人打，以致大脑受损，基本丧失了生活自理能力，回家与刘某相依为命，住村上保管室。乡上排查时发现这个问题，争取了2.5万元补助给他修房子。钱不够，驻村工作队带头发动老百姓捐款6000元，一手一脚帮他选址并修好房子后，还帮他添置了家具。刘某家化粪池在屋外没有加盖，一不安全，二不卫生。组长刘元辉见了，去龙华镇新农贸市场找了两块砌货台不用的水泥板，用小车运回来给他盖上。有一家人搬住聚居点，一张半新旧桌子不要了，刘元辉知道刘某家里正缺一张桌子，就把别人家不要的桌子要来了，走炮房湾、爬梅子坡一路艰辛给刘某扛去安上。经各方一致努力，刘某父女终于过上了安稳的日子。

  为了让贫困户尽快住上安全房，建设新胜村4组小菜园聚居点的建筑施工队加班加点赶进度，工作队和村干部跟着"熬干夜"，守在现场解决问题，督促进度，监督工程质量；打混凝土的时候，还帮着铺钢筋，干到晚上三四点钟，吃了一桶方便面，继续干到天亮。"硬是像干自己的一样，用心地给老百姓干，这一类事情很多。"余安贵感慨道。

  余安贵喝了一口茶，继续给我讲"三心"品牌之三"公心"。老百姓最愤恨基层干部处事不公，联合党委要求全体帮扶干部，必须为人正派，处事公正；严格执行党的帮扶政策，该困难群众享受的，不折不扣落实到位；不该困难群众享受的，绝不搞变通。努力提高干部在群众中的公信力。新胜村某聚居点的群众为用水经常闹矛盾，一天晚上，水管闸阀被人锯下摔坏了。第二天早晨，整个聚居点没水用，顿时炸开锅。余安贵去现场查看，发现是在聚居点坡下的王某锯下摔的，聚居点的人纷纷指斥王某不对。余安贵详细查看了现场后说："这事不能怪人家。"为什么？还没有修聚居点的时候，王某已经安好了水管。聚居点修在她家上面，横着安管子引水。水往坡下流，当水源不足的时候，聚居点的人便关掉王某的水管闸阀。王某没有水喝，上坡来关掉聚居点的水管闸阀。为了用水，双方你关我的，我关你的。关冒火了，王某便把聚居点的闸阀锯了。余安贵说："这事的发生一怪设计不合理，二怪村上没有把一些制度建立健全起来。"后来乡上想办法出钱，村上出力，重新买来水管，为聚居点和王某家安上两根独立的管子，互不牵涉，妥善地解决好双方用水问题。王某很感激，觉得自己一个人势单力薄，水管又确实是自己锯的，"乡上干部没有人多为王，聚居点人多就听信他们的责怪我，更没有说处理我，还叫他们不能怪我。"她大拇指一伸，"乡上干部正派公道。"

  龙溪乡乃至整个屏山县所有的帮扶干部，无一不这样竭诚尽忠，不遗余力，努力做一件好事，取得一份信任；办一件实事，赢得一份民心；解决一件难事，获得一份满意。可在现实生活中，也有极个别人把帮扶干部的这种力求圆满、力求最大限度获得广大群众满意与认可的胸襟与情怀，当成要挟帮扶干部为其填满欲壑的软肋。但是，党员干部们还得耐住性子，以礼相待，抱着要把石头焐热的信心和决心，做好他们的思想工作。某村张某告诉我："有一次省里来检查（2019年12月省贫困县摘帽专项评估检查）找我问情况，我对杨书记等几个驻村干部帮我修房子，给我联系外出打工，经常来关心我，每次到 7 组，都要来我家看一看、坐一会儿，问我收入咋个样，生活有没有困难，等等，我都实事求是、一件一件地给检查组说了；问我对驻村工作组满不满意？我说肯定满意。"

第三章　生计大事

安得了居、医得了病、读得了书，是普通百姓最为关切的生计大事，党和政府将此视为基本保障，作为检验脱贫与否的准尺。要摘掉贫困帽子，必须在这三件大事上下足功夫。

一、安得广厦千万间

我去屏山县屏边彝族乡街基村走访聚居点，细雨洗净座座山峰，苍翠欲滴，乳白色雾幔兴致很好地在山峰上缠绵游荡，杨寺坝溪流水往前紧赶慢赶，布局整齐、工稳考究的聚居点在霏霏雨丝洗礼中显得神采奕奕、焕然一新。我情心大动，掏出手机，拍了一个小视频发微信，写了一句话："贫困村走访贫困户。"没想这一视频引爆朋友圈，摘几个评论放在这里，看他们都说了一些什么：

  洋房。
  仙景。
  漂亮的贫困村。
  我也想去"贫困贫困"。
  这房子一排一排的，风景那样好，哪贫困了？
  这种贫困我愿意。
  我想当这里的村民。
  贫困山区，如此美景。
  好地方，山清水秀，让我羡慕。

我发了两张相片给市里一位局领导，他看了说："这完全是康养基地。"他们不知道，我面对街基村幢幢新房，也掏出笔记本写了一句羡慕的话："向往贫困村,想当贫困户。"

不仅仅是屏边乡街基村聚居点,还有清平乡彝家新寨、彝人部落聚居点、书楼镇高田村聚居点、新安镇龙桥村聚居点……都会给你的视觉与内心以如此强烈的冲击,让你无限感慨。

全县规模最大的一个聚居点在书楼镇碾米村。村支书文忠珍给我介绍:"它吸纳了周边12个村300户村民,其中75户贫困户。"我去逛了一圈,食品店、火锅店、百货店、文具店、手机专卖店,以及妈咪宝贝孕婴连锁店,等等,整齐的金属卷帘门上,统一制作的标牌一条线铺开。还有学校、卫生站、农贸市场、文化广场、党群服务中心,等等,一应俱全。文忠珍说:"聚居点的基础生产、生活设施功能齐全,商户逐步增加,已经形成设施齐全、功能完善、整洁干净、居住舒适的新型场镇。"

全县最高的一个聚居点在中都镇双河村10组,它雄踞于海拔1450米之上,从2015年起在这里负责脱贫攻坚的县人大副主任许强将它称为"坐地问天"。上山的路之艰险让爬山的人根本不敢分心,逼仄陡峭的路上长满青苔,稍不注意摔下去接住你的可能是死神。即使彝族同胞再热情、再好客,上山下山前他们也不敢喝酒,怕喝了下山时摔跟头。山上住的全是彝族同胞,政府想让他们搬下山住,可他们住惯了山顶,不愿意搬下山来。后来,山路打成了水泥公路,坐在车上的感觉是"望天而行",几个弯拐处司机都要停下回车,外面的司机宁愿把车停在山下走路上去也不敢开车上山。他们修聚居点运送建材,有的地方要用推土机往上推。修的时候三晴两雨吃尽苦头,带有独特彝族风格的聚居点总算修建成功,脱贫攻坚的胜利旗帜总算插在了中山坪的山巅上。2019年12月10日,省贫困县摘帽专项评估检查组走进这高山之巅上漂亮的聚居点,看见彝族同胞家家户户窗口上红旗猎猎,检查组负责人大为震惊:"听说上面风景很好,我想上去看看风景。去后看了在那样艰险的地方修起的聚居点,其他啥子风景我都不想看了。我太感叹了,没有任何一个词能形容我的感叹。这才叫脱贫,这才叫攻坚!"

脱贫摘帽的一个硬指标,也是屏山必须率先攻克的坚固堡垒——要有安全住房保障。一个人,只有安得了身,才能立得了命。房子是一个乡下人财富、地位、脸面、尊严的象征。然而,对于贫困户来说,修房没得钱,只能住在土墙房、串架房、危旧房里,甚至岩洞里,忍受着雨漏、风吹、蚊叮、虫咬,抱着双手无可奈何,仰天长叹。

县扶贫开发工作局文兴培局长为我介绍，新一轮扶贫攻坚开始，县委、县政府对贫困户的建房、改房高度重视，但当时只有住建部门8500元/户的补助政策。修一座百来平方米的房子，一般要七八万元，还只能修砖瓦房。看到这个情况，他们开展了广泛的调研，给县里献言，希望通过整合政策的方式，提高建房标准，鼓励贫困户尽快建新房或改造旧房。

当时已经提出"两不愁三保障"，但住房保障没有硬性政策，县扶贫开发工作局在广泛调研的基础上，召集有关部门协商每户补助多少钱恰当。有人说1万，有人说1.5万元，有人说2万元。县扶贫开发工作局大着胆子形成方案，按2万元/户上报县里。县脱贫攻坚领导小组研究决定，为鼓励农村"消灭"危旧房，提出整合当时已经出台的危旧房改造、"十二五"易地搬迁等相关补助政策，按2.5万元/户补助，不足部分县财政补足。

"我还以为我们提的方案大胆，没想到县里的决策更大胆。"文兴培说。

政策一出台，村民们听说补助为2.5万元/户，建房积极性空前高涨，农村到处都在修房造屋。从2014年起，到2016年国家出台新政策止，两年半时间，全县1.06万户贫困户，建了4092套房子。"我们抓住了要害，要是当时我们不先修好几千套房子，只按后来省里下达给我们的易地扶贫搬迁指标办，我们的压力就大了。还有200多户的缺口，县上用其他政策来解决的。"

所谓国家出台新政策，指贫困户易地迁建，以户为单位，不管进聚居点，还是单独修房造屋，每户最多只出1万元，可以享受一套25~150平方米每户的住房。到2019年底，经过全县上下几年间不断努力，所有贫困户和相当一部分贫困边缘户都有了打雷、刮风、下雨全不怕的安全住房。

还有非贫困户建房。

随便走进一个聚居点，不是贫困户在那里"打堆"，而是贫困户与非贫困户共同居住在一起。我问非贫困户进聚居点交多少钱呢？文兴培说，根据不同情况而定：贫困边缘户患有重大和慢性疾病的，参照贫困户政策每户只出1万元；低保户和残疾人户根据情况不同出1~2万，最多的只比贫困户多出3万元。非贫困户进聚居点则按1200元/平方米全款购买，看似没有享受扶贫政策的好处，实际上1200元/平方米哪里修得起这样好的房子呢？关键是享受了公共服务设施与卫生环境等。比如，清平乡的彝家新寨，修房成本1000多万元，公路广场、网络通信、集中供水排污、垃圾处理等公共配套设施就花了4000多万，相当于买鞍的钱4倍于买马的钱，非贫困户进聚居点只出买马的钱，不用掏买马鞍的钱。

我懵懂：这买马鞍的钱，省、市不会拨付，也没有分摊到住户身上，莫非县财政兜底？县财政哪来这样一大笔钱呢？

后来我在屏山县发改局蔡皎副局长、县自然资源和规划局生态修复中心杨道全主任处得知，县委、县政府在决策时按全域规划，通过打捆易地搬迁、地灾避险搬迁、农村危房改造、彝家新寨、三峡新村、东西协作扶贫新村、乡村振兴、乡村治理等多项政策资金来解决了这些问题，重点是用好、用活土地增减挂钩政策以盈补欠。

所谓土地增减挂钩，是将农户搬走后的屋基和竹林院坝等，通过复垦整理为农村建设用地，若品迭有余，便把它交易给城市、开发区等建设需求用地指标者而获得的效益。除去农户按政策应得的补助外，增益部分用于聚居点及公共基础设施与环境整治。近两年间，屏山县统筹增减挂钩项目建设聚居点283个，实现全县所有乡镇全域覆盖。2014年以来，屏山县投入15亿资金，通过易地扶贫搬迁、"六类"人员（贫困户、五保户、低保户、重病重残户、无劳力户、C/D级危房户）建房、土地增减挂钩等三大方式，解决了8917户贫困户、8823户"六类"人员的住房安全问题。非贫困户按照增减挂钩政策进行补助，平均可以享受6万元/户补助资金，既满足了贫困户与非贫困户安全住房需求，也缓解了他们之间建房高额补助差异带来的信访维稳问题，实现了"安得广厦千万间，大庇天下寒士俱欢颜"的和谐稳定局面。当我们涉足屏山乡村抬头遥望，于广袤的青山绿水间，座座错落有致的新房，如夜空中群星闪烁，让人喜不自禁。

然而，不断出台且日益优惠的各种政策，如建房补助政策，也会引发出一些新的矛盾。从最先补助8500元/户，到补助2.5万元/户，再到最多每户只出1万元/户，每一次调整变化，都有一些人产生思想上的问题，给扶贫干部做贫困户的思想工作带来难度与压力。

但是，通过一些政策的制定和改革，如清平乡在龙宝村实行"农业供给侧改革"，结合了龙宝村村情，走"农户+集体资产管理公司（专合社）+资产运营公司"运营模式，让农户以土地使用权和经营权，入股到彝家农园集体资产公司和所属的洞子湾农民专业合作社里，让土地变成资产，产权变成股权，农民变成工人。书楼镇高田村因紧邻聚居点而实施东西协作精准扶贫竹笋加工示范项目，让进驻聚居点的人就近就地务工增加收入等，最大限度地弥补各类人群的思想负担，让大家今早摆脱贫困，共同致富。

二、"伏魔"记

这事发生在2015年春天。

屏山县统计局副局长、驻清平乡民族村工作组组长冯志云，和同事们入户排查贫困户情况，在4组彝族贫困户的某某家中，看见一个小女孩有气无力、精神萎靡、眼神怪怪地望着他们。户主的某某告诉他们这是他女儿，3岁，患有先天性心脏病（简称先心病）。冯志云知道，先天性心脏病属先天性畸形疾病的一种，轻者无症状，重者稍一活动便会出现呼吸困难、发绀、晕厥等症状，这病会影响孩子的正常生长发育。他便问："你们没把孩子送进医院去医？"的某某说："宜宾的医院说，治好我女儿的病，要20万元以上。我爱人身体有点残疾，还有一个8个月大的小儿子，平时全家就靠我在外面打工挣点钱，爱人在家租别人的土地种点粮食吃，家庭这样困难，咋个给娃儿医得起病哟。"

当我从至少5个人那里了解和还原上面情景时，心里有一点酸溜溜的。新一轮建档立卡，屏山贫困户中因病致贫的占49%。对家庭有长期患病或重大疾病患者的农户来说，虽然有农村医疗保险，但高额的医疗费用仍是一个巨大负担，有的因此而债台高筑。这类贫困户被长期积累的医疗费用和长期生病带来的病痛压得喘不过气来，自身无精力和信心摆脱贫困。的某某遇上的，正是列举到的情况。我眼前叠映出无数个的某某女儿的影像，甚至躺在医院病床上喘息呻吟的病人也浮现在眼前。何其严峻残酷的现实，难怪脱贫攻坚检查验收中，基本医疗必须要有保障，这是一个如同安全住房一样的硬指标！何谓基本医疗？即贫困户患病时，能得到目前所提供给他的能支付得起的适宜的医疗技术。

晚上乡里开碰头会，冯志云把的某某的事提了出来，这引起与会领导和有关人员的高度重视。怎么向的某某的家庭提供基本医疗保障呢？他们翻开县扶贫开发领导小组办公室2015年1月编发的《宣传手册》上"卫生扶贫政策宣传要点"一看，具体帮扶措施苍白无力。清平乡团委副书记钟亚星是的某某的帮扶人，知道只有医治好他女儿的病，他家才有脱贫的希望，于是他经常与有关志愿者联系，了解国家对先心病的救助政策，随时关注公益救助活动。会后不久，他搜查到宜宾新闻网正在跟杭州师范大学附属医院联合开展征集先心病患儿免费救助活动。钟亚星当即联系宜宾新闻网,把的某某女儿的情况做了介绍,同时把采集到的的某某女儿的病历、家庭资料发给了对方。宜宾新闻网第三天回话:"杭州师范大学附属医院专家们认真查看了钟亚星提供的资料,可以为的某某女儿进行手术。"钟亚星很快赶往的某某家中,将好消息告诉了他们,并帮助其办理好前往杭州就治的相关手续。乡党委、政府很关心这件事,决定让钟亚星和懂彝语的乡医保办主任黑勒拉罗陪护家属一道前往。

免费救助,是一项社会公益活动,是对贫困户看不起病的一种调节和补充。的某某运气好,充分享受了这种救助。经医院全面检查,的某某女儿严重营养不良,患有严重肺炎,病人正在发烧,身体十分虚弱达不到手术条件。医院给她补了两个星期的营养,并对她做了前期治疗,待她退了烧、消了炎才能对其进行手术。医院对的某某一家的照顾无微不至,专门挪出一间条件比较好的单间病房供的某某一家人陪伴住宿。

经过一个月的精心施治,饱受病魔折腾的小女孩康复出院。杭州师范大学与社会爱心单位及爱心人士共同发起的"育心基金"解决了他们所有的医疗费用,医院还补贴了他们一家来回的路费。2015年7月10日,一家人携带着杭州医院医务人员赠送的大包小包东西,喜笑颜开地回到家中。这几年,的某某家通过发展黑猪与土鸡产业,已经摆脱贫困,过上了幸福生活。

的某某女儿是宜宾新闻网与杭州师范大学附属医院"育心基金"共同发起的"寻找先天性心脏病贫困儿童免费救助"公益活动的第一名被救助患者。其后两年间,杭州师范大学附属医院的专家4次来屏山开展疑似先心病患者筛查活动和术后随访。本次公益活动共集中医治了屏山县17例先心病患者(其中实施免费手术14例),耗去医疗费、交通和生活补助费共计100多万元,除屏山医保新农合和大病医疗保险报销以及县扶贫资金救助外,剩下一半以上的费用全部由"育心基金"解决。17个家庭挣脱了病魔纠缠,迎来快乐生活的阳光。

2015年,屏山县还获得一项重点病种专项救助:北京同仁医院眼科研究所远程眼科会诊基地暨贫困白内障患者复明工程公益援助。它让地处边远山区的屏山县贫困白内障患者,足不出户就可以享受全国一流的医疗专家服务。两年间,该救助项目免费为乡村百姓健康检查3000余人次,为屏山1185名白内障患者免费实施复明手术。仅仅2016年,屏山县获得杭州师范大学附属医院"育心基金"和北京"贫困白内障患者复明工程"专项救助金额就达500万元。

诚有众多社会爱心人士的鼎力相助,面对如此贫困的患病群体巨大的诊疗支出，还是给人力不从心、杯水车薪的感觉。说到底应该从社会保障机制发力，筑一道遮风挡雨的屏障才行。带着这一问题，我采访了屏山县卫生与健康局专司健康扶贫工作职责的鲍丰光股长，以及前任胡聪华，了解县里如何让贫困户看得起病。有趣的是，这个股也是县卫生与健康局为了抓好健康扶贫工作专门设立的，3个人对口主抓该项工作，每个乡镇也配有专职人员落实具体工作。

基本医疗保障需要回答三个问题，让贫困户"看得起病""看得上病""看得好病"，切断"贫困——疾病——贫困"传导路径，从根本上遏制因病致贫、返贫。"看得上病""看得好病"这两个问题，属于卫生健康部门自身建设范围。我从两位股长处得知，具有前瞻意识的屏山县有关领导和职能部门，早在实施精准扶贫以前，就把县人民医院交给宜宾市第一人民医院托管，其全部医疗资源交给一医院统筹管理；县妇幼保健院与市妇幼保健院建立专科联盟，互相资源；西南医科大学（原泸州医学院）附属中医学院对屏山中医院提供网络协作等，形成市带县合作办医模式，做强做大县级医院，从而把屏山的医疗质量大大地提升了几个档次。屏山深化医疗卫生一体化改革，对贫困患病群众实行"精准识别、精准施治、精准救助"，全面开展卫生扶贫促进行动一事，被《人民日报》《光明日报》隆重宣传；其采取"县招乡用、身份留人"方法，破解基层医疗卫生机构"人才荒"的人才管理机制改革经验，被写进国务院《关于进一步推广深化医药卫生体制改革经验的若干意见》中全国推广。

硬件设施建设是确保"看得好病"的重要保障，全县78个贫困村和所有非贫困村均单独或联合建起了卫生室，全面消除医疗卫生"空白点"。近几年政府投入巨额资金，新建县医院、县妇幼保健计划生育中心（妇计中心）综合大楼，新市镇建成区域次中心，屏边、夏溪一体化卫生院和鸭池卫生院；争取到三峡扶贫基金、民族地区10年行动计划、卫生院能力服务提升项目、中国初保基金会设备捐赠项目等计3236万元，为全县乡镇卫生院购置DR、彩超、全自动生化分析仪、全血细胞分析仪、心电图机与心电监护仪等设备。

"更多的还是我们广大医务人员在默默付出。"胡聪华说。全县涌现出了很多先进典型，如清平"铁脚村医"陈朝霞、大乘"三轮车医生"文维德、县中医院"健康卫士"牟英，特别是夏溪康福村麻风医院的"成麻风"成斌，获得了医学界最高荣誉之一的"马海德奖"——它专门为表彰和奖励中国麻风病防治、研究和管理的优秀工作者而设立，"要获这个奖很不容易，自从设立以来，我们宜宾甚至四川还没有人获得过。"胡聪华自豪地说。

我的关注点主要放在贫困户"看得起病"上。

通过两位股长给我的介绍，加上补充采访我得知：开展精准扶贫以来，屏山县贫困户基本医疗切实得到保障，主要得益于健康扶贫普惠政策的实施。2016年底，省政府下文规定，建档立卡贫困户在县域内住院个人支付医疗费用低于住院医疗总费用的10%。但转诊到市级或省内外三级公立医院机构住院没有规定个人支付比例，只能按医保、大病、民政等政策报销，剩余部分自费。新市镇椒园村3组贫困户胡某，2018年5月到镇卫生院妇产科就诊，经检查为黄色高危孕产妇，于10月逐级转诊至西南医科大学附属医院住院，产生医疗费用2.8万元，经医保、补充大病医疗保险报销后，剩余医疗费用2万余元。出生的婴儿既属早产儿，又患新生儿败血症、先天性心脏病等，治疗费花去5.9万元，医疗保险和大病医疗保险报销了2.07万元，剩余医疗费用高达近4万元。也就是说，胡某母女住院还应自费6万元。她家6个人，夫妇俩、一个女儿、她父母亲及在屏山读高中的弟弟。胡某的父亲患有痛风、类风湿关节炎等慢性病，母亲身体也不好，长期服药。家里没有产业，全靠她丈夫在本村打零工供一家人生活。胡某在家带孩子照顾老人，无法外出务工，2017年又患上急性胰腺炎，她父亲说："医了五六万元，报了账，自己负担4万来元。"加上前面两笔共10万元，这样的家庭怎么承担得了？县里放宽政策，凡贫困户转诊到市级或省内市外公立医疗机构住院的，经医保、大病医疗保险、民政等政策报销后，个人支付占比控制在10%以内。政策及时雨，2018年，胡某家动态调整为贫困户，她在西南医科大附属医院生小孩和小孩住院医治，全部费用的自费部分调整到10%以内，总共只出了八九千元，极大地减轻了家庭支出，赢得喘息机会。虽然还有几万元的欠账得等丈夫打工慢慢还，但毕竟度过了最危急的关口，充分体现出健康扶贫"扶"字的伟力。

屏山县医疗部门急病人所急，为贫困户开设专用挂号与结算窗口，不用交一分所谓的"门槛费"，贫困户凭身份证和扶贫手册直接入院。住院期间也不会让其交任何费用，不会有人来对你说："你账上没得钱了，请续交医疗费，不然就停药了。"医好病后，付清不超过10%的费用直接出院走人，用不着拿一大把单单片片到处找人审核签字报销，医院直接替你搞定。

县内属自己的管辖范围，这些程序都好办，转市里或市外医治就不好办了。且慢！我见胡某的情况是这样处理的。她去新市镇卫生院救治，后逐级转诊到县妇计中心再转西南医科大附属医院，鉴于其家庭经济困难，经县卫计行政部门协调，由镇卫生院垫支医疗费给上述两级医院。出院结算时，胡某交了自己应缴的10%医疗费，剩余的医疗费拿回屏山县按异地医保进行报销，所报销的各种费用均委托报销部门转付新市镇卫生院偿还其垫支住院医疗费。没报销完的部分，申请卫生扶贫救助基金，承诺仍转付给新市镇卫生院偿还其垫支的住院医疗费用。她仍然没花费多少工夫便完成了住院与报销事项。

有两种情况比较特殊。一是必须迅速转往外地医院救治的特殊危急症病人，市里政策说得很死，必须逐级转诊才能享受扶贫救助政策。县上呢，"对突发脑出血和心肌梗死等危急症病人，就算他们来不及转诊，我们也会及时把他们纳入转诊范围"。二是县里鼓励贫困户外出务工，天南海北，四面八方，生了病不可能专程跑回屏山，县里特事特办，允许他们就近就医。譬如在广州打工，可以在广州看病，回来县里也认可，纳入报销范围。就连别的区县没有报销的门诊费，屏山县都是报销了的。

天黑路滑，情况复杂。不要认为贫困户只负担10%治疗费就"看得起病"了，比如医1万元，自己出1000元，问题不大；要是医10万、20万元呢，就要出一两万元，这对没有多少收入来源的家庭，还能说问题不大吗？还有，有人跟病魔结成了生死冤家，三天两头住院，10%的治疗费对他们来说，也是千斤重担压肩头。怎么办？龙华镇两户饱受病魔折腾的贫困户给我讲了他们各自的故事。

劳动村贫困户龙某，2016年5月在宜宾一医院被诊断为乳腺恶性肿瘤，做了乳腺癌根治手术，按疗程化疗。她家庭贫穷，无法使用疗效好、但要2万多元一针的国外进口靶向药。现在卫生扶贫政策好了，"旧时王谢堂前燕，飞入寻常百姓家"，该药被列为国家谈判药品而大幅度降价，并可纳入医保报销一半。2019年7月，龙某通过县医院转院到宜宾市一医院，先后进行了8次乳腺癌术后进口靶向药治疗，医疗总费用为4.6万多元，通过医保报销、卫生扶贫基金救助近4.1万元后，龙某琼只承担了5000多元，花较少的钱，享受到效果好的治疗。

五桐村4组邓某，一家3人，两口子都60多岁了，爱人患心脑血管病，2018年住院1个多月。他最苦恼的是现在已经37岁还没成家的独子，前几年脚痛，成都、泸州去了几次，没检查出什么原因，花了一大把钱。原来一家三口在吃低保，2018年9月，他儿子又检查出患尿毒症，每周要做3次透析保守治疗。县里领导亲自去他家里访贫问苦，把他动态调整为贫困户，享受承担不超过治疗费 10% 的扶持政策，第一次报账他自己承担了 7800 多元。县里领导考虑其有返贫风险，决定对其进行第二次报销。"我一共只负担了 2000 多元，还有几百元门诊费，不晓得可以报销没去报，加在一起出了 3000 来元。"他儿子得到顺利救治，虽然还欠着一些账，但总算松了一口气。

我也松了一口气。屏山真的把健康扶贫当成头等大事和第一民生工程，为让贫困户"看得起病"想得很细致，做得很扎实，用够、用足、用活了帮扶政策，这必须具有一种担当精神和悲悯情怀。我请胡聪华和鲍丰光概括地谈谈实施精准扶贫以来，县里为贫困户掏钱买单情况。得到的回答是县财政已经掏了 2323 万元为全县贫困户全额代缴城乡居民基本医疗保险，参保率 100%；掏了 1680 万元用于补充卫生扶贫救助基金和兜底资金，让 3.13 万人贫困户受益；掏了 197 万元为 2.89 万人贫困户减免医疗费用。此外，按照重病与大病集中救治、慢病签约服务原则，为贫困户建立健康档案，制订诊疗方案，实施定期随访，已开展大病救治 2021 人，救治率 99.5%；慢病签约服务 5851 人，服务率 99.7%；重病兜底保障 493 人，救治率 100%。

合上采访本，走出鲍丰光的"健康扶贫工作股"办公室，的某某、胡某、邓某等人的名字不断在我脑海里闪现；我为他们、为屏山县众多依靠基本医疗保障帮扶而挣脱病魔纠缠的家庭感到由衷的高兴。

三、有教无类

"说来简单，义务教育保障的目标和底线，就是要让每一个建档立卡贫困户的孩子有学上、上得起学，不因贫困而读不起书。"

屏山县要在 2019 年高质量脱贫摘帽，必须以高质量的义务教育作为又一大保障和前提。我向屏山县教育局主管官杜哲明提出"屏山县如何做好义务教育保障"这一问题，他开门见山，茶没泡好便把问题说开了。

"要让孩子有学上，就是要着力解决好校舍、师资等问题。一个学校装多少学生，平均教辅用房、学生图书占有量、省定教师控编率等，国家都有明确标准。总体来看，屏山县在'有学上'这个问题上花了大工夫，改扩建了 16 所中心校，除师生比居全省中等水平外，其余都解决得比较好，全部达到上级标准要求。"

泡好茶落座，他继续说下去："让孩子上得起学，主要对建卡贫困户的孩子们进行教育扶贫资助。这个方面宜宾在全省甚至全国都做得比较好，除了国家、省上教育扶贫普惠政策外，市财政拿出了一笔资金增大补助量，县上也相应配套了一笔资金。"

杜哲明一一例举出县里学前教育、义务教育"三免一补""营养改善计划"等，哪一些超出国家和省、市的扶持标准，具体超出多少。此外，县里还实施了建卡贫困户特别资助、教育扶贫救助基金、社会捐资助学"栋梁工程"等三大资助。具体如何资助？他说得很细，我对数据不敏感，记得不太清楚。但这些都给我一个很深刻的感受：屏山县贫困户子女读书享受的优惠政策，比全省、全国都好，根本不存在上不起学、读不起书的问题。

我认同杜哲明的说法，眼前浮现出山区孩子们读书行路难的情境。像中都镇永福村的孩子要去夏溪乡鱼溪小学就读，新安镇和平村的孩子要去龙桥村小就读，还有更多我不知道的乡村孩子到我不知道的小学就读，他们天不亮打着手电筒去上学，有时天黑了才能回到家。不说清平、屏边等山高路陡的偏远山区，就拿新县城首善之地屏山镇的凉坝、庄子、永康等村来说，村民居住相当分散，三两里路难见一户人家也是常事，也存在孩子上学行路难的问题。

杜哲明说他们采取三个办法解决这一问题。一是多设校点。屏山的中心校和村小校点在全市最多，小学校有130所；村小撤并的情况，考虑山区特殊情况，远远少于其他区县，比如中都镇双河村中山坪小学，只有3个学生一个老师，现在仍然保留着，这在全市都很典型，彝族孩子们不愿意下山就读。新安镇新民村有新民一小、新民二小两个小学，市里批评他们的教学资源没有优化布局。因为太分散了，教学资源有限，他们才撤掉一个。二是多修寄宿制学校，鼓励孩子们在校寄宿，尽量解决山区孩子们读书路远、走路时间过长的问题。乡镇中心校大量推广寄宿制，清平乡、屏边乡的学校寄宿搞得很好；新市中学搞得最好，学生全部寄宿，新市镇的很多村小也搞得比较好。国务院要求加强小规模学校建设和乡镇寄宿学校建设，文件没出台之前，他们已在做这一些事情了。三是随着乡村公路建设的推进，凡是公路符合基本运营条件的，尽量开通农村客运专线，简称"农巴车"。大乘镇做得比较好，交通、运管、交警等部门主动与学校对接，对学生上学路线进行全面摸底规划，确定"农巴车"线路，方便学生上学。

看来我多虑了，又一个问题一筋斗翻在我的面前：按照脱贫验收标准，不

能让一个贫困户子女失学、辍学，但由于诸多历史和现实原因，又避免不了这一现象的出现

比如，姚登文劝学。一个小男孩辍学在家，成天看电视、耍手机、打游戏。辍学原因是他作业不会做，老师望着他，他心里便着急，更在心里对上学校形成阴影。有关帮扶干部多次上门做工作，小男孩都不愿意去学校。姚登文几次找小男孩子交心谈心。小男孩说："我去跟不上，怕老师批评。"姚登文答应："我去给老师说，叫他不批评你；真的批评了你，你来给我说，我去找老师谈。"小男孩说："我上课要打瞌睡。"姚登文承诺："没关系，你想睡就睡。"小男孩说："我喜欢打篮球、打乒乓球。"姚登文允许："只要你去了，篮球、乒乓球你尽管打。我再给你放宽点，我去给老师讲，只要在校园以内，不影响学校正常教学情况下，你还可以踢足球、画画等都可以。"小男孩还是不去。姚登文恐吓他："我这样满足你的要求，你都还不去的话，我给你说，我是执法的，义务教育是法，你不去，等你妈老汉都不在，哪个来管你？"小男孩仍然不去。姚登文又缓和态度："这样，我给你联系县职业技术学校，只要你得到了毕业证，我保证在县工业园区找企业给你安排工作。"小男孩还是不为所动。姚登文用遍各种变法，对我感叹道："我觉得脱贫攻坚第一难不是住房，而是学生不读书。我联系的片区有9个，书楼镇一共有20多个。所花的精力比帮助搬迁多得多。有时想不通，国家拿钱让贫困户子女读书，还要三番五次去劝、去请。"不过，姚登文在向家坝水电站库区移民搬迁过程中，做思想工作以"磨功好"出了名，反反复复坚持不懈，最后他还是把小男孩"磨"进了书楼中学初中二年级去读书了。

提起这个话题，杜哲明便滔滔不绝地介绍起来，县里为"控辍保学"，实行"五长负责制"，即县长、乡镇长、校长、村组长、家长共同负责，按脱贫攻坚考核要求，贫困户子女义务教育阶段入学率必须做到100%。如果因子女该读书没有读而退出贫困户，称为错退，一票否决，这是他们面临的最大压力。省上考核时，把非贫困户子女一并纳入进来，说穿了，不能有一个儿童失学辍学。实际上教育部门考核九年制义务教育工作时，有一个正常流失率，入学率只要超过95%就达到了国家标准。这符合教育规律和人的自然规律。有的孩子到了初中阶段就是不读书，比如有心理疾病或厌学等。他们到书楼镇去，姚登文开了一大把名单给杜哲明，他一个一个地用心研究了大半天，动员贫困户子女回校读书难度太大。前次他去清平乡，还有10个建卡贫困户的孩子没有回到

学校读书。乡里找他反映，可不可以松一个口子？杜哲明明确表态："肯定不行，必须做到100%回校读书，这是对扶贫工作的基本要求。"怎么办呢？乡联合党委领导一个包一个，必须在一个星期之内，把10个孩子全部送去学校读书。县人大副主任、清平乡联合党委书记陈财辉说："那个星期，我和乡里干部啥子办法都想尽了。"

劝学确实难啦！

为了让孩子们回校读书学有所获，县里专门在县职业技术学校开办了一个"特色技能班"。杜哲明说这是屏山的独特创举，他专门给学校打电话，让我去看看这个班的情况。

接待我的是县职业技术学校教导主任邓世军，他向我介绍：这个班有三大特色。一是学生来源有特色。42个学生，年龄有三四岁的差异，但文化程度差异就大了，有的快要初中毕业，有的连小学一年级都没有读完，这对教学提出了一个严峻挑战。他们只有不强调学文化，把立足点放在学技术、学一技之长的生存技能上。二是专业设置有特色。按学生学籍管理规定，一个学生只能填报一个专业。但他们放开选择权，学校开设12个专业，学生们在高一年级的时候，可以去感受任何一个专业学习，然后从中选择二至三个重点专业进行学习；就像一桌子菜，你可以吃任何一道来尝尝味道，再确定两三道喜欢吃的菜慢慢吃。到了高二后，学生才确定一个自己喜欢的专业学习，课余时间可以选修自己感兴趣的其他专业学习。高三可以选择升学，也可以选择就业。三是学习形式有特色。该班彻底打破传统上课形式，开始以一周为单位，比如学汽修、学钳工、学微机、学电子商务等。经过一段时间的实践发现一个问题，42个学生都开汽修课，不是人人都喜欢；开始两天问题不大，再往后一些学生就三心二意到处耍了。学校便在专周的基础上实行分组教学，由一个专业开到两个或三个专业，把孩子们分流到两三个专业去学习，让他们靠近自己更为喜欢点的专业。还有一个特殊情况，有的孩子已经在外面上班了，他们家庭困难，要挣钱贴补家用，学校允许他们半工半读。比如书楼镇送来的一个姓李的孩子，她爸爸生病住院，妈妈走了，还有一个妹妹，她得一边读书，一边打工，一边照顾家里，毕竟生存最重要。

我越听邓世军介绍越感到兴奋。学校对这一些扶贫干部费尽心神劝来读书的孩子们，不是敷衍塞责，暂时看管，而是切实负起责任来，组织人性化教学，因人施教，尽力把孩子们培养成具有一技之长的人。从这一个班开设后的情况来看，邓世军说："整体教学效果比较好，比我们当初想象的要好很多，至今没有一个孩子流失，很多孩子学习都很用心。"

管理难度大，有一些孩子离开学校多年，让他们做到一直遵章守纪比较难；有的甚至把在外面形成的不良社会习气带进学校，与学校的规章制度形成冲突；但学校尽量包容，以不触犯法律为底线，至今没有开除一个孩子。

邓世军最初是这个班的班主任，一个孩子来找他，她是特色技能班的学生，叫李某，15岁，龙华镇的。我留住李某问了她一些情况。她说她初二上半学期辍的学，有一年没读书了。"主要是学校要背书，很晚才放学，觉得很累，就不想读了，在家跟一些'二晃晃'混，觉得没有意思，不好耍。扶贫的叔叔阿姨来家里劝，就来读书了。来了感觉很好，同学多，热闹。老师很好，很谦和、很亲切，跟朋友一样。这里的老师和原来老师不一样，不会因为他是老师，就要求我们必须听他指挥；不像原来的老师，很死板，我们看见就要躲。现在看见老师我们就开玩笑，特别是王老师（班主任王星）很好耍。"她很安心学习，一般不回家。她对音乐、舞蹈感兴趣，学的是音乐专业，想当一名幼儿园教师。邓世军问她有没有升学的打算？她说在考虑。邓世军对我说："这个妹妹有上进心，是考得起的。"

我也给了李某鼓励。记得，我还问过杜哲明一个问题："脱贫攻坚，对学龄儿童要100%实施九年制义务教育，聋哑和残疾孩子怎么实施呢？"杜哲明说："县里开办了特殊学校，通过医院检查，基本能生活自理的，送到县特殊学校就读。不能自理的，送教上门，最远的送教到了成都。有的实在太远了，没有办法，便通过视频教学。"

我想了解一下如何送教上门的，便去了屏山县特殊学校。校办主任牟艺、教师姚戎和朱志标接待了我，他们你一言我一语地向我介绍情况。我获得的信息是现在特殊学校有72个学生，送教上门的有19个，主要为肢残、智障、抑郁症患儿。县里给他们送教育、送康复、送爱心，培养目标是为孩子们的生存奠基，使其学会基本生存技能。专业教师每次去只给每个学生上2节课，训练孩子们发音、说话、用手抓物的能力、站立等基本生存技能。教师每一次去，都必须先和家长、孩子做情感沟通，孩子才愿意听你的，按你说的去做。有时候教师还要自掏腰包买一些礼品去，让他们先吃一点零食，把他们哄高兴了才开始教学。各个孩子情况和表现不一样，有的胆怯、畏惧不说话，有的易怒、暴躁不配合，有的还扇老师耳光，咬老师手腕，"难免有一些委屈，但委屈是委屈，该我们做的，我们要做到位"。"我们千千万万遍地教，说不定都教不会。但孩子们是弱势群体，需要我们去理解、包容、关爱。"

送教的路途很艰辛，一次钟校长（钟孝兰）、教导处洪主任（洪家惠）、专业教师李敏、汤会容到鸭池去送教，天下着雨，他们打伞穿筒靴走烂泥巴路，从一片森林穿过，校长说"好吓人哟，人少了走起来还很害怕。"去年夏天，姚戎、母丹、朱志标去锦屏镇送教结束已经中午12点了，他们又急急忙忙赶往书楼镇，遇山体滑坡、公路压断，他们冒着危险从滑坡体上一步一步地爬过去。

言谈间，牟主任找来厚厚一沓《简报》："只是这一期开展的送教活动。"信手翻看，透过字里行间，我依稀看见老师们送教路上翻山越岭、气喘吁吁的身影；还看见，大乘镇那一个姓蔡的智力缺陷孩子能辨识图片上的辣椒、土豆了，书楼镇那一个姓罗的残障孩子跟随老师的动作能活动僵硬的肢体了，屏山镇那一个姓周的脑瘫孩子能开口叫爸爸妈妈了——不知道孩子的爸爸妈妈第一次听见这一声喊叫心有多兴奋多激动，也不知道一家人心里有没有翻腾起对每周一次送教上门的老师们诚挚的谢意，反正我结束采访，与老师们挥手作别后，一直处于感动中。

再回思起县教育主官杜哲明所言，县职业技术学校"特色技能班"所见，我坚信屏山县全方位、缜密坚实的义务教育保障，一定能不折不扣地满足脱贫攻坚的需要。耳边有鸟叫声，我抬头一看，于薄暮的天色中，一群麻雀从头上一掠而过，叽叽喳喳地朝凤凰飞去……

第四章 "第一书记"群雕

"第一书记"专门为脱贫攻坚而生而战。他们肩负着重托与使命,奔波在田间地头、竹林院坝,千方百计为群众排忧愁、解危难、兴产业、谋福祉,始终以昂扬的斗志,冲锋陷阵在攻坚克难第一线。

一、"萝卜书记"王红旗

到底是知识分子,书生气十足。2016年元旦刚过几天,学校领导找王红旗谈话,叫他去宜宾市屏山县扶贫,时间一年,拿点钱,干几个工程。他听进去了,只要有钱做保障,而且只有一年,便拍胸口说:"好,我去吧。"

后来省里要求,扶贫干部必须干满两年。他也没说啥,继续干下去。

两年满了,县里领导说:"2018年是你们村摘帽退出贫困村的关键年,我们需要你继续坚持下去。"学校领导也说:"你在屏山干得那样好,上上下下反映你各方面很不错,你和学校都获得了那么多的荣誉,干脆再干一年,干满三年。"他心想:好,地方和学校领导都信任我,就继续干下去吧!

如果说开始有点小情绪——"说句老实话,刚去的那两个月太艰难了,巴不得马上被调走。"——那么,后来就是周瑜打黄盖,一家愿打,一家愿挨了。"干了一段时间,有了感情之后,就不想走了,巴不得多干点事,干扎实点。因为觉得自己在工作上还是有很多瑕疵,有很多不满意的地方。无论是老百姓的满意度也好,还是我自己提出的一些项目建设也好,还没达到我希望的目标。"所以,三年满了,县里与镇里领导舍不得他走,希望他"读一个本科",干够四年。他与当地老百姓已建立起深厚的感情,内心也愿意留下来,便说:"要得嘛。"这下学校不干了。"不行,你必须回来,有其他工作安排。"他拖了一个月,拖了两个月,拖了三个月;学校催了一遍,催了二遍,催了三遍;事不过三,他没有办法,只得无奈地作别他汗水洒了一路、心血染绿青山的那个村子,回到学校。

村里无论干部还是群众都不希望他走。临走，他不愿意惊动村里任何人，怕增加不必要的麻烦，想悄悄地走了算了，但村干部们密切注视着他的新动向。村支书说："不行，帮我们干了那么多实实在在的事，悄悄地走了，我们不感谢一下，心里过意不去，无论如何要钱行。我们不让全村人都参加，把范围控制小点，就我们几个村组干部，我拿点钱买菜，就在村食堂简简单单聚个餐。"盛情难却，他答应了。饭后辞别，村支书拉着他的手，说着说着就哭起来了。他已控制不住感情，流下了激动的热泪。受到感染，"在场的人全部都哭起来了。包括镇上的书记、镇长、人大主席和村上所有在场的人"。村支书告诉我。

他，四川理工学院支持屏山扶贫派驻书楼镇中坝村党支部原第一书记王红旗。为了便于工作，开展校县合作与帮扶，"县里给他挂了一个副县长的牌子"，村民们王书记、王县长随便喊。

村支书罗平，一个声音有一点浑厚的中年男子。我请他谈点王红旗做的具体事情，罗平说："他干的事太多了，大到村里如何脱贫攻坚的总体发展思路、基础设施建设规划和具体实施办法，小到帮4组贫困户老人朱仁珍从河沟里提水，可以写厚厚一本书了。"

我忍不住笑了："你们县上请我来写一本书，我还没打算写多厚。依你这样说，他一个人占完全书还不够？"

经过同罗平交谈，和我前期的资料收集储存——县里曾给过我一个《中坝村第一书记王红旗个人先进事迹》材料，好几千字里有"种白萝卜200亩"几个字。都说一滴水能见太阳，能否通过王红旗发动中坝村种萝卜这"一滴水"映照出王红旗3年零3个月帮助中坝村脱贫攻坚所做的"太多"事情——那一轮"太阳"呢？为此我又采访了王红旗，可以信心满满地说出一个字："能！"

真是有心人！王红旗到中坝村的第一天晚，村主任杨军安排在村文书牟世伟家里给他接风，其中有一道菜是萝卜汤。王红旗吃进嘴里觉得口感非常好，他便记下这个细节。

贫困户要摆脱贫困，必须发展经济增加收入。王红旗和村两委做了很多探讨：中坝村海拔800～1100米，山高、路陡、弯急，土地零乱破碎不成片，大规模发展种植业不现实，只能发动老百姓利用自己的家庭条件发展个体养殖业。最先想到的是养猪、养鸡、养鹅、养鸭等生态牲畜，王红旗做了一些工作，带着学校的资助金20万元，准备给饲养者一些补助。四川理工学院有3.6万张嘴巴，"完全给你吃得下去"。但养这些东西，量上不去，成不了大的气候。于是，他想到发展高山生态蔬菜，学校领导也希望能在中坝村建立一个生态蔬菜基地。他首先想利用山形地貌大面积种葵瓜，也叫佛手瓜，但自贡人不喜欢吃这玩意儿。大面积种植其他蔬菜也很难。王红旗通过实地走访调查，发现种萝卜可以，联想到在村主任杨军家里吃的萝卜的味道，便萌动了种萝卜的念头。他在网上查阅，发现萝卜好处多多：冬季土地闲置着，萝卜生存周期不长，刚好可以把闲置期利用起来；俗话说冬吃萝卜夏吃姜，萝卜是一种好的蔬菜，可以下气、消食、利尿、润肺祛痰、解毒生津，男女老少一年四季都可以吃。可是，萝卜品种多，青圆脆、浙大长、秦菜一号、心里美、大红袍、沈阳红丰1号、吉林通园红2号等等，哪个品种好？他又通过广泛深入调查，准备引进我们南方栽培较多的"春不老"。它脆嫩化渣，口感很好，几分钟就可以煮熟。冬天种下去，过了春节，经过雨雪以后就可以上市了。

王红旗同村两委商量，定下这个事之后，便联系自贡一家农资公司买回种子，免费提供给农民种植；按每亩400元的标准给农民发人工费、肥料补贴，并承诺帮助种植户销售出去。农民很配合，种植积极性很高。为了种好萝卜，王红旗请来屏山县农业局专家和翠屏区菜坝一个萝卜种植能手，对村民们进行栽培技术培训和手把手教学，培训内容包括如何后期管理、施肥打药。或许是感恩于王红旗这位热心的倡导者与培育者吧，萝卜们身心愉快、健康成长，很快以超出王红旗想象的速度"长大成人"，大萝卜一个重达五六斤，亩产2吨左右，村总产量高达400多吨。王红旗傻眼了："天啊，我给老百姓承诺过，要帮他们卖出去。四川理工学院就3.6万人，一次拉一大车去足够了，师生们不可能天天吃萝卜啊。"瞬间压力排山倒海般向王红旗压来。学校食堂隔一天拖一车走。通过学校工会，教职工一人认购一口袋（10公斤），高于市场价认购，"反正扶贫，价高一点没关系"。有双职工或者一家三个人在学校工作的老师，就是两三口袋，吃起来好吃，但多了也是问题。

由于学校这个"大本营"销量有限，他马上打电话，通过各种社会关系找销售渠道，并联系宜宾的批发市场和超市。这事唤醒了我的记忆，那年我去超市买菜，见菜摊上堆满又大个又白净的萝卜，说是从屏山运来的，记不住具体价格了，反正便宜得让我怀疑是倾销的假冒伪劣产品，最后还是到菜市买贵一两倍的萝卜吃。早知道是王书记的扶贫生态萝卜，说啥我也得买几个回家堆着慢慢吃。

宜宾算是王红旗的"根据地"，他的营销策略是站稳"根据地"，瞄准周边兄弟市县出击，管你自贡、泸州、乐山，只要有高校，只要有食堂，只要有想得到的人，他都厚着脸皮，打电话求人家："我在屏山扶贫，请你们支持一下。"同时还把亲戚朋友广泛地发动起来，请他们贡献关系，或者帮着联系。这情景，让人情不自禁地联想到端着一个小簸，站在街边叫卖的小商贩。

一般大点的食堂，都有相对稳定的供货商，采取招标的方式采购蔬菜。王红旗就跟他们求情："扶贫，大家都要献点爱心。我们的萝卜，品质绝对好，价格肯定比你们招标的要高一点，招标不一定招得进来。学生食堂，价格没得优势，请你理解一下，即使纪委今后要查，你买的是贫困地区农民的萝卜，支持扶贫工作，我想也犯不到大错。"

经王红旗"旋转三寸不烂之舌"的煽情游说，很多学校领导都表示理解，以高于食堂采购价购买。联系好了，王红旗让村里老百姓送去，可他们不熟悉校园环境。"你给他说一号楼、二号楼，他哪里晓得。"王红旗只得亲自陪着他们去学校送。

不要认为推销渠道很畅通，即便在"大本营"也会遇上"肠梗阻"。王红旗找到学校工会负责人销售萝卜时，负责人说："人上一百，形形色色，我个人多给你买两袋都没有关系，但是面对几千个教职员工，肯定有人会有不同意见。像发慰问品，你发任何东西总有不同意见一样，这个很正常。所以还望你多多理解。"毕竟是"大本营"，王红旗就有点"抬天子压诸侯"了："我们要顾全大局，扶贫不是我王某人一个人的事，是学校的一个政治任务。"经这一说，校工会负责人还是表示支持。

王红旗还遇到过一件更棘手的事。王红旗通过四川理工学院一位副院长，联系上泸州职业技术学院院长，向他们推销萝卜。对方回答道："没问题，拖来就是。"好啊，王红旗高高兴兴地把萝卜拖去，对方食堂也接收了。但等到结账的时候，对方食堂才说："我们按照当地市场批量采购价，只能开4角/斤。"王红旗一算账，从书楼镇中坝村拖到泸州，运费都不够，何况还有几个送货的人工费，便说："无论如何你们得加点价才行。"经过双方讨价还价，费了很多口舌，最后对方加价到7角/斤。

千辛万苦，费尽心神，这一年好歹把村里的萝卜卖出去了。就这一个项目，中坝4组王清文、王清友年收入达三四千元，全村人均获益300元以上。第二年王红旗继续开动脑筋，在萝卜上做"文章"。虽然大家觉得萝卜的品质很好，销售渠道已基本打通了，但王红旗留下的话还是"明年还要请你们多多支持帮助"。但"我王红旗在这里帮扶可以帮着卖，要是屁股一拍走了之后怎么办？"萝卜作为一村一品的主打产品，要常态化种植，最终要走上市场化的道路，要让村民们学会销售，维护、巩固和拓展现有销售网络。再则，萝卜成熟期比较集中，一上市全都上市，时间晚了萝卜就会变老。所以在卖的时候，村民们常把萝卜扯出来堆在地边，希望赶快销售出去，但每天销量只有那么多，为此还产生了一些小摩擦。另外，萝卜水分重，外运困难，销售半径小。屏山本地有一道菜叫风萝卜炖腊猪蹄，很受食客们喜欢。王红旗想，能不能将萝卜加工成风萝卜呢？传统的风萝卜制作，是把萝卜切成条，用竹签串起来挂在墙上自然晾干。但受气候影响，有的萝卜会变黄、变黑，甚至霉烂，成色不好。中坝村长年阴暗潮湿，日照不长，萝卜产量又那么高，挂起来风干，难度太大。没有太阳，挂两三天就要起霉点点，效果肯定不行。王红旗想，只有用烘干的办法。如果用柴、用煤，环保过不了关；用电吧，成本又太高。他是教计算机的，对网络很熟悉。他上网查资料，发现成都有一种新的热泵烘干技术，虽然也用电，但耗电很少，原理是把室外的热能聚集起来进行烘干。听说成都花水湾建成了热泵烘干房，他赶去取经，效果确实不错，于是决定引进该项技术。

粑粑要米做，建烘干房需要经费支撑，王红旗主动找到副市长汇报，希望求得支持。市里有一些局领导到中坝村去检查工作时说："你们村各项工作都做得不错。"王红旗就给他们汇报各项工作是如何做的，最后提出：现在，他们的困难和问题就集中在一件事情上，想建一个烘干房，但缺少资金，请领导一定要支持他们。局长们碍于情面，说："我们回去研究一下，你们打一个报告。"王红旗说："要得嘛。"便抓紧把报告打好送去。通过"四面伸手、八方化缘"，王红旗凑够资金，建起了中坝村果蔬烘干房。萝卜上市的时候，能卖则卖，卖不掉的就烘成风萝卜，一是当地出售，像屏山马草坪几家馆子，主打菜都是风萝卜炖腊猪蹄，以前的货需要四处购买，品质没有保障，现在有了保障，生意比原来好。二是走电商的路子，在网络平台上销售。王红旗高兴地告诉我："现在萝卜成了中坝村一个高山生态品牌产业了。"

看着王红旗脸上自得的神情，想到他由此赢得的"萝卜书记"的美称，我的思绪一下回到中坝村支书罗平的话上："他给我们干了那么多事，从内心来说，我们真的舍不得他走。我们中坝村，没有哪一个不说他是好人的。百分之一百的人都尊敬他，一个小娃儿出来都认得到王县长。"

难怪王红旗跟罗平握手道别时，罗平和在场的所有人情动于衷，潸然泪下，这就是他们的心灵密码。

二、"找水书记"吕沐洋

老实说，吕沐洋刚到太平乡火星村当第一书记时，很不安心。扰乱其心绪的原因有三：

第一，火星村的群众只用眼神跟他说话，他们认为吕沐洋这个宜宾城头长大的娃儿来农村能做点啥子事？捏得稳锄把，背得来背篼吗？来观风、望景、当游客还差不多。吕沐洋真切地感受到，"大家对我既客气又保持着距离，我觉得自己与村民之间隔了一堵无形的墙"。

第二，村里两委三大要员——支书、主任、文书，3人同时交来辞职申请书。他们各有苦衷：40多岁、正年富力强的村支书称其老婆、孩子在乐山，要回去照顾；57岁的村主任说自己有病，需要休息；年轻的村文书见支书、主任都辞职了，一时慌了神，也辞职了。

第三，自己远离年幼的孩子、心爱的妻子、年迈的父母，从原来熟悉单一的工作环境，到偏僻艰苦的山乡来扶贫。抬头一望：一个村子，在一个山匼匼上，一副癞子脑壳模样，能干出啥子名堂？也许是在浪费青春时光。夜深人静，吕沐洋躺在床上，辗转难眠，悄然萌生出一个奇怪的念头：不求有功，但求无过！

他准备先走访贫困户，了解一些基本情况。可越走，缺水、缺路、缺产业的严酷现实，让他心情越沉重。他没有经验，出门水杯都没带一个，口渴了便去三组贫困户曾道乾家里讨水喝，同时了解一下情况。他从资料上得知，曾道乾70多岁了，老婆和儿子都有一点智力缺陷，但外孙聪明。进屋后，曾道乾望了他两眼，没有搭理他。他只好说："有水没得，我想喝一口水。"曾道乾进屋，摸摸索索端来半杯水。吕沐洋接到手里一看，水有点浑浊，水面上浮着一层绒毛，闻起来有一股腥臭的味道。他不想喝，但曾道乾在看着他，他又不好不喝，便硬着头皮咕噜咕噜喝了下去。

"那个怪味道，现在我都记得。"尽管已经过去4年，吕沐洋给我谈起这事的时候，表情好像刚喝下那水一样。

喝了以后，吕沐洋提出要去看看水。曾道乾耳朵有点背，要大声说他才听得见:"你这水在哪里挑的?"曾道乾说:"山上挑下来的。"他了解才晓得,山沟沟里的村民是靠接一根管子到水窖里取水,水窖敞着,没密封,虫蚁往里爬,所以水质很差。他了解这情况后,心里很难受。

2014年7月,他下派到太平乡挂职党委副书记锻炼已满一年了,脱贫攻坚开始,调任火星村第一书记。他知道,这里是太平乡最艰苦的一个村。何谓火星?指一年四季干得冒火星子。它属于金沙江河谷干热地带,气候特别奇怪,宜宾刮风下雨,太平乡洒点雨点子,火星村雨点子都没得。六七月份即便下点雨,但流失严重,贮存不起来。它位处向家坝水电站的尾水段,老百姓却没有水吃,天干要到易子村里面引水下来供生活用,就是曾道乾端给吕沐洋喝的那个水,很糟糕,水质很差,长期饮用对身体损害很大。

一个念头在吕沐洋大脑里逐渐清晰,一个意志在吕沐洋心中走向坚定:一定要想办法解决火星村缺水问题,让群众喝上干净水。别说这是扶贫职责所系,就当好事也要办。从另外一个角度讲,自己要在火星村打开工作局面,赢得群众的信任和拥护,也得干点让他们看得见摸得着的实事。自己在这里混两年事小,耽误火星村脱贫就事大,以后还有啥子脸面来见这一方父老乡亲?

但要破解这道难题,个人能力毕竟有限,单打独斗肯定不行,必须把村两委团结起来,形成一个拳头才行。他分析了村两委的情况:村支书比较强势,村主任听村支书的,村文书工作相对好做。他打算先易后难,先抓住村文书跟自己一起干,再慢慢做村支书和村主任的思想工作。

吕沐洋找村文书谈心,说出要让群众喝上干净水的想法,村文书表示支持他的工作。但说到水,村文书说:"这个事情不好办。我们以前也找过水,水源地有两个,一个是几公里外的新安镇那面有一个水源,水质可以,但落差不够,火星村地势低矮的地方可以解决,稍微高一点的地方就无法解决,引过来意义不大。另外一个地方是宝山村的马牙石,那里的水源很好,完全是山泉水,落差也大,引过来可以解决火星村的饮用水问题。但离我们这里10多公里远,山势陡峭,人迹罕至,要引水的话投入太大,根本无法实施。"吕沐洋一听有水可引,非常高兴,要村文书带他去看。

"印象最深的是,去马牙石看水源那天,我的命都差一点戳脱(丢掉)了。"述及往事,吕沐洋似乎仍有余悸在胸。

走山路,天气很重要,最好在晴天。可能日子没选好,吕沐洋和村文书约好去的那天下雨,村文书建议路滑不好走,改天去算了。知道吕沐洋要去找水的人，也劝他改期。"一来我没有经验，二来想到村支书晓得了会笑话我，'伸头缩屁股的'，路都不敢走，别的还能做点啥子？我鼓励自己，'行不改期，坐不改姓'，不管有多难，坚决去。但是心头还是没底。"吕沐洋对我说。

吕沐洋把脚上的皮鞋换成了旅游鞋，跟村文书一起出了门。车只能开到宝山村一个山窝里，开始一段稍平的路还走得顺风顺水，但到了爬坡上坎的时候他就感觉吃力了。他俩溯源而行，有的地方坡度不大，但有的岩石上长着青苔，路又没有梯步，又硬又溜。天上又细雨蒙蒙，虽然已是深秋季节，气温不高，但他们还是走得汗流浃背。

到了一个深水潭前，有一个陡壁，四五米高，吕沐洋爬不上去。村文书"猿抓猴爬"，上去后意欲伸手拉吕沐洋，但中间有一尺多的距离手够不着，要吕沐洋爬上去才能拉到手，吕沐洋只好想方设法往上爬。当村文书把他拉上去后，吕沐洋以为爬上去了，高度紧张的心情油然松弛，没提防脚没踩稳，一滑，身子往下一缩，村文书慌忙一把逮住吕沐洋的手用力一拉，往后一仰，村文书差点摔了。吕沐洋失去拉力，双膝猛然跪在坚硬如刀的马牙石上，痛得钻心，事后瘀青很久才散。

村文书说："你晓得这个地方不，以前整死过人的。"

那是农业学大寨时的事，乡里修丰收大堰引马牙石的水，民工抬木头踩滑了，从坡上连人带木头滚进水潭里被淹死了。

村文书说了老实话："这个水潭有点深，今天我们只有两个人，要是你掉进去了，我根本没得胆子下去救你，可能你就只有牺牲在这个地方了。"吕沐洋逞强嘴硬："这有啥子嘛，我游得来泳，淹不死我。"晚上回去后吕沐洋想起才有点后怕。

出了汗，山风一吹，又冷又饿，加上膝盖碰破疼得很，再走就有点力不从心了。但不可能半途而废转身回去，吕沐洋只得硬着头皮往前走。有的地方要踩着水才能过去，他把鞋子脱下来光脚走。山泉水冰冷刺骨，马牙石也很硌脚，吕沐洋自我鼓励：必须坚持住！要是第一次出门就打退堂鼓，落下笑话，以后咋个开展工作？

历尽艰辛，耗时近4个钟头，他们终于到了马牙石水源地。放眼望去，一涯清水，波光粼粼；四周绿树环绕，风光秀丽。"嗨哟，我的心一下就激动了，真的不虚此行，找对方向喽！走到水边，捧起水就开喝。那水凉悠悠甜丝丝的，沁人心脾，安逸得很！"吕沐洋向我描绘当时内心感受时，他那喜悦的神情全落在我的眼中。

村文书也很兴奋。他们顺着水边走了一段路，吃了带的干粮，吕沐洋拿出事先准备好的一个矿泉水瓶子，装了一瓶水揣进包包里，准备带回去检测，同时用电子表测量海拔与落差，为引水决策收集好必要的原始数据。

吕沐洋认为，在实施引水项目过程中，给他帮助最大的是县检察院派驻火星村的老同志黎勇。他是屏山人，熟悉屏山情况。找水回去的当天晚上，黎勇主动找他探讨："吕书记，我们两个都是来这里扶贫的，我给你说点心里话，你这个事，不要说靠一个村，就是凝聚整个乡镇的力量也办不了。我简单给你测算了一下，十来公里距离，管子花费起码要好几十万元。管子还要运输安装，经过那么多地方，土地也需要协调，不是一个村能干得下来的。还有，水引到村里，还得修水窖、水池，安入户管道等，这些你想过没有？"

缺少经验的吕沐洋一听就蒙了。晚上睡不着，在床上辗转反侧：这个事情究竟干还是不干？干，没有资金、没有人；不干，自己又是专门来扶贫的，水是制约火星村发展的关键，没有水，群众生活困难，产业发展不起来，自己能袖手旁观，遇着困难绕道走吗？毕竟是组织派下来的，没办法向组织交代。辗转到下半夜，吕沐洋终于想通并坚定了决心：要干，但不能莽干，必须团结村两委齐心协力一起干。

吕沐洋召开村两委会，商量如何从马牙石引水到村上，想听听大家的意见。村支书说："这是一件大好事，能把水引下来，就一劳永逸地解决了村上缺水的大问题，我很支持。但是，村上没有资金也没有人，现在有劳力的人都外出打工了，留下的都是老弱病残，村上投工投劳也投不了多少。要干，得请吕书记去给我们多多争取资金，把这一件实事做实、做好。"

吕沐洋当然听出了这话的弦外之音，他不以为然，向乡党委做了引水汇报。乡党委书记说："你的想法很对，我个人表示支持，但办起来很难。引水管子安下来，可能要200来万元；如果要到户，加上工程费和一些设施费，可能要300万元才打得浑水（收到成效），几十万肯定不够，如果能在市里、县里争取到资金，接下来就好办了。"

这又是一个让吕沐洋高兴不起来的说法。有事找娘家。吕沐洋回到供职的市检察院，找到院里主要领导，把引水问题"夸大其词"地说得很严重："如果不干，完不成脱贫任务交不到差，我在那里也立不住足，关键是老百姓很期盼。"院领导说："虽然这个事办起来很困难，但我们支持你。你下去把情况摸清楚，若我们帮你争取来资金，你办不成这个事就不好了。"

有了这一句话垫底，吕沐洋心里踏实了。当时火星村要做的事很多，路要修，产业要发展，贫困户要脱贫，党建工作也要抓起来，工作千头万绪，但引水的事吕沐洋一直搁在心里。他主动找村支书谈心，才知道那个时候是因为第一书记与村领导的职责不明确才引起了一些不必要的误会。吕沐洋向村支书表明自己的态度："我们来扶贫是有期限的，时间到了就要回去。你不可能让我在这里工作一辈子。我真心希望我们能友好相处，让我尽快完成扶贫任务，好回家与家人团圆。"村支书终于解开思想上的疙瘩，从此对吕沐洋的工作非常理解支持，主动站出来抓引水的事。特别是后期水管入户，涉及各方面关系协调、矛盾纠纷化解、水管线路布置等问题，全靠村支书做工作解决。

与村班子关系和谐了，吕沐洋信心更足了。他拓宽思路，多次向市、县水利及建设规划等主管部门汇报，领着他们实地勘测，引水之事终于得到有关部门认可并通过论证：以小农水项目的名义实施，工程分两期，第一期投入90多万元，从马牙石把水引到易子村；第二期再从易子村引水到火星村。在具体施工过程中，还遇到一道难题：悬崖峭壁上施工难度大，石头坚硬难打，管子全靠人工抬，中标的施工单位想改变线路，在途中引水。吕沐洋坚决不同意，强调必须从源头引水。

二期工程投入100多万元，除小农水项目外，还整合了很多其他项目，包括移民后扶项目等，把长达10公里的引水管道安到了火星村；配套修建了减压池、水窖，安装了入户水管龙头等设施。经过近一年的艰辛努力，马牙石的水，终于被引入火星村，还包括易子村的家家户户。看见村民们喝着甜丝丝的水，用水洗出的闪着绿莹莹亮光的海椒，吕沐洋说他高兴得说不出话，"很有成就感"！村民们眉开眼笑，吕沐洋走到哪里，感谢的话就听到哪里，"找水书记"的美名也就传扬到哪里，但他认为："我只不过做了一件应该做的事。"

从韶山冲庄稼地里走出来的那一位伟人，说过一句经典的话："水利是农业的命脉。"有了水的润泽，干得冒烟的地里庄稼长起来了，种植和养殖业发展起来了，老百姓摘掉贫困帽子的希望很快变成现实。2017年12月，宜宾市人民政府发出的《关于批准2017年贫困村达标退出的通知》中，火星村赫然在目。

三、"摩托车书记"胡勇

2016年4月18日,省人大常委会副主任曾省权率省人大常委会执法检查组,到屏山县鸭池乡越红村开展《四川省农村扶贫开发条例》执法检查。一行人来到吊楼组某贫困户家,曾副主任想知道这个村的第一书记有没有联系贫困户,贫困户对第一书记是否熟悉,便问这个村民:"你们村的第一书记是哪个?"

这个村民憨厚一笑,摇了摇头说:"不晓得。"

气氛陡然凝固,尴尬瞬间爬上宜宾市与屏山县陪同人员脸上。村主任杨道钿指着胡勇问村民:"你认不认得到这个人呢?"村民一看,说:"咋个认不到呢,胡书记嘛。"杨道钿说:"他就是第一书记嘛。"村民说:"啥子第一第二哟,我们清不到(不知道)那么多,只晓得他是'摩托车书记'。"在场的陪同人员松了一口气,凝固的气氛被忍俊不禁的笑声稀释。曾副主任一看,这不是迎接我们来村上检查、骑着一辆摩托车在前面带路的那个小伙子吗?脸上也扬起了笑容。

采访时我问那个村民:"领导问的时候,你是真的不知道胡勇是第一书记,还是有意开他玩笑哟?"村民说:"第一书记是政府给他安排的,但我们农民都喊他'摩托车书记',没得哪个喊他第一书记。""你们咋个要喊他'摩托车书记'呢?""政府没给他配专车,他要走哪儿去就自己整了两个滚滚儿(摩托车)来滚,太阳出来晒太阳,雨来了淋雨,我们就给他取了一个'摩托车书记'的名儿。"

胡勇是宜宾市委办公室综合信息室副科级干部,2015年8月领命去屏山县鸭池乡越红村当第一书记。去时,组织找他谈话说之所以选派他去,是因为他是屏山土生土长的农村娃儿,干过多年基层工作,具有一定的基层工作经验。是的,胡勇当过大学生村官,参加过向家坝水电站屏山库区移民迁建工作,已经入党10年。基层工作,说白了是干小事、细事、琐事。人家背东西起肩时搭手扶一下,扫帚倒在地上了帮着捡起来,诸如此类。他没有丝毫犹豫,给组织表态:没有意见,相信自己能干好,干出成绩,不给单位丢脸。

到了越红村,按乡里对下派干部的要求,一个月内必须走访完全村的贫困户,摸清基本情况。越红村不大,田土面积1000多亩,全村37户,857人,158个贫困户人口。工作难度在于它处于二半山上,地形破碎,海拔475~1115米,以山路为主,村民居住分散,"隔个湾,走半天",他汗流浃背地到了一户人家，结果吃了个闭门羹：村民要么在山上干活，要么赶场，胡勇只得改时间，最好晚上去找。8月又正逢雨季，危岩高耸，经常有飞石落下来。有时候出去时天色晴朗，眨个眼睛天色一阴雨就下起来了，他便慌忙找地方躲雨。如果雨久下不停，又不可能住在村民家里，他还得冒雨赶路——虽然住地条件艰苦，是修聚居点工人的工棚，但毕竟是自己的安身之所。为了抓紧入户进度，方便晚上找贫困户了解情况，他只能住在这里。当时很多扶贫项目刚刚启动，工期要求紧，活多，各种检查也多，于是胡勇买了一辆摩托车，还是雅马哈牌的，5000多元。为了骑摩托车，他专门去考了摩托车驾照，买了保险。有了摩托车代步，或者村上入户，或者贫困户有事要找他，或者乡上开会，胡勇推它出来，手把龙头，脚蹬油门，啪的一声启动摩托车，"方便得很"。

热天骑摩托车，山风扑面，凉风绕绕，非常安逸。冬天骑摩托车就是另一番景象了，寒风割脸，身子像泡在冰水里一样，冷得砭骨头，这就不安逸了。人间事就是这样利弊相举，好处不可能让一个人占完。

有两个事给胡勇留下深刻印象。县道有一段公路要经过越红村，道路狭窄，弯道多，视线不好，加上过路车辆多，尤其是大货车特别多，经常发生拥堵或险情。2015年10月21日，市委办公室给村里捐赠了一笔产业发展扶助资金，胡勇同村两委会制定好管理办法，去征求乡里领导意见。下午1点多钟，他同县委办一个同志各骑一辆摩托车回村上，途经石碑口，胡勇从下面爬坡上去，按了喇叭。一辆大货车转拐从坡上下来，眼看就要撞上，胡勇赶快往公路外面让，人和车摔倒在地上。紧随其后的另一个同志也跟着摔倒。司机一边往公路内侧让一边紧急刹车，一个车轮悬吊在了公路边上。"我们和货车轮子就相差几厘米，后来想起都很害怕。"胡勇对我说。

另一次是他去下关组贫困户刘某家中走访。当时组与组之间只挖通了泥巴路，还没有铺成水泥路面，加上头一天晚上落了雨，泥巴十分稀软。胡勇走访完刘某出来，下他家门口那一个陡坡时，车轮打滑，刹不住车，他脚着地用力蹬着也刹不住，"砰"一跟头摔倒在地，浑身上下都是泥巴，车也摔在泥浆中。刘某急忙出来把他扶起来，把车扶起，打来水帮着他把身上和车身上的泥巴洗掉。还好，人没摔伤，车也没摔坏。

胡勇由此产生一种畏惧心理。骑摩托车像肉包铁，不安全，稍不注意就要出事。他曾在网上查过，全国因驾乘摩托车发生交通事故导致伤亡的人数，占整个交通事故伤亡人数的34.5%。再则冬天骑摩托，膝盖禁不住冷风吹，胡勇骑了一年后，发觉风吹来时自己的膝盖关节会隐隐发痛，怕再骑下去出问题，便设法贷款买了一辆适用小车。我注意到，市、县派驻乡村的扶贫工作队员们，大多都学会了开车。有的经济并不宽裕，但为了方便工作和周末回家，都借钱买上了一辆车。也不乏开烂一辆新换一辆者。

越红村通往脱贫致富的山道上，印满了胡勇的车轮留下的车辙印痕。

乡里下派的一个月必须走访完全村的贫困户的任务，据说胡勇同驻村工作队员们一道，骑着摩托车，只用了两个星期便完成了，他们和村民促膝谈心，倾听他们的呼声，了解应该收集掌握的基本情况。通过广泛深入地调研走访，胡勇和村两委以及驻村工作队员们一起，为每户贫困户制定了个性化脱贫发展方案，做到了因户施策。李家组贫困户龙某，家有4人，本人帮人开货车，经常处于待业状态，收入很不稳定。家有老母80多岁，长年服药，妻子也有病在身，儿子才7岁。他们家致贫原因主要是疾病、缺乏劳动力。胡勇和驻村工作组制定出帮扶措施，一是帮助龙某联系务工，利用全村基础设施建设机会和帮扶人的社会关系，让龙某帮人跑运输，有稳定的收入。二是开展医疗扶贫，帮扶单位代缴医疗保险，联系宜宾市二医院专家到村义诊，为龙某的母亲和妻子看病，减轻其医疗费用负担。后来，全县实行政府代缴医疗保险、报销90%的医疗费用方式后，进一步减轻了龙某家的负担。三是对龙某的儿子进行教育帮扶，在所有费用全免的同时，帮扶单位还送学习用品，胡勇和驻村人员定期对其进行作业辅导。四是开展住房改造、院坝整治工作，改善人居环境。五是发展产业，利用市委办捐赠的"越红村产业发展扶助资金"，帮助其喂猪、养鸡、种李子。

吊楼组贫困户邓某，家有5人，母亲有病，妻子务工受伤，割了一个肾，儿子上小学，女儿上职高，也是因病、因缺乏劳动力致贫。胡勇帮助邓某一家享受到医疗扶贫的有关政策，减免其儿女的上学费用，每月补助他的女儿生活费200元。开展就业帮扶，给胡某找到公益岗位，让他每月有300元的稳定收入；他的女儿职高毕业后，通过全市高速公路系统招收贫困户子女就业方式实现就业，每月增收4000余元；改善他家的住房条件，通过土地增减挂钩、危房改造等方式"多策叠加"，邓某一家搬进越红新村聚居点；利用市委办捐赠的"越红村产业发展扶助资金"和政府产业基金帮扶邓某一家种植李子。

我曾在网上见到《中国·四川屏山县鸭池乡越红村美丽乡村建设项目可行性》，说是要以建设"富裕越红，文化越红，生态越红，平安越红"为目标，大力发展外向型经济、休闲旅游经济，着力打造构建"美丽越红——生态家园"。我向胡勇求证，他说是这样的，上级领导和有关部门很重视越红的发展，把越红定位为"城郊型农耕游示范村"。围绕这一定位，村里以"三个坚持"来做好一切工作。

首要的是坚持基础先行，夯实发展平台。要发展农耕游，路不好走，没水喝，没电用，网终不通畅，人家怎么来游？所以，胡勇与村两委和驻村工作队率全村村民，首要任务就是强力推进总投资2100万元的越红新村建设，实现路、水、电、气、网络"五通"。经费有限，通组道路如何修建？围绕这个问题，村支书和村主任曾发生过一场激烈的争论，胡勇说是"交锋"，其实是争吵。村支书主张选择围绕农户居住区修建出行道路，方便群众出行。村主任倡导修建通往耕作园区的产业路，为后续经济发展铺好"路子"。他们各执一端，互不相让，场面险些失控。胡勇当即决定休会10分钟，大家思考后，最后与会者无记名投票表决。投票结果显示绝大多数与会者同意先修出行道路，后修产业路，似乎村支书赢了。虽然胡勇也很肯定村主任的想法，但还是得从群众利益角度考虑问题，因为资金不足，总得有一个先后次序。他同时批评两位村领导事前缺少沟通，以后要多加商量，在会上一定要拿出较为成熟的方案，不能这样争吵，给大家带来不良影响，妥善地化解了这场纷争。绝大多数同意先修路，后修产业路，是因为百姓对出行路的需求更急迫。后来他们整合扶贫整村推进、金土地及以工代赈等有关项目经费，很好地解决了群众出行难、用水难、生产难等问题。

第二个重点是坚持产业优先，找准致富门路。胡勇和村两委与驻村工作队一起忙前忙后，协助成立了驰骋肉兔、旺民忧土鸡专业合作社，利用单位捐赠资金发放借款，带动28户贫困户发展生产；协助引入枫丹农业公司，流转土地100多亩作为种苗培育基地，返聘土地流转农户入园务工，"土地变资本，农民变工人"。

第三是坚持智志并举，增强发展后劲。智，指技术培训，提升素质；志，指外出参观学习、夜校培训、评比等，提升志气，增强信心。胡勇反复思考，如何增加"造血"功能？为此他努力开展种植、养殖和外出务工等技术培训。胡勇把教育作为战略性帮扶措施，是阻断贫困代际传递的最有力抓手。通过对上争取、汇报，整合资金等方式，充实越红村图书室，成立学习小组，组织下午放学儿童到学习室学习，组织教师帮助辅导他们；宣传知识的力量、教育的作用，鼓励、支持大家送子女上学，全村义务教育覆盖率100%。胡勇驻村期间，就有2个贫困户家庭子女考上本科，9名学生考上大学。为培育贫困户的争先意识、感恩意识，让他们消除"等靠要"思想，变"要我脱贫"为"我要脱贫"，胡勇张罗开办了农民夜校，组织大家学知识、学政策，在潜移默化中提升农民综合素质。他组织村民们外出参观学习，找差距，先看后干，激发其动力。还开展卫生户、守法守信户评比，培养大家知荣辱、明礼节。在很短的时间内，越红村的面貌发生了可喜的变化，群众收入明显提高，美丽越红的娇俏容颜逐步展现出来。

"杨家有女初长成"，很快迎来盈门的"说媒提亲"者。2016年正月初七，大家正沉浸在新年好吃、好喝、好玩的气氛中，越红村便迎来了全市脱贫攻坚现场会的召开，与会人员前来参观了新村聚居点、村级活阵地，查阅了精准扶贫相关档案资料并分组走访贫困户。胡勇尽管"年都没过灵醒（好）"，但受到领导表扬还是感到"很值得"。4月19日，市纪委派驻市委办与市委办机关党委领导走进越红村，督查精准扶贫工作，严格按照"扶贫对象准不准、脱贫需求清不清、帮扶机制实不实、资金使用妥不妥、指标数据全不全、脱贫成效真不真"6个方面要求进行了一一检查核实，满意而归。6月27日，省乌蒙山片区脱贫攻坚（贫困村摘帽）现场推进会的与会代表来到越红村参观考察脱贫攻坚工作，认为"这个地方做得不错"。10月21—25日，国务院扶贫工作领导组第15小组莅临四川检查脱贫攻坚工作，越红村代表四川接受检查受到肯定和赞扬。

用屏山县扶贫移民局干部钟大琼的话来说，胡勇是"农民娃儿出身，干工作舍得拼"。2017年，在县乡两级领导的关心支持下，他和村两委、驻村工作组率领越红广大群众，宵衣旰食，真抓实干，一举摘掉贫困村帽子。2018年4月，胡勇顺利完成组织交给的任务，载着市委、市政府表彰的"全市民生工程先进个人"荣誉，载着村民们给他的亲切的称号"摩托车书记"，回到原单位上班。但他的人生之路，由此留下了一行深深的值得回味的车辙印痕……

四、"二战书记"程顺果

面对程顺果，一个疑问拦住我：一个正宗的"街上娃儿"，怎么会有那样深的农村情结？

程顺果大学读的是四川农业大学农林经济管理专业。我问他怎么不选择当时很热门的软件工程、信息技术、国际金融等专业，他说主要想到民以食为天，农村天地广阔，农业基础薄弱，发展水平低下，他对农村一直抱有很大兴趣，觉得到农村可以有所作为。读书期间，他便利用一些在涉农基地实习之机，与同学做起了药材生意。2005年毕业后，他居然到翠屏区邱场养猪，"现在都还有一个农场在那里"。可惜时运不佳，那时猪价便宜，小猪才2元/斤，亏本十几万元。不知他的农场现在还养没养猪，如果有，近来猪肉价暴涨，好好管理，正好迎合市场需求，一定会把多年前的亏损连本带利赚回来。

2007年，翠屏区招考大学生村官，程顺果考上了沙坪镇白连村村主任助理岗位，带领村民们种福娃油桃，可惜撞上临港开发区建设，全部征地拆迁了。青枝绿叶、果实盈人的美好憧憬，化为一朵蒲公英，不知道被长江清风吹到哪里去了。后来他又考上翠屏区公务员，被分在沙坪坝，辗转了两个单位。2013年，市里遴选人才充实机关，他被市委农工委选中，他真是与农业有缘，一直都在农字头单位里工作。2015年8月，市委农工委派他去屏山县书楼镇碾米村当第一书记。这个地方位于书楼镇西部中心区域向家坝库区内，属于典型的贫困山村，然而对他来说却是如鱼得水、如虎入林，一点没有心理障碍，也不需要角色转换，在那方舞台上，亮开了他那虽不清亮婉转但也不冷涩沙哑的歌喉。

程顺果在碾米村给村民们碾出白花花的大米没有呢？我看一篇《久久为功的"又一村"书记——程顺果脱贫攻坚事迹材料》上是这样表述的：该同志任第一书记以来，始终围绕户脱贫、村退出标准，按照"六个精准"要求，践行"五项职责"，当好党的政策的宣传员，攻坚一线的战斗员，对口帮扶的联络员，产业发展的指导员，项目实施的监督员，群众困难的协调员。

好一个"六大员"！

程顺果一边认真学习上级有关驻村工作的文件材料，熟记脱贫攻坚相关政策；一边走村串户，深入田间地头，召开群众会、院坝会，同贫困户、老党员、群众代表、致富能手等沟通交流，摸清吃透村情民意，掌握第一手资料，与村两委制定出《碾米村精准脱贫和幸福美丽新村规划（2015—2019年）》，定位碾米村为生态搬迁示范村和生态水果产业示范村。两年间，他和其他驻村工作队员一起，带领全村群众真抓实干，硬化道路6.5公里，建成蓄水池80口，修建产业耕作道和便民路15.3公里；努力发展乡村经济，让村民收入增多，集体经济壮大；采用土地增减挂钩的办法，建成上一章中提到的全县规模最大的一个聚居点，使碾米村的村容村貌发生了翻天覆地的变化。2016年底，碾米村退出贫困村。

让人感动的是，程顺果把心交给老百姓，真情为他们服务，解决他们的实际困难，化解彼此之间因种种原因酿成的土地边界纠纷、邻里纠纷，帮群众开具证明，代购物资，填写申请等。逢年过节，他还联系帮扶单位筹集资金、物资，开展形式多样的慰问活动，为村里的老党员、困难户送去慰问品。每到一户，他都细心询问他们的生活情况、有无具体困难；贫困户因病、因意外住院，他都到医院看望，由此与老百姓结下深厚情谊。

按组织规定，派驻贫困村第一书记任期为两年，弹指间两年期满。农村不管条件多好，与城市相比还是有差距。何况都是有家室的人，上有老人要照顾，下有小孩要抚养，家务事也应该分担。而他却陷入沉思之中：碾米村两年来的发展变化，父老乡亲们那一张张纯朴憨厚的脸庞，规划的蓝图还没有在自己手中实现，工作中或多或少留下的一些遗憾，农村如何走好产业发展道路？2017年5月，根据市扶脱贫攻坚领导小组安排，对一些退出贫困村的帮扶单位，重新调整去帮扶还没有退出的贫困村，市委农工委属于调整帮扶贫困村单位，要是程顺果轮换回去了，农工委需要重新选派人员驻村帮扶。新去的人员，有农村工作经验的还好办，要是没有农村工作经验，得花好长一段时间才能适应工作的需要，这对被帮扶的贫困村或多或少会带来影响。一个继续留下、转战新贫困村帮扶的意念在程顺果脑中形成。这是大事，他虽然不是"妻管炎"，但出于对妻子起码的尊重，他觉得应该征得妻子的同意。于是，他利用公休假的时间，带妻子去西安等地旅游，途中把自己的想法告诉了妻子。

妻子很开明："只要你在村上干着有兴趣，你就继续干吧。反正娃儿有老人带着，你周末回来也可以带两天。"

妻子还开玩笑说："你继续帮扶，家里就继续有土鸡蛋吃。"

有了妻子的支持，程顺果主动请缨，给单位递交了表示愿意继续驻村扶贫的申请。

那时，单位正要空出一个正科级职位，程顺果虽然只是副主任科员，但有扶贫这一段特殊经历，有"宜宾市优秀第一书记"（2019年6月，他被评为"四川省优秀第一书记"）招牌压底，不说胜券在握，至少大有希望。既然程顺果表明了自己的态度，分管领导表示尊重他的个人意见。

县、镇领导当然对这位农村工作熟手、脱贫攻坚能手鼓掌欢迎了，有他帮扶新的贫困村，很多工作可以无缝对接，让他们省心、放心。

单位领导征求程顺果意见，新确定的对口帮扶贫困村选在哪里？程顺果说："就选邻近的火焰村嘛。"

之所以选择火焰村，程顺果有一点"私心"：火焰村与碾米村只有一沟之隔，在帮扶火焰村时，他可以继续"拿一个眼睛角角挂着碾米村"。还有一个原因，火焰村曾引进一个项目，村委会发包给村干部，镇党委开会研究处理意见，程顺果作为镇党委委员参加了会议。会上党委书记很感慨，说他当了这么多年的书记镇长，还没有这样详细地查看过一个村的账，还没有看见过像火焰村那样账目装订整齐规范、一清二楚、没有任何问题的村，他非常感动；虽然是一个贫困村，但班子里的每一个人都非常踏实。程顺果想，有这样一个村班子，自己去就可以省下心来做自己想做的事。

关键是火焰村还有2600亩的茵红李果园。碾米村也发展了很多产业，如种枇杷、龙眼、椪柑、茵红李等，但每一种只有几百亩，不成规模，无法成立合作社去推动实施。火焰村有这样大规模的产业支撑，正好施展程顺果建立合作社的抱负，探索能够提升产业发展水平，拓展市场外联渠道，从而形成一个完整的产业链的方法。

碾米村两委会和老百姓们听说"果书记"要转战火焰村深感失落。村支书说："别的事情不说，这么大一个聚居点落脚在我们村上，你走了我们咋个管理得好啊？"山顶上5组邓孃孃找着程顺果："我们从山上搬下来了，娃儿也在外头打工，你走了我有事找哪个帮我办？"

最具代表性的要数5组贫困户严某。他把尊敬的"果书记"请到家里，还请了村领导和自家一个老辈子来作陪，特意杀了一只鸡招待程顺果，说是程顺果送的第一批鸡苗，专门养在林子里，"等着杀给果书记吃"。当初是程顺果鼓励他养鸡，还给他提供鸡苗，把他扶持成了养鸡大户，又发展他养猪。虽然村上对严某评价不高，但程顺果培养他入党，培养他成为党员精准扶贫示范户，要求他带动贫困户脱贫，每家在他那里寄养100只鸡，卖了以后利润分给贫困户。短短三个月，每户贫困户便从他那分得四五百元钱，这拉近了严某与群众的心理距离。严某的儿子在屏山做疝气手术，程顺果亲自去医院看望，让他心生感激。可是，这样一个贴心贴肺帮助他的人，现在要转战他村，他真是恋恋不舍："我们村上的路和水，包括产业发展，没有你和扶贫工作队来，想都不敢想能够变成今天这个样子。你走了，我们很担心，以后一些工程项目还能不能上。"程顺果安慰他："不管哪个书记来，只要你们做为了发展的事情，都会帮助你们的。"严某说："要像你一样，有这方面的专业知识，能够给我们出点子，想出具体办法的人，可能不好找。"程顺果只有一瓶啤酒的量，当晚喝醉了，在严某家里歇了一夜。

碾米村离不开他，火焰村更需要他。重任在肩，程顺果怀着新地方、新起点、新成绩的热望，于2017年8月转战到了脱攻坚新战场火焰村。"二战书记"的名字也由此诞生。

果然一切脱贫攻坚工作驾轻就熟无缝对接。2016年下半年，火焰村成立了水果种植专业合作社，但一直没有正常运营起来。程顺果牵头组织村两委和群众代表到高县、珙县、筠连等地考察学习，总结别人的发展经验。他们发现这些地方基本上都是大户、龙头企业牵头成立专业合作社，以产品生产、销售、经营为主，于是，他回村结合自身实际，整顿、调整、理顺了合作社的各个工作环节。

"去年我们县很多地方受自然灾害影响，李子减产，但火焰村的李子经济效益不错，都赚了钱。以后还会有这样好的运气吗？品质提不高肯定会被市场冷落。群众的积极性高，我们要趁热打铁，通过合作社把我们村的统防统治、标准化管理搞起来，产品品质要追赶上锦屏、富荣那些率先发展起来的地方。"程顺果在会上提出了这个打算。

村支书有点畏难："我们的技术水平达不到人家的水平。"

程顺果说："李子的冬季管理很重要，对于次年的果子品质和病虫害防治有决定性的作用，我们以村两委的名义去联系县农林局提供技术指导，合作社组织村民统一开展茵红李果园的冬季管理。"

村支书提议："冬季果园需要用石硫合剂清园，这石硫合剂卖得很贵，干脆我们自己熬。"

程顺果采纳了这个建议，安排村民买回来生石灰和硫黄，在县农林局技术专家的指导下，熬制出合格的石硫合剂。村民们过去都没有冬季清园的习惯，认为"用了石硫合剂会加快树子老化"。程顺果利用各种会议宣讲，组织大户带头示范实施。为了全面覆盖，村里将熬制成本3元/斤的石硫合剂，按1元/斤销售给合作社成员。合作社成员按照果园入股面积计划购买，超出部分按照3元/斤购买。程顺果最后将熬制好的石硫合剂全部用了出去，对

1200余亩投产的果园全部进行了冬管消毒。理事会上有理事反映："这次购买石硫合剂的农户有的只登记了4亩地，但是却买了10多亩地的用量，拿去分给亲戚朋友，占我们合作社的便宜。"程顺果笑了笑道："我们换一个角度来看这个问题，他们是占了点便宜，但我们乃至周边的果园都进行了统防统治，哪些果园管得好，果子品质好我们都清楚，销售时好果子我们都把它抓过来，这就增大了我们合作社的出货量，可以多赚钱嘛。"火焰村水果种植专业合作社因领导管理到位，被县茵红李产业联合社定为核心园区，作为重点技术扶持对象。

2018年，果子丰收了，却卖不出好价钱。程顺果很着急，他走访果农了解订货情况，被告知没有客商来下订单。他召开合作社会议："我们既要等客上门，更要主动出击。合作社里有土专家，有果农大户，也有长年开店做生意的老板，建议合作社成立销售部。颜昌银等年轻人带头到浙江、广东等地去找市场，开辟销售渠道；我们这边联系电商平台帮助销售，群策群力、多管齐下，一定要把市场拓展开，确保果农的利益不遭受损失。"有人说："成立销售部没有启动资金。"程顺果说："我们今天开会的9个人，共同来出启动资金，一人1万元，我也照样出1万，但只入股不分红。"

危难之处见真情。启动资金很快凑齐，销售人员各奔一方，经过各方努力，市场很快拓展开。经时任书楼镇中坝村第一书记王红旗的引荐，四川理工学院工会准备采购15000斤精品李子，要求合作社2天内包装好送到院本部。书楼镇镇长陈光辉问了好几个村都没人"接招"，最后打电话给火焰村汝林果业合作社理事长，理事长找程顺果商量，程顺果说："送上门来的好事不仅要干，而且还要干漂亮。"他们立即通知合作社成员白天采果、选果、分级，晚上进行包装，凌晨2点多将3000多件果子打理好装上车。深更半夜谁去送货？程顺果自告奋勇："我去！"

货车必须在清晨7点之前离开自贡市区。司机清晨6点多将果子堆放在四川理工学院本部办公楼门口后就把车开走了，但还要把3000多件果子分送到学校的各个学院去，没有车和人怎么办？押车的人很着急。程顺果安慰他："不用急，我来想办法。"他去自贡市水果批发市场找来一辆跑运输的小货车，一个学院一个学院地转送。在王红旗的帮助下，下午下班前他将李子全部送到了各个学院。火焰村汝林果业合作社以优质的果子和良好的服务赢得了声誉，赢得了市场，迎来了浙江省海盐县订单和EMS极速鲜订单。2019年，屏山县宇桂公司发往海盐以及其他地方的外销订单，全部从火焰村采购，这为火焰村茵红李产业发展打下了坚实的基础。

捷报频传，战功显赫。程顺果告诉我："现在火焰村茵红李产业发展已经成为书楼镇的标杆，汝林果业合作社被评为县示范专业合作社，以后每年火焰村茵红李还没上市就被订走，才算彻底了却我的心愿。"

我看着神色刚毅、完成驻村任务，还有一天就要回到原单位上班的"二战书记"程顺果说："你的这个心愿恐怕难以实现了。"

程顺果似乎早已深入细致地想过："我在市农业农村局发展规划和农业园区科，继续帮助火焰村发展也是我工作职责之内的事情。我完全可以在电商领域给他们提供帮助，在加强合作社管理和人才培训方面继续给他们支招献策。"

看来这个"街上娃儿"经过这些年乡野生活的历练，对农民的情感更是越来越深，农村情结更是越拴越紧了。

五、"两不书记"罗晓玲

2015年8月的一天，县总工会主持工作的陈莉副主席把罗晓玲找去，要她去驻村扶贫。

一个场景在罗晓玲大脑里复活：单位派她参加县精准扶贫驻村干部动员大会，县领导在会上说要全脱产下村帮扶，还要与贫困户同吃、同住、同劳动。她顿时傻眼了。她对陈莉说："陈主席，我从小一直在外面读书，农村工作我完全不晓得咋个做啊。"

陈莉很温和："正因为你不懂，才让你去学习，去锻炼。年轻人也只有多到基层锻炼，才能增长知识和才干。"

罗晓玲在农村长大，农村凋零破蔽、荒凉落后的情景在她的记忆中涌动。想到各种不习惯，眼泪情不自禁地要涌出眼眶，她强迫自己忍住，忍住。回到办公室，她再也忍不住了，眼泪如溃堤的江水奔涌而下。同事很惊讶："怎么回事？"罗晓玲抽泣着说："领导叫我去驻村扶贫。"同事安慰她："下去有下去的好处。单位工作比较枯燥，乡下有很多乐趣，也确实锻炼人。"

第二天，领导也没征求罗晓玲意见，就带她到帮扶单位富荣镇白果村报到。她记得，工会办公室主任还送了她一双筒靴，说是"移民"时的纪念品："送给你，你下乡去可能用得着。"

"我是抱着看一看的念头下去的。"在布置考究的村图书室里，面对我的采访，罗晓玲说出了当时的真实想法。

见面会在旧村公所举行。罗晓玲起眼一看："房子烂垮烂垮的，每一间屋都很小；梁上吊着屋漏接水的小桶，吊顶的木板要落不落的样子。桌子是胶合板的，有的脱了皮，满是水渍。地面到处是渣渣，还积着水。村公所没有水，没有电，还在大路边上，叫我住这里，我一个女娃儿，咋个住得下去嘛。可看村上干部，虽然皮肤黑黝黝的，却精气神十足。"

那里实在没办法住，当天回到县城，一个意念盘旋在她脑海中：为啥子不选其他人去驻村扶贫，偏偏要选自己去呢？可是，她反过来想，人生多一点经历也好，"我从来没有对我做过的事后悔过，只后悔很多事我没有去做。"到那样一个地方去经历感受一下，说不一定也是人生的一笔富贵财富。

一周后，工会领导找镇村领导协调，重新安排了罗晓玲的住宿地点，吃住在村支书家里，罗晓玲打点行装又出发。她在后来的日志里写道："没想到这一去，竟让我与这里结下了不解之缘。我喜欢上了这里春天的百花、秋天的朗月、夏日的凉风和寒冬的白雪，更喜欢这里鸟雀的欢歌、村民的笑语和流淌的溪水。"

开始，罗晓玲是以驻村干部的身份下去的，曾几何时成了"第一书记"？说起这事，罗晓玲恍若做梦。当时村上不具备办公条件，要弄一个资料或打印一个表册得到镇机关去弄，这台微机空了，在这里弄一会儿；那台微机空了，在那里弄一会儿。2015年12月的一天，她在镇上做资料，中午在镇机关食堂吃饭，遇到镇党委副书记王山冬，聊了一些家长里短后，王山冬问她是不是共产党员？罗晓玲回答是。王山冬说："你愿不愿意当你们村的第一书记？"罗晓玲很惊讶，也回答得很干脆："我不行，你不要跟我开玩笑。"王山冬说："真的，白果村没有第一书记，你先别急着回答，回去想想再告诉我。"

她心里五味杂陈，拷问自己："我能行吗？"第一书记确实光荣，但光荣背后更多的是责任与担当！"我从来没有独当一面过，对农村工作还不熟悉，给老百姓办不好事，让他们失望怎么办？给单位抹黑怎么办？要是挨骂受气、被人欺负又怎么办？话说回来，既然领导已经提出来了，说明相信我，我就这样不自信？干都没有干，怎么知道自己不行呢？哎，不去想那么多了，给单位领导汇报一下，听听领导意见再说。"结果，2016年元旦那天，县委组织部发文，任命她为第一书记："从今天开始，我和我的名字将与富荣镇白果村第一书记融为一体，我将同白果村'在一起'。"

开始大家喊她罗书记，她很不习惯，觉得在调侃她，叫大家喊她小罗亲切点。"几年过去，我都还没得当书记的感觉，只觉得第一书记就是干活的。"在下午随同罗晓玲走访贫困户的过程中，我注意到，除了个别人喊她罗书记外，大多数人喊她小罗、罗姐姐、罗老师，甚至一大把年纪的妇女喊她罗孃孃——我知道，这是乡下一种习俗，跟着儿女喊她们尊重的人，还有认她做女儿的。

"你是如何进入角色，打开工作局面的呢？"面对我的提问，罗晓玲说："老老实实走访贫困户，先把他们每家的情况摸清楚再说。"

她记得很清楚，第一次单枪匹马走访的是李某一家。她从贫困户资料中知道，李某一家5个人，住在亲戚家。她还不知道李某家的大门朝东朝西，见一个老人在挖地，她嘴巴甜蜜蜜地问："老人家，请问去李某家的路怎么走？"老人停下手中的活望着她："你找李某做啥子？"罗晓玲说："我是来扶贫的，找她了解一下家庭情况。"老人说："李某是我的女儿，出去打工了，没有在家。"哈，找老人了解不一样吗，她便走下地去，一面帮老人扯草草做活，一面同他摆龙门阵（聊天），一摆就是一个上午，不仅了解到李某一家的整体情况，还晓得她家的古往今来。不知道她是不是还没有脱娃气，第二次走访李某家，遇到她家读高中的儿子黄某放暑假待在家，言来语去很谈得来，黄某自告奋勇要给她当向导，带她走访贫困户。她怕狗，现在有人一路吆狗壮胆，感觉真好啊！

她跟几岁的小娃儿也玩得来。贫困户任某家的二娃在家看电视，罗晓玲去走访时，同他摆龙门阵。任二娃见这个姐姐和蔼可亲，便拉着她去看他们家的花花草草，还考她这是啥子花，那是啥子草。真有趣！现在任二娃读小学五年级了，长得胖嘟嘟的，见了她有点羞涩腼腆。"哪天我要跟他说，要减减肥，多锻炼锻炼身体。"

与罗晓玲交谈，她给我的第一印象是性格开朗，亲和力强，隐隐还有一点"没心没肺"的味道，让你觉得她的心门随时都对人敞开着，从不设防。她很快摸清了全村贫困户的情况。她这个体育专业毕业的大学生，才参加工作不久，开始时对国家有关扶贫的政策是不知道的，或者说知道点皮毛，但究竟怎样与现实对接，怎样让政策的阳光雨露润泽贫困户干渴的心田，她心中还很茫然。通过对贫困户一家一家地走访，才知道他们需求很多，她根据他们的需要去了解、学习相关政策："他们问的问题，才是我学习的东西。"这些问题逼着她去学习，去把情况摸熟悉，摸透彻。

当然，也只有具备上进心和敬业精神的人，才会这样做。我问："你说群众需求很多，他们主要有什么需求？"

罗晓玲说："当时全村所有人最迫切的意愿是把公路修通，特别是打通山上的环线。"说到这里，罗晓玲伸出左手手掌做示意图，给我讲解当时道路分布情况，环线就是把手掌的5个指尖修一条路连接起来。

一直雄踞在路口的拦路虎是钱。罗晓玲把群众这一最迫切的愿望作为自己的工作指南，"只要有领导来调研，或我去镇上、县上开会，我就反复向领导反映，我们村没有其他要求，只要一条路。它会让全村一半以上农户直接受益，惠及一个800多亩的产业园区建设。"

我从罗晓玲"反复"一词中依稀品尝到责任、激情、尴尬、无奈等或酸、或甜、或咸、或苦的千般滋味，它叠映出一个小女子为群众意愿怀揣忧心、奔走呼号的忙碌身影。

市总工会对口帮扶白果村，领导下来调研，有愿意想办法给10万元补助，让白果村先挖1.5公里毛路。群众积极性很高，要求把环线5.91公里全部挖通。没有钱，只有集资，110多户集了30多万元。有的群众家庭困难，提出能不能少集点？后来通过争取以奖代补的政策，群众自己租挖掘机，硬把整个环线毛路挖通了。从2017年到2018年，通过多种途径、捆绑多项资金，争取到320万元，"现在正在对道路全面硬化，项目完成后全村就四通八达，可以随便进出了。"

听着罗晓玲自信地言说，我不由得想到她写的《"白果"心香》中，对自己4年间与村民们一道取得的战绩回望：

4年来，村子发生了一些变化——

建成了一个坚实的堡垒：壮大了基层党组织力量，积极将年轻优秀人才纳入党组织，规范党组织生活会、"三会一课""农民夜校"等。

形成了一张通达的路网：硬化村级公路4.5公里、通组路6.6公里、便民路4.4公里、耕作道3.47公里、错车道14个、产业耕作道5公里，共计硬化各类道路24公里，减轻了村民的劳务负担，解决了村民出行难的问题。

发展了一项稳定的产业：茵红李现有规模2200余亩，2018年全村产量约 1500 吨，产值 500 余万元，人均 1 万余元。安装太阳能杀虫灯 80 盏，较大程度地减轻了村民用药成本，为打造"白果村绿色生态茵红李"奠定了基础。

形成了一个和谐的环境：重建了"村规民约""为民服务制度"，组建了"文艺小分队"，壮大了"党员自愿服务队"，积极开展"乡村环境卫生治理、村民诚信教育、五户创评、白果坝坝舞"等活动，全村上下乡风文明。

打造了一个全新的村落：精准扶贫号角吹响以来，全村面貌焕然一新，贫困发生率由 2014 年的 21.6% 降至 0，实施危房改造 17 户 64 人，新建水窖 48 口 2800 立方米，基本解决了人饮安全。

可谓硕果累累，战绩辉煌！

但在这辉煌背后，饱含着罗晓玲的忧思与焦虑。

2018 年，白果村同屏山其他地方一样，茵红李获得大丰收，却严重滞销。这可是村民们的心血之果、脱贫致富的希望之果，怎么办？她带领大家一道，找镇县领导、找帮扶单位、找亲戚朋友，调动一切可以调动的力量，全员销售茵红李子。走周边、跑省外、寻求客户、联系电商，并利用微信群、漫画传单、农村夜校等广发信息。当广东、浙江、贵州等地客商蜂飞蝶舞翩然而至之时，一场暴雨导致山体滑坡，道路被阻断，愁容再次写满村民们的脸。她袖子一捞，裤脚一挽，跟村干部们一道拿起铲子填土筑路，连夜抢通受阻路段。最后全村李子销售一空，实现总产值近 500 万元，人均过万元。

但，辉煌背后，也交织着罗晓玲的迷茫与纠结。

有一些事她挺想不通，明明是为了贫困户好，可他们却毫不在意，似乎与自己无关。

辉煌背后，也隐藏着罗晓玲的失望与愤怒。

如县里领导来了解情况，有群众不如实应答，让村支书和村主任受冤枉、挨批评。

可是，辉煌背后，更有着罗晓玲艰辛付出的收获与欣慰。

现在，坝坝舞已普遍成为人们锻炼身体、休闲娱乐的一种方式，从城里跳到了乡下。罗晓玲就自任老师，自费买了一套音响，教村民们跳坝坝舞。她是一个"半斗师",为了教好大家,一有空就在网上学,然后再手把手地教大家:转身、跺脚、抬腿、下腰,跟着节拍一个动作一个动作地分解指导,硬是把一群天生只跳得来"锅边舞"的大嫂大妈,锻打成了一支动作娴熟、舞姿优美的"坝坝舞巾帼队"。凡镇里举行比赛,她的队伍不是第一名就是第二名。村里"三八""七一""九九"等节日,巾帼队都会翩翩起舞,成为打破山村千百年寂静的一道动人风景。每当这时,罗晓玲心里像过节一样高兴。

最值得庆幸的是,辉煌背后,罗晓玲像一棵白果树,根植在白果村里,悄无声息地拔节上长。

我让她谈谈驻村几年间个人的思想感情、学识才干,以及人生观与世界观发生了哪些变化?她扬起一脸笑意:"首先是对家乡亲人的情感发生了改变。以前长期在外边读书,对亲情、友情看得很淡。来到这个陌生的地方,一个人举目无亲,得到余支书一家人很好的照顾,孃孃说我是她们家的女儿。工作上得到同事们、乡亲们的大力支持,我很感动、很开心;同时也看到乡亲们风里来雨里去,生活很不容易,就把这种感情移植到父母身上,对以前很多自己不能够理解的父母的言谈举止,现在理解了,亲情加深了;我驻村以来,再没有跟父母发过一次火、生过一次气。同时也把对父母的感情移植到这里来,现在只要群众找我办事,我就把他们视如我的父母,更有热情,更有耐心。"

"其次,我变得坚强了。以前要是受了一点委屈,会一个人哭得稀里哗啦的。像2017年,我刚被县上评为'爱岗敬业道德模范'不久,上面来交叉检查,村上领导向检查的人介绍了我的情况。检查中,他们觉得问题很多,批评说我们村这个样子,我还是爱岗敬业的道德模范。我听了心里很难受,我还是在村上做了很多事情的,却被人家全盘否定。当时我在会上说欢迎多给我们提意见,该怎么整改就怎么整改,回到办公室我就哭了,还哭得很伤心。现在想来这根本不算啥子。还有一次,两个贫困户来我办公室,一来就大声质问,'为啥子他们能够修入户路我就不能?为啥子他们的入户路可以打100米长我就不能打那样长?'那个阵势很凶,如果放在以前我会手足无措,但现在我非常淡定。他们说的情况我不是很清楚,并且涉及具体政策,要把事情弄明白了,才知道该用什么政策去解决。所以,我等他们吼过了才说,'你们还有没有别的意见?要是没有请先回去,我了解清楚后再给你们答复。'"

"还有我变得更能感同身受,站在对方的角度想一些问题了。就说前面我在会上批评的那个不如实向领导反映情况、让村支书和村主任挨批评的老孃孃吧，其实我很能理解她，她本身年龄这么大了，记忆力不好，记不住给她家多少政策扶持，记不住村干部们帮助她家做了多少好事，这很正常。要是换我的父母来说，也不晓得说不说得清楚。所以见老孃孃站起来说，'我不是不说，我是真的记不到，不晓得该咋个说。'说着说着就哭了。我眼窝一热也流下泪来，很快原谅了老孃孃。"

罗晓玲曾在一篇文章中这样记载自己的变化：我在风吹、日晒、雨淋、虫害中"壮筋骨"，在访贫问苦中"见世面"，在跌跌撞撞中完成"三门干部"到"驻村干部"的角色转换，在忙碌奔波中完成"职场小白"到白果村"百事通"的蜕变。

然而她还有一个重要变化写漏了，就是年龄慢慢变大，同龄人多已结婚，甚至孩子已经上幼儿园了，父母也按捺不住替她个人问题担心着急，但她仍然心静如水，在村民大会上公开表态："白果村不脱贫，我不谈恋爱。"我与屏山县总工会常务副主席张海彬探讨给罗晓玲取一个雅号，他不假思索道："两不书记。"我嘴里说好，心里还是真诚希望集省、市、县诸多荣誉于一身的晓玲能尽快赢得一份真挚纯洁的爱情，毕竟白果村已于2018年退出了贫困村。

六、"黑脸书记"许智

县里推荐采访的"第一书记"名单中，特别在许智的名字下面用小括号加注了"黑脸书记"四个字。我看到这里，眼前立即显现出黑脸张飞形象：身长八尺，豹头环眼，燕颔虎须，声若巨雷，势如奔马。我猜想，许智虽然比不上张飞，至少应该身材魁伟，宽皮大脸，嗓粗声宏。可坐在我面前的许智，不外乎乡下人说的"三号人人儿"。他脸庞俊朗，细皮嫩肉，一介书生模样。显然，这个"黑脸"，不是指相貌。

我们日常生活工作中，有一种人性格严肃，不苟言笑，也会被人称为"黑脸"。同许智交谈，他并非一本正经，谨言慎行，胸有城府，庄重严肃，而是快言快语，思想活跃，嬉笑怒骂不遮不掩全写在脸上。弄不明白，我便直言不讳地问许智：如何荣膺"黑脸书记"美称的？他说，这是一个骂人的外号，他的脾气有点急，敢于发表自己的意见，对看不惯的人和事，用方言来说是容易"打燃火""给他抹脱"，用书面一点的话来说是"抬扛""顶牛"。2017年底，有人对许智说："许书记，你爱唱'黑脸'，我们给你整一个'黑脸书记'如何?"他欣然答应:"要得啊。"

许智是宜宾市工业和军民融合局轻工和材料科科长,2015年8月派驻屏山县书楼镇五峰村任第一书记。跟他一道在五峰村帮扶的,有快要退休的屏山县经信科技局扶贫驻村干部悦智勇,有已到退休年龄的书楼镇党政办主任兼五峰村支书潘昌平。许智"唱黑脸"的事,常常同这"两个老者儿"展开。

刚去两个月,为了贴《建卡贫困户精准帮护明白卡》的事,许智就跟悦智勇"顶起了牛"。悦智勇认为,这是镇上通知做的事,是一个任务,不贴不行,把贫困户享受的政策和有关信息贴出去,一目了然,便于接受各级检查。许智认为精准扶贫工作才开头,相关项目刚开始实施,政策也没有兑现,现在搞那些做样子的东西没必要,等以后开花结果了再贴也不迟。为此他们争吵了几次。我后来找悦智勇印证这一件事,他说有这回事,在他的一再坚持下还是贴了,但他心里清楚,许智内心是不乐意干的。

2016年10月21日傍晚,五峰村接到通知,第二天早上国务院脱贫攻坚办要来检查,检查结果不仅事关屏山县、宜宾市,甚至事关上级对四川省扶贫工作的认可度。从县到镇都高度重视此事,当晚组织镇和帮扶单位的干部通宵完善资料,五峰村也要进一步完善相关资料。许智认为:这一次检查来的是国务院脱贫攻坚办的一个副主任和一个司长,人家老搞这一项工作,"眼睛尖得很",你突击补充的资料、照片,人家一眼就看出来了。只有平时就准备好的,才经得起检查。实在要做突击补充你们做就是,我做其他的事。悦智通说:"吵了一通后,他连夜带人去清理公路路面去了。"因为前几天下雨,泥巴和鹅卵石垮塌下来堆了一路,只能单车通行。虽然已安排人清理,但还没有清理完毕。许智想把路面和背沟全部清理出来,让检查组包括群众的车辆、行人能顺利通行,这才是当务之急。悦智勇告诉我:"结果他赢了,检查组第二天到村上检查时,面对堆在村办公桌上的一桌子资料,连正眼都没有瞧一下,说我们要看实际情况。"许智说:"检查组来,首先请我们介绍村上一些贫困户的情况,他们一一记下,然后指定要看哪一些贫困户,直接入户走访,看村上介绍的贫困户家庭人口、贫困原因、帮扶措施、产业发展等与贫困户说的吻不吻合。检查组走访了6户后召开座谈会,对村上工作给予了充分肯定,我们没有给领导丢脸。"

派驻五峰村片区脱贫攻坚的县领导是登师——姚登文,他对扶贫工作很上心,对政策肯研究,对工作开展真抓实干不耍花枪,是扶贫工作方面的老师,五峰村片区的帮扶干部都喊他登师，许智照样对他不客气，"黑脸"照唱不误。

退出贫困村的验收有一个指标——群众满意度和认可度要达到99%以上。满意度只针对贫困户，没有包括非贫困户，但含村民代表和组长，而村民代表和组长有非贫困户。对满意度的提升，登师的研判是贫困户与非贫困户有明显的政策差距，非贫困户对贫困户有抵触情绪，自然对村两委包括县乡镇有抵触情绪，因为他们都站在扶贫这一条线上。村里贫困户脱贫和"一低五有"工作做好了，但要提升群众满意度，还得化解与非贫困户的矛盾。所以，登师认为许智作为第一书记，应该带领和督促村两委与工作组走访非贫困户，给他们解释沟通，并不是收集他们遇到的困难和问题。许智认为这跟扶贫没有多少关联，你去征求他们的意见，请他们提诉求，要是他们提一些历史遗留问题或者政策覆盖不了的问题而无法解决，反而会引发新的矛盾。贫困户与非贫困户之间本来就存在着一些矛盾，就像一个马蜂窝，不去捅还好点，一捅就会捅出麻烦。于是，许智反对一户一户地走访非贫困户。

关于软件资料，县扶贫开发工作局包括县政府主要领导在脱贫验收前，要做督查暗访，会检查村和户的资料。县扶贫开发局前一天去五峰村检查了资料，认可了他们的工作。县政府主要领导第二天去检查，看了村上的资料，觉得做是做了，但在完整性和逻辑关系上还不够细致完善，提出改进意见。许智不满地说："昨天检查都要得，今天检查就要不得了，纯粹是小题大做。"检查结束后登师批评他："领导是关心我们，关着门我们都是一家人。提出问题不整改，等于往自己颈子上拴绳子。"许智顶回去："我们要务实，资料做成现在这个样子已经够了，只要对着验收标准，把硬件一项一项整好，即使资料差一点也是小问题，验收的时候他们不会看得这样细。"登师说："你不要抱着任何侥幸心理，检查时出了问题想补救都补救不了。"许智说："你这是小题大做。"

稍加思索，其实这些都是工作方法之争，各人阅历不同、站位不同、职责不同，肯定会存在认识上的差异。登师毕竟是县领导，考虑问题肯定要全面细致周到得多。而初生牛犊的许智，崇尚务实，有自己的想法，敢于发表不同观点，在现实生活中尚属难能可贵。这可不可以理解为他们性格互补，相得益彰呢？

以上这一些事，都没让许智这个"黑脸书记"出名。让他一下声名大震的是他给市督导组"唱黑脸"一事。

2017年11月13日，根据市委组织部统一安排部署，市督导第一工作组对屏山县贫困村"五个一"和非贫困村"三个一"帮扶力量进行专项督导督查。

全覆盖督导督查 15 个乡镇、22 个计划当年退出的贫困村，抽查 1 个已经退出的贫困村、1 个计划当年退出的贫困村和 5 个插花式非贫困村，五峰村作为计划当年退出的贫困村抽查"中奖"，出现在这份名单中。

督导组一行来到五峰村。五峰村仅仅在 10 月就接受过 6 次市、县、镇各类扶贫检查和交叉检查，11 月中旬又接受过一次检查，加上这一次督查，可谓久经锻炼，富有经验，完全可以兵来将挡、水来土掩。岂知大意失荆州，"五个一"（一名县领导联系、一个县级及以上行政事业单位或国企帮扶、一个第一书记、一个不少于 3 人的驻村工作队、一名农技员）检查非常严格细致，督导组制作出《贫困村"五个一"帮扶力量督导用表》，每个"一"分 4 个大项，即内容要点、需要查阅的资料、落实情况、发现问题。4 个大项又分若干小项，比如"驻村工作组"这个大项中分 6 个小项，6 个小项再分有细项，如"按年度计划推进脱贫攻坚工作"小项中，又分 6 个问题，用"是"与"否"作答。

许智是第一书记，自然要请他回答"第一书记"列项中的 7 个大问题 12 个小问题。其中一个问题："第一书记每周会同驻村工作组暨村两委成员研究脱贫攻坚工作的会议记录及图片资料（每月不少于 4 次）。"采访时许智冷着脸告诉督导组，他主持的每周一次的会，一般总结上一周的工作，提出本周或以后一段时间要做的事，征求大家意见，讨论后确定方案分头实施。会议虽然做了记录，但很简单。所以，当督导组提出检查内容与事项时，他一下怔住了："啥子？每个会还要有会议方案、会议记录、第一书记讲话稿、图文资料？"

督导组回答："按照清单就是这样要求的。"

"这个不现实。要求每月开 4 次会，每个会我都要有讲话稿，我们有很多会直接就开了，没得会议方案，也没有想过要拍一照片下来留痕。"

"那就是资料不齐、不实，要整改。"

许智心里有气涌出：贫困户要走访、产业要发展、项目要争取，整天陷进这些事项过细、要求过高的检查中，工作还干不干？于是，许智心里的气终于窜了出来："那随便你，我的工作记录和工作痕迹都记在了这个本子上，要看你自己拿去看。"啪！一个厚厚的黄色笔记本拍在会议桌上，拍在几十个堆在一起的蓝色资料盒旁。

许智具体取得了哪些成绩，材料写了三个部分，权将最后一个部分摘录于此，立一存照，留与世人评说：

作为具有多年基层工作经验的许智，深知农村工作的复杂与艰辛，在工作方式上，统揽不统管，大家来拍板。许智同志将对上、对外协调，多方谋求产业、项目、资金的支持作为非常重要的工作内容，抓住各级大力贯彻实施精准扶贫战略的契机，牵头或配合为五峰村争取各类政策优惠或资金扶持，开展了八大重点工程建设。一是通村的主干道在2015年底全线硬化贯通，解决了几十年来群众出行的"老大难"问题。二是整治3口山坪塘，修建水渠700米，新建水窖51口，提升了抗旱能力和有效缓解了人畜饮水困难。三是新挖产业道路6.2公里，硬化组道1.6公里，为下一步农产品运输打下了基础。四是着眼长期，以核桃为主导产业，在2015年底栽种完成新引进的"盐源早"核桃1100亩，核桃种植面积达到1300亩，覆盖所有贫困户和95%的一般户。五是注重短期效益，2016年2月新种植花魔芋125亩，2017年2月又新发展花魔芋125亩，全村贫困户人均4亩，并联系好收购方，当年便产生了收益。六是管护好原有的350亩茵红李，确保盛产期质优价宜。七是适度发展农户散养家禽家畜，2016年养殖鸡5000只、黑金猪24头、羊50只、牛20头，陆续开始出栏，之后继续保持同等规模。八是开展村办公房维修整治工作并硬化了近200平方米的院坝，村干部办公和群众开院坝会有了固定场所，目前正在进行"三江一路"党建示范片建设。通过近两年的努力，全村基础设施建设和产业发展取得了显著成效，群众居住、出行、饮水问题逐步得到解决，村容、村貌得到了改观，好风气、好习惯正在逐步形成。全村在2016年10月24日，代表宜宾市、四川省接受了国务院精准扶贫专项督查，督察组领导最后给出了"真扶贫、扶真贫"的肯定评价。

第五章　走在乡间的小路上

乡村干部是脱贫攻坚的排头兵，乡情民意了然于胸，处理问题切中肯綮。尤其村组干部，虽然拿钱不多管事多，但他们不计个人得失，恪尽职守，即便蒙受曲解误会也不在乎，尽心尽力发光发热。

一、三任书记话清平

巧了，我去清平彝族乡采访，碰上县政协民宗委主任邓世权在这里扶贫。他说他是县委"塌（特）派员"，后来才知道他兼任清平乡脱贫攻坚联合党委副书记；后又原清平乡党委书记在这里扶贫。他们两位一前一后在清平乡当过党委书记，如今执政清平的党委书记银西乾也在乡上，我灵光一闪，邀请三位书记谈谈他们见证清平人民如何挑战贫困、追求富裕的，不是一件很有趣的事吗？于是，在镇政府四楼一间会议室里，我们拉开了座谈架势。

邓世权曾任安全乡（现中都镇）副乡长，2001年11月调冒水乡当乡长，2005年当乡党委书记，直到2013年才调县城工作，他在冒水乡（2016年清平、冒水两乡合并为清平彝族乡）一干就是12年。

2001年，时任县委书记吕晓莉到中都检查工作，临走时找邓世权谈话，要调他到冒水乡当乡长。睡着都笑醒的好事，他竟然不愿意去。吕晓莉不解："为啥子呢？"邓世权不遮不掩："他们工资都发不起。"过了几天，时任县委组织部部长的刘文华找他谈话，他还是不愿意去。思来想去，后来，邓世权还是应承下来。当时冒水社会治安很乱，因此，吕晓莉给他交代："你去主要抓好社会治安综合治理。"

邓世权到了乡上，跟时任乡党委书记杨显智说："我下乡走一走，熟悉情况，暂时不给我安排具体工作。"他花了一个半月时间跑乡下，把高山、二半山、山脚，穷的、富的、不穷不富的全跑了一遍，对全乡大体有了一个了解，一个字，穷！整个乡只有冒水、大石村零星有几幢砖混、砖木结构的房子，除乡政府、学校、信用社几家是砖混房子外,其余全部是砖木结构或乱石头砌的房子。高山上彝族同胞住得更寒酸,"千柱下地,万柱冲天",篾块子、苞谷杆夹壁头,上面搭点芭茅草就成房子了。河坝头几个生产队,几乎每一户家里都没有现成的粮食。

乡政府情况如何呢?邓世权去上班,一个干部跑到办公室找他:"邓乡长,我一年零两个月没领到工资了。在乡计生服务室工作的同事,已9个月没有领到工资了。"邓世权作为一个乡长,感到"压力山大"。乡里没有办法,他厚着脸皮找到曾是他垂直领导的市计生委主任,希望他能帮忙解决一点钱。那位主任给他解决了7万元资金。救命钱啊!他一口气补发了乡干部们的工资,报销了积压的旅差费。

当时老清平和冒水两个乡在信用社的全部存款只有171万元。邓世权写了一篇调研报告送给吕晓莉,胆子够大:"你让我去主抓社会治安综合治理,我不同意你的观点。老百姓生活无着落,这才是根本问题。"吕晓莉看了觉得有意思:"你说咋个办呢?"邓世权说:"我想发展种植业和畜牧业,但手头没钱。"

想法获得领导认可后,邓世权积极争取各级资金支持。那时兴喝苦丁茶,苦丁茶除了嫩芽,老叶子都可以卖钱。经过广泛考察,邓世权决定借助西部大开发项目扶贫的东风,大力发展苦丁茶为主的茶叶、椪柑、砂仁种植业。同时找乡信用社商量,贷款给老百姓发展黑山羊、生猪等畜牧业,政府适当给予奖励。

2005年,邓世全任乡党委书记,他响亮地提出"五个一"施政方略:一万亩茶、一万亩魔芋、一万亩水果、一万亩干果、一个彝族风情园。种植业和养殖产业逐渐发展起来并获得收益,很多农户仅靠苦丁茶一年就能收入两三万元。

但真正"建功立业"的是砂仁,曾听烂田村支书向堂银给我介绍,砂仁最高卖过13～14元/斤,一年收入二三十万元的农户不止几户。不过近两年行情大跌,砂仁降至1元甚至几角1斤,但仍有农户一年可以收入两三万元。椪柑也很是红火了几年,现在树因生病或老化被砍了很多。

为了解决农产品运输难、老百姓出行难,像岩坪、猪圈门那一些地方,山高路陡,必须改变交通条件。当时除了307国道外,清平基本上没有一条公路。时逢向家坝水电站要修一条到溪落渡的快速通道,如果把前山相邻的公路修好，把快速通道修通，两条路连接上就可以通行了。难在没有钱，政府不批贷款，邓世权搞变通，给乡信用社打招呼，要求每一位乡党政领导班子成员贷款5~10万元，给村组修路准备炸药钱和工具钱，贷款由"心中有底"的邓世权去要来还。

正当邓世权把乡村经济发展与基础设施建设抓得雷鸣风吼、有声有色之时，大规模的向家坝水电站库区移民搬迁战轰然打响，实调关、围堰关、政策关、安置关，关关都是恶战，直到2012年10月向家坝水电站蓄水发电后才画上一个句号。

"移民"期间，邓世权自嘲"大错误不犯，小错误不断"。比如，县里叫清平移民全部外迁安置，他想一个人不到3万元的生产安置费，根本不够新修房子。如果后靠安置，家里人口多的，安置费就够修房子了，其他钱可以不动，他便给县里"打顶张"，申请移民后靠安置不外迁。按政策规定，安置人口50人以上，应该集中安置，基础设施建设补助费12331元/人，用于建房地基、场平、修路、安水电等，必须统一规划、统一修建、统一风格、补助费统一使用。他根据清平地形地貌破碎特点，以及交通水电情况，掰着指头给移民算经济账。移民觉得自建比统建划算，纷纷要求自建，结果移民得到好处，政府也少了麻烦。移民自建房房顶是斜坡式，有很大一个三角形空间，不好看不说，用空调还得多花电费，如果把房顶吊平，移民得自掏腰包。邓世全在《城市建设管理条例》中找出依据，到县上据理力争求补助。"

说起这些，我们都笑了。邓世权也笑了，说："当时我的想法是老百姓咋个能得到好处，我就咋个整。"

2012年10月，向家坝水电站蓄水发电，宣告移民工作结束，扶贫工作提上议事日程。邓世权跃跃欲试、再振精神、再鼓干劲，等待重头收拾旧山河，2013年3月，一纸调令下来，他恋恋不舍地离开了为之奋斗12个春秋的一方热土，把做好清平扶贫工作的接力棒交到了原清平乡党委书记手里。

上任之初，他发现，交通基础设施差，全乡只打了唯一一条从老清平到民族村的水泥路，没有一条硬化过的稍微像样子一点的乡村公路。民族村到烂田村有一条硬化过的路，使用了六七年，路面已经严重破损，并且工程款还有60万元没有结清。条件艰苦的英雄村，只有几条挖掘机才能够爬得上去的毛坯路。前山村、后山村，各有一条泥结石路，晴通雨阻，走上去保准晴天一身灰，雨天一身泥。龙宝村连公路的影儿都没得，远看像一匹岩，山上还是一片原始的景象。2015年的一天,他手脚并用地爬上去,想看看这个村究竟像啥样子,遇上村里召开支部大会,他们见乡党委书记来了非常高兴。会上,他说:"我只问你们一个问题,你们龙宝村最大的愿望是啥子?"他们说:"只希望给我们村修一条路。"晚上,村支书要留他过夜,但他坚持要走。按埋村支书家里应该不错,但他看那房子和床比较寒碜,在那里住一晚上,估计要失眠到半夜,还不如花两个钟头摸黑下山,总比在上面失眠舒服点。岩坪村有一条泥结石通村公路。与所有快速通道连上的村,居然没有一条像样的乡村水泥路。

  老百姓居住条件也很恼火(差)。以乡政府背后的马鞍山梁子为界,山前面为前山村,山背面为后山村,但不管前山村还是后山村,百分之九十以上的村民的房子都是乱石头房、空心砖房、土坯房子。一天,市政府副秘书长、市扶贫与移民工作局局长李毅去清平乡做彝乡经济发展调研,原清平乡党委书记陪他在民族村走访了几户群众,问村民们有一些啥子想法?群众说:"我们想在公路边修房子,这样进出才方便。"李毅问:"你们需要政府解决点啥子问题?"他们说:"我们这里前是坎后是岩,找不到一块像样的地方修房子,买一个地基要花一两万、两三万元,政府能给我们解决一个屋基地就好了。"

  一个贫困的地方,没有外援资金支持,一切建设发展都无从谈起。2013年,省上提出乌蒙山片区连片扶贫开发,一年一个县实施一个乡镇,中央和省上补助1000万元,市县配套1000万元,共2000万元。原清平乡党委书记向县扶贫移民局打请示,给市县有关领导发短信,希望清平乡能得到扶持。县政府领导去省上帮着争取,邓世权通过省民宗局这条线也帮着做工作。经过大家四面奔走、八方游说,清平乡抢先一步争取到扶贫专项政策。钱来了,就要干活。乡里规划出前山、后山、岩坪、新星、冒水等村实施交通基础设施、产业发展项目。2014年精准扶贫作为国家战略,被提到从未有过的高度,有了新的项目扶持资金,像吃席一样,乡里就给没有吃到头排席的民族、烂田、英雄、龙宝等村摆二排席。项目实施后,这一些村发生了很大变化。原清平乡党委书记说:"现在回过头看,我当初的安排还是恰当的。"

  2014年,屏山县还没有提出建设聚居点,市县领导要求清平乡把"彝家新寨"作为新村试点。乡里整合省彝家新寨、市县财政扶贫补助等几方面资金,把点选在彝族同胞最多的烂田、民族两个村,开启了解决扶贫攻坚中群众"两不愁三保障"中最大的住房保障问题的工作。随即乡里又规划了街边上的"彝人部落"，以及前山、后山、龙宝、岩坪等村的聚居点建设，目标是彻底消灭土坯房，让百姓住房有保障，远远超过他们"解决一个屋基地"的期望。

过去是3年为一届，原清平乡党委书记在清平乡刚好干满一届后，县里调他去龙华镇任党委书记，指挥环境保卫战役，彻底关闭上千家污染、破坏环境的小纸厂。他感慨尤深地说："一个人在一个地方主政要有所作为，至少要做点让群众看得见、摸得着的事情。其实一个人一生中是做不到几件事的，能够成就一番事业真的得做出努力，尤其是作为地方党委书记很不容易，你在这个地方干出了成绩，群众是看得见的；如果没干好，会落下骂名。"在交接工作的干部大会上，原清平乡党委书记说他在清平乡养了几只"鸟"，感觉现在的清平乡山青了，水绿了，农村道路更宽了，场镇更漂亮了，移民遗留问题基本化解了，老百姓和谐了，脸上有笑容了。

2016年4月，银西乾从原清平乡党委书记手中接过接力棒。上任伊始，有人好言相劝："你要有自己的发展思路，要整点东西出来。"银西乾淡淡一笑："用不着，邓书记移民搬迁的时候有总体规划，向书记对脱贫攻坚、聚居点建设也有规划，已经很好了，我来一届就四五年，能够把他们规划的蓝图变成现实，已经够我干了。"

银西乾没有另抛主张，另举旗帜，而是沿用前两任的思路，经过几年的努力，清平继续朝着好的方面变化。公路方面，以前修通了村道组道，但不是很好，有的路已经被碾烂。现在清平乡60个村民小组中，只有后山的3个小组因为要从山上搬下来，没有需要硬化的毛坯路外，其余全部实行了硬化。入户路基本打成0.8米到1.2米的水泥路，百姓出行"一脚泥巴"的问题基本解决。饮水方面，乡上、村上的各个聚居点再到散居的村民，绝大部分通了管道水，结束了吃屋檐上的滴滴水和到沟头笕水的历史。用电方面，全村搞了农网改造。住房方面，原清平乡党委书记从2014年、2015年开始集中精力改造了好几百户危房，还有"彝家新寨"试点，这几年主要集中精力修聚居点。清平乡是县里的一块试验田，移民实调，集镇摇号分房，"彝家新寨"与聚居点建设，农业供给侧改革等都在清平乡试点。县里要求清平乡各项工作要尽量走在前面。像聚居点建设，他们动手得早，虽说前两年很累，也挨了不少批评，但现在他们走在了全县前面，压力就不大了。从2015年起，清平乡一共修了13个聚居点，解决了500多户的安全居住问题。全乡8775人，进了聚居点和场镇的，超过了一半。一个少数民族乡，能实现这个指标确实不容易。产业发展方面，经过一届又一届党委、政府的引导，现在基本起势和形成规模。如高山生态林经济，再过两三年可以间伐了。二半山岩坪、民族、烂田等村的李子园，前山村、后山村的核桃、茶叶产业，以及牛、羊、猪养殖业都发展得不错。山脚沿江一带的水果，通过换代，引入了更好的品种，已经开始投产了。星星、大石、冒水等村的砂仁，这两年价格走低，但1亩收入两三千元还是不成问题，也比种苞谷强得多。

这让我想起一件事，快到清平的时候，见遍地都是"凉姜"，包括乡政府周围，开着一串一串的花，白皑皑的。我疑惑："凉姜"要开花，但不会开得这样好。问才知道那是中药材砂仁，不是割叶子包黄粑的"凉姜"。

最让我感兴趣的是清平乡的整个乡村环境。听银西乾介绍，他们已经创建成功国家级卫生城镇，为屏山县第一个。农村通过聚居点建设，风貌改造，旧房子、烂房子得以消除。村里举办村民家庭卫生评比，好的发奖状、奖品，不好的发照片公开批评。通过一两年的坚持，现在很多家庭，特别是彝族同胞摒弃陈规陋习，环境卫生与个人生活习惯慢慢变得越来越好了。

清平乡的显著变化让来这里脱贫攻坚的两位前任书记很欣慰。最让邓世权欣慰的是继任者并没有否定他另起炉灶重新规划，而是一届接着一届干。他说了一个道理，如果你在一个乡镇干十年八年，换一个思路，或许还能干点事。但一届5年，至少要一年熟悉情况，中间能干两三年，最后一年又要换届了，大家心是慌的，哪个还能干多少活？所以一届干不了几件事情。要是像原来一届3年，更干不了多少事情。再就是县委、县政府对清平乡工作很肯定，各种试点都拿到这里搞，前段时间县里评红黄旗，县里把清平乡拿来跟"牛眼睛边边上"的东部发展好的乡镇PK，说明在领导眼里和心里，清平乡还是可以的。

原清平乡党委书记满意的是他在承上启下的过程中，前一任书记邓世权虽然走了，仍然心系清平，带着他和乡长到省移民局跑资金，四五天就落实到位，是清平的所有项目资金中到位最快的一笔。1000万元的乌蒙片区连片开发扶贫资金，建设"彝家新寨"的项目和资金，邓世权也帮着四面游说、八方呼吁，最终使这两件事花落清平。他做出的规划，继任的银西乾不仅继续实施，还比原来推进了一步，几只"鸟"的羽毛变得更加丰满了。算是缘分未尽，几经辗转，他们三任书记竟然同台脱贫攻坚大合唱。

金沙江水在手巴岩石壁上撞出的哗哗浪声，秋风拂动马鞍山梁成荫柳杉的阵阵林涛，莫不是在敞开洪亮的歌喉大声应律？

二、山里汉子

"脱贫攻坚中，基层干部普遍感到压力大，有的提出辞职。"富荣镇党委书记涂堂玮这样对我说，并举了三洞村党支部书记廖明富的例子。但他没有说廖明富辞职的原因。我准备找廖明富聊聊，问问他为什么要辞职？究竟有什么苦衷？

镇里小侯当向导，我们见到廖明富时已经晚上 7 点过。他骑着一辆摩托车，等在山脚公路岔口处。他身材魁梧、光头，穿着一件橘红色短袖，应该是绸质汗衫。"我爱人还在山顶上干活，我要去接她一下，你们先到家里坐坐。我走前头，你们跟着走。"话完，他启动摩托车走在了前头。

这一路尽是陡坡，除了弯道，没有平缓的、可以歇脚的路段。我玩笑道："这一个坡，要吃两海（大）碗干饭才爬得上去。"

到了他家，他摘了一筐李子让我们吃，转身进灶房，说去烧开水泡茶。我说不用麻烦了。他说茶要泡，很快泡来茶。他站在桌边稍微一愣，然后拉开板凳坐下，似乎要同我们摆开去。我看出他的难处，忙说："你把你爱人接回家我们再摆。"他咧嘴一笑："要得，那你们稍坐一会儿。"

廖明富去接爱人要骑摩托车经过 2 公里多的水泥路，还要步行 600 多米才能到达山顶。骑摩托车接是为了让爱人少走那段水泥路。他把爱人接回来时已经 8 点半了，天色完全黑了。他爱人个头瘦小，背了几乎要把她压趴的一大筐红苕藤，廖明富放好摩托车，忙去猪圈屋帮她取下背篼，放好后出来，他歉意地对我说："等久了。"我顿生愧意：人家这样忙，真不该来打搅。

我清点他家的种养业情况发现他们家种了 130 亩柳杉、30 亩竹笋，栽了 40 来亩茵红李，还种了一些菜；养了 6 头大猪、4 头牛、鸡鸭鹅共 30 多只，连狗都养了 7 条，还有 1 只猫。牛喂在山上，地山上也有。他爱人去看牲畜、去种菜，如果廖明富不去接，她一个来回要走五六公里路，不是上坡就是下坡，很累人；在家还要做家务，有多少活可想而知。他有一个女儿，已经嫁到了外地，家里只有他们老两口儿。廖明富把主要精力放在了村上，家里担子的 95% 都压在爱人身上。一般晚上吃了饭、喂好猪、收拾好房间就十一二点了。廖明富早晨六到七点钟必须起床，尽量做一点事，让爱人少劳累一点。

听了这一番言说，我以为找到了廖明富辞职的原因，不外乎家里活多，爱人一个人忙不过来。可他爱人说，她对廖明富的工作一直以来都是很支持的，"主要是村里工作不好搞"，廖明富一语中的。在他家的锅碗瓢盆制造的交响声中，我同他交谈开去。

他2011年当选村主任，心情很矛盾，觉得自己只有小学三年级文化程度，做不好管理工作，说自己时序属马，年号属羊，适合在外面跑，待在屋头浑身不自在，不适合干这种群众性服务工作。另一面，现在党的政策好，机遇来了，但要是没把握住机遇，像一些项目，失去了可能就不会再来了，所以他压力很大。村里很多老年人，七八十岁了，一直待在这大山里，新县城建成这么多年都没有去过。尤其有一件事，他一想到心里就难过。1986年他在汶川陈家坝当兵，那里的山比三洞村高，平均海拔1200米。农民很辛苦。有一天赶场，他看见一个老婆婆在卖青苹果，青苹果味道很好，只要0.2元/斤。老婆婆身边站着一个小男孩，应该是她的小孙子。太阳大，晒得小孩子直叫喊，他找了一点水给小孩子喝。老婆婆的苹果一直卖不掉，他想买，但没有钱。他当兵每月的工资是8块钱，要买牙膏、牙刷，还要买烟。已经中午12点半了，他听见可能是老婆婆的男人说："卖不脱倒了算了，不然回家天要黑。"他上前问了后得知，昨天凌晨3点他们就背上苹果上了路。"我听了这一句，心里很不好受，找来连长，说服连长把那背篼苹果买下来，就算50斤，也才10元钱。"连长掏了30元钱，买下了苹果。老婆婆很感动，说她只收10元，最多收15元，余下的一定要退给连长。廖明富小声告诉老婆婆："快点收下回家去了。他不缺钱，几百元一个月，缺钱的是我们。"其实连长当时一个月的工资就100多元。好说歹说，老婆婆才收下钱，千恩万谢地背起背篼回家去了。农村穷，百姓苦啊！"现在群众相信我，选我为他们服务，能否服务好，只有干来看。"

路，对山里人尤其重要。不通公路时，老百姓去富荣赶个场，东西全靠背，后来用马驮。用电也恼火，三天两头停电，电灯发出闪烁的微光要死不活的。廖明富在第一个任期内通过招商引资，打通了三洞村6组柜子岩以上10多公里的通组路、产业路和林区路；花了大力气改造了农网；修了一座耗资近10万元的桥。总的来说，没有遇到多大阻力和麻烦，但他还是觉得村主任不好当，比如做群众工作，很简单一个事情，反反复复口水谈干了都做不通，劳神费力后觉得没多大成效。转念，他又想到自己属马，在家里不好，还是想出去打工。换届选举时，他提出不再当村干部。可是群众信任他，又选了他。"推不脱，只有继续干，没想到一干问题就来了。"

村里要修村公路，县上每公里补助35万元，村里还需集资40万元，限期 1 个月集资款到位，交到县交通部门，由他们招标修建。全村人口 154 户 400 多人，人均集资超过 800 元。村里开会落实，个别人大小会不参加，放出话："政策上的钱我不享受，政策以外不要想喊我出一分钱。"村支书刚把集资款分摊到户便因病住院，他必须顶上去。大部分村民很支持，少部分有意见。因此，还是需要采用一些策略的。

眼看县里还有 3 天就要开标了，3、4、5 组还有 4000 多元到不了位，其中 5 组组长就有 2000 多元没有交，廖明富焦虑得睡不着觉。怎么办？恰好镇里开会，组长以上干部都会参加，廖明富巧妙利用这个机会，散会后叫大家去一家馆子吃工作餐。落座后，他说："各位组长，尽管我们大家都饿了，但我有一句话得先说在前面。还差 4000 多元集资款没有收齐，过两天县里就要开标，差一分钱都开不了。昨天晚上我跟书记通了气，商定我们 3 个村干部和 6 个组长 9 个人，如果哪个组收不来，我们一起去帮着收。"他的话还没有说完，收齐了集资款的 3 个组长中有人说："村里做出的决定我们理应采纳，但这个决定我们不能采纳。1、2 组的组长咋个跑到 3、4 组去收钱呢？我们在努力收时候，你们在地头干自己的活。不行，哪个组收不齐，哪个组自己负责。"廖明富要的就是这个结果："这样，你们自己的事你们商量着办，反正后天要把钱收齐交给我，收不齐的组长就算垫钱也要如数交起来。"5 组组长说："我把收到的钱交起来，没收到的你们去收。"廖明富说："这个不行，你们刚才说的各组的钱各组去收，反正我只认钱不认人，到时候必须一分不少交给我。"最后一天，他给 5 组组长打了几个电话，5 组组长才把钱交了过来。廖明富终于按时把钱一分不少地交到县里，标才顺利开了。

廖明富很有感慨："现在的干部不好当，尤其是基层。收齐公路集资款，我都瘦了 10 多斤。"因为某些原因村民对他有过误解，严重的时候甚至去过他家，好在，通过事实及耐心的工作，终于解决了。

廖明富说："当时压力确实大。还有一个压力比较大的时期是在 2016 年，3 组和 4 组因为一些问题发生了矛盾，同时，3 组内部也发生了矛盾，出现了阻工的情况。"但是，廖明富当时寸步不离地守着现场："你们再有道理都没有我有道理。我在 1 组，到你们这面来，是走亲访友，路修来是你们走，你以为是我来走吗？先让开等挖掘机挖。有什么意见，我们坐下来说。"仍有人阻止："不准挖！"廖明富义正词严："哪个敢站出来阻挡，造成的损失就由哪个负责！"

2016 年底好歹挖通毛路，2017 年打成了水泥路。

他爱人热情好客，专门煮了腊肉要我们尝尝，廖明富也劝。盛情难却，只好动筷。

廖明富边吃边继续给我介绍，三洞村是贫困村，全村 33 户贫困户 124 人。他从 2016 年的冬天到 2019 年 6 月底，家里的活基本上没做。村上基础设施项目多，周末，还有逢年过节，领导没有喊他上班，但他很多时候都在加班。从 2019 年 7 月起他更忙了，县上要求村上干部都要值班。村里民政协理员和交通协管员也没得人干，年轻点的都外出打工了。就算在家里，人家也瞧不起你那个工作，只好由村干部兼任。

我问："你是什么时候给镇党委打辞职报告的呢？"

廖明富夹了一块南瓜放进嘴里说是 2017 年。他 2016 年冬被选为村支书，上级要求三洞村 2017 年整村脱贫，有很多项目要做。他干了几个月，感到压力非常大，力不从心，身体也不行，腰椎间盘突出压迫到神经，走路都痛。更主要的是他得了偏头痛，稍微多动点脑筋，两个太阳穴就隐隐作痛的，脑壳转不过弯来，于是他打了书面辞职报告。

现在仍然干着村支书的镇党委书记涂堂玮、纪委书记王山冬、市民政局派驻三洞村的第一书记小陈，亲自上门做他的思想工作："有病该医就医，该住院就住院，但村上脱贫攻坚关键时刻，你不干就等于釜底抽薪，希望你继续干。"廖明富觉得三个书记上门让自己继续干，自己何德何能这样劳驾他们？讲文化，他只有小学三年级文化，只会写自己的名字；说能耐，自己也没有，只不过比较熟悉村里的情况而已；做群众思想工作，靠着自己当兵出身，话多一点、窍门多一点而已，别的一无是处。许多念头涌上心头：国家制定的扶贫政策非常好，但是要有人干。再说，市里帮扶我们的资金量也比较大，我们要修村公所，市里想办法解决 60 万元。村里的交通条件也不是很好，连自己回家的这条路都还是泥巴路，我们都是在这里养老的人，还是想在自己手里把环境整好一点。思前想后，他给三位书记表态说自己先去医院检查，要是没有大病就继续干。

不用问，廖明富现在仍当着村主任，说明他身体没有大问题，我油然有一种身心一轻的感觉。一看时间，已经晚上 11 点了，想告辞，但有一件事我觉得应该问一问："我在报纸上看见，说你们三洞村倾情助力贫困户建房是怎么一回事？"

廖明富吃了一口饭道:"2017年三洞村要整体脱贫,都11月5日了,还有5户贫困户的房子刚打好地基,对口帮扶的市民政局领导下来检查工作,要求在12月25日前必须全面封顶。"当时,廖明富壮着胆子说了一句话:"25日我请你来给我们的贫困户放火炮。"意思是没有大问题。可他说出这一句话的时候心里是打鼓的,毕竟有很多工作要做:还要在地基上做地圈梁、组织材料,等等。但行伍出身的人,话说出去了,就要给领导兑现。

贫困户建房问题卡在建材运输上。由于那一段时间雨水多,碎石公路是软的,货车走不了,建材运不进村,廖明富给镇领导汇报,最后镇里决定请夏溪、屏边、雷波的马帮来转运。镇领导请好马帮,叫廖明富接待。"把我整惨了。"期间,发生了马驼水泥、协调他们内部的工期、负责他们的伙食等问题,最后通过不懈的努力,都圆满完成。

他爱人说:"那段时间,他每天就守着那几户修房子,揣几个饼子在身上,饭都不回来吃。"

经过紧张劳作,大伙终于保质、保量、按时完成任务。市民政局领导来检查很满意。有一个领导没来,还叫人传几张照片给他看。

我还想找他爱人聊一会儿。她说保证她说的可以拍40集电视剧,还保证集集都很精彩。看时间,11点半了,他们还没收拾好家务,明天还要起早干活,只好告辞。

回家的路上我想,廖明富是一个憨厚中不乏狡黠,质朴里满含机智的山里汉子,虽然任职过程中思想有过波动,但能继续坚持干下去,已经非常不错了。

三、雪花飞絮

很多帮扶干部对我说:"扶贫工作没有什么大波大澜、惊天动地的事,有的只是日常工作的平淡琐碎、点点滴滴。"在中都镇雪花村采访,再次听到村支书廖文定这样说的时候,我灵机一动,索性请他用具体事例给我讲讲扶贫工作究竟有多平淡、多琐碎。他收回正看向窗外飘飘雨丝的目光,应承道:"好嘛。我先给你讲改变两个孤儿命运的事。当然,说'孤儿'不是很确切。"

雪花村的廖某会搞建筑装修，很勤快，也会持家，家境不错。2010年，他去太平乡做活回来，路上出车祸死了。他与爱人杨某实际上是非婚同居，廖某去世后不久她去重庆打工，把生下的两个儿子甩给分了孩子的爷爷奶奶，当时廖大4岁、廖二2岁。2014年，村里把成了孤儿的两弟兄纳入贫困户。

我记得很清楚，那天是农历2017年6月24日，中午1点多钟，孩子的爷爷来村委会，还给我摆了一会儿龙门阵。我住在中都街上，他走后我开车回家，车还没有停好，村妇女主任申顺池给我打来电话，说孩子的爷爷死了。我很惊讶，"不可能哟，刚才我们才摆了龙门阵分手回家。"申顺池说，"真的死了，摔死的。"我相信她不会骗我，便让她维护好现场，马上喊乡村医生去看一下人还有没有生命体征。我随即掉过车头赶了去。路上，申顺池打来电话，说，"摸着都冷了。"我说："不能动。"我马上给镇领导和派出所报了案，后来确定为意外死亡，说是他回家煮了一碗面正要吃，摔倒在地上，脑壳撞在一块石头尖尖上。我干过民政救助，便给县民政局领导打电话，帮孩子的爷爷申请到500元安埋费。我征求驻村工作队意见，召开村民大会，提出两个娃儿没有人监护，把他奶奶作为监护人纳入贫困户，村民大会全票通过。

廖大在他父亲死后得了自闭症，一天我去入户走访，见电视机上有一个洞。我问咋个回事，孩子的奶奶说廖大生气砸烂的。我说："廖大有病，应该让他多接触一些这个年龄段喜欢的电视节目，比如动画片。要是没有钱，我想办法重新买一台来。"孩子的奶奶说他们有钱。第二次去入户，我看见他家安了新电视。

恐怖的是2019年4月的一天，那一段时间忙，我没回中都，住在村上。晚上11点，接到孩子的奶奶电话，说廖大拿起刀要砍她。我马上给组长打电话："你挨（离）他家近一点，廖大拿刀要砍他奶奶，你快点去，我马上赶来。"我去时，见廖大举着刀，我走上去夺下廖大手中的刀，然后给廖大做思想工作。廖大敢提刀动斧，与家庭教育有关。那天晚上，两兄弟发生争执，奶奶打廖大没打弟弟，廖大认为他有道理，反而挨了打，要从奶奶身上打回来，提起板凳就向奶奶砸过去，随后拿起刀来要砍。那晚上我分别教育了这一家人，深夜一两点钟才走。

2018年，镇上增加帮扶单位屏山县凤凰天然气有限责任公司，要求在村上只帮扶一户。开会讨论时，我重点推荐帮扶廖某一家。怕她家两个孙儿小，到处乱跑管不住，村上实施危房改造时给她家砌了一堵围墙，安了一道不锈钢大门，怕孙儿乱跑时她可以把大门锁了。村上还把她家的几间屋的墙全部刷白，让家里显得喜庆一些。我经常去走访，给廖大买书包、买玩具、过生日。以前我去看他，他都闭着嘴巴不说话，现在两个娃儿看见我要打招呼了。

说到这里，廖文忠调整了一下坐姿，喝了一口茶，接着说下去。

我说说我们做工作叫2组廖某搬出岩腔的事吧。

廖某这个人的性格很古怪、固执。他天天看电视，还记着一句话来问我们："习总书记都说要让我们过上好日子，达到小康水平。"我说："习总书记说得对嘛，我们就是响应习总书记的号召，叫你搬离岩腔过上好日子的。"

在雪花村，廖姓是大姓，按字辈排，我比他大一辈。要说他也不懒，你看我们在这里喝茶摆龙门阵，他都在干活，但就是劳而无获。比如农忙的时候，他去帮人栽秧打谷，收两三元、四五元一天的酬劳去帮别人干活，等别人的秧子栽完、谷子打完了，他才栽自己的秧子、打自己的谷子。挣钱并不错，但他没有规划，左手找来右手用，因此，要改变他的思想和生活状况，我们是"手法脚法"用尽了。要求过高、过急，会适得其反，我们做他的工作，要像喂娃娃儿的药，捉手的捉手，捉脚的捉脚，把嘴巴给他扳开，捏着他的鼻子，把开水吹冷，慢慢地给他喂下去。

他没结婚，五保户，68岁。1995年、1996年吧，他还住在这坡上的学堂，后来因为弟兄多，他一个人搬到三鱼石岩腔去住。一块大石头凹进去，他捡了点乱石头把外面砌了一下就是屋了。那个岩腔在公路边上，他想在那里开商店。那岩腔现在还在那里，根本不能算是房子，阴暗潮湿，面积又小，雨稍微大一点，公路边沟里的水就要流进屋里。县里去年要求雪花村退出贫困村，村上把他列进住房安全不达标户，做工作让他搬迁。他不搬迁，原因概括起来有三点，不一一细谈。

我跟他接触最多。我先给他宣传政策，让他知道他住岩腔存在着安全隐患，而且那也是违章建筑。政府目前只能补助1.5万元，他可以提改造要求，我们尽量帮助他改造好。然后又用其他办法点点滴滴感化他。他喂的3头猪死了，按要求要深度填埋，做无害化处理，我出面找保险公司赔了他600元钱。怕他不放心，我当场从包里摸出600元钱拿给他。　　我们又帮他改造旧房。他的兄弟媳妇杨某也是贫困户，享受了易地搬迁扶贫政策，在另外一处修了新房子，按政策旧房子要拆旧复垦。但旧房子比较好，加固维修一下完全可以成安全住房。通过两家换房子，拆廖某的烂房子，留杨某的好房子，可以做到两全其美。我们找杨某做工作，补助她2000元钱，把她的房子换过来，她同意了。我们又找廖某做工作，最后，他搬去住了，还在新房里请了酒，请了驻村工作队和村两委。

好了，周老师，就说上面这一些。你看我们的工作平不平淡、琐不琐碎，很费神还不显功劳，总结的时候还拿不出干货来说。

我点点头算是对廖文定说法的肯定。离开雪花村，从车窗里遥望烟笼雾锁、峰峦列阵的李漆岩，那红色丹霞地貌岩石和苍翠林荫，在细雨中显得格外明艳和朗润，给我美不胜收、褫魂夺魂的感觉。扶贫工作者走家串户，耐心细致、费尽口舌地做贫困户的思想转化工作，不正如这凌空舞蹈着的细雨一样，无声地润泽和抚慰着扶贫对象们的心灵吗？

四、两个泥腿子村干部

金秋十月屏西、屏中行，有两个村主任给我留下深刻印象，一个是中都镇高峰村的朱礼，一个是龙溪乡新胜村的徐显明。他们两个有很多相似之处，如相貌，两个人都面容清癯、略带倦意，身材单薄，但徐显明的个子要比朱礼高一些；体重呢，徐显明说他没当村干部时124斤，现在累瘦了，只有110斤。可能朱礼也只有这个重量。

他俩都经营着私家车。朱礼经营的是大货车，主要是帮修房造屋的人拉建材。他说一个月挣1万元没多大问题。徐显明经营的是面包车，主要是载乡亲们去龙溪、龙华赶场，或者乡亲们临时需要用车时载一下货物，一个月可以挣两三千元。他以前在煤矿打工，患了尘肺病，易累，干不得体力活，只有做一些轻巧的事。但要养家糊口，他便用患病所得的赔偿买了这辆车挣钱，以供家用，田地里的活全靠爱人和老岳父去做。

他俩皆因踏实肯干、为人正直，同时在2017年换届选举时被选为村主任。朱礼是本乡人，徐显明要传奇一些，是上门女婿。在龙溪乡新胜村蒋和龚两大姓占绝对优势，徐显明一个外地人、外姓人，要跟一个干了一届村文书、两届村主任的本地人竞争，用当时兼任该村第一书记的刘虎的话来说："徐显明被高票选出来我都感到有一点意外，他从来没有干过村干部。"我让刘虎说说徐显明当选原因，他说一是徐显明当时跑车，可能大家都认识他。二是他年轻，上几任干部一是年纪偏大。三是上任村主任干了很多年，村里变化不大，所以村民们想"裁判换人"。

当上村主任，他俩都不能正常经营车了。朱礼白天做村上工作，晚上六七点钟去跑车，十一二点钟回家。有时忙起来根本跑不了车，"钱搁在那里都没办法伸手去拿。"怎么办？一是把联系好的生意转给别人做，如2017年下半年龙利村修聚居点请他拉砖，他答应了。可是新胜村当年要退出贫困村，事情多，他白天忙不说，每天晚上还要加班，根本抽不出时间去拉，对方又要得急，只好转给别人拉。本来讲好价一块砖1角钱运费，但别人要1角1分才愿意接手，他只得一块砖倒贴1分钱。二是请人拉，他付工钱，民意村修村公所找他拉建材时他就是这样做的。结果怎么样？民意村给他结了5万多元，他付工人工资就付了3.4万元，剩下不到2万元，他还要付油钱、车辆维修费，一分钱没挣到不说，请的人还差他几千元的账。什么原因？那人找朱礼预支的工钱，超过了他的劳务所得，结账时才发现多结了，但那人无钱退给朱礼，朱礼只好将其作为一笔欠账摆在那里。徐显明呢，面包车变成了他的工作车，以前专门跑运输的时候，去龙溪、龙华搭人要收钱，现在搭人不好收钱了，成了一辆免费顺风车。

停运就没有进账。我问他俩当村主任的收入，他们说每月1480元。2018年年终绩效考核，朱礼得了300元奖金。徐显明因乡上考评得了红旗，绩效考核他得了一等奖，加上工资，一年收入2万元左右。徐显明说他记了一个账，一年干下来，基本上"除了锅巴没得饭"。我请他说出明细，他说车子一分钱不挣，天天开着入户、跑乡里县里办事，油钱、保险、维修费等杂七杂八的加在一起，1000元/月开支，从来没有报过任何费用，都是自己掏腰包。朱礼也对我说，他住在中都镇上，为了工作买了一辆面包车，如果每天只是早晨来村公所，下午回家，油钱15元左右；如果要下组，一天就要二十好几三十来元；

跑一趟屏山就更多了。朱礼的话间接证实徐显明的话确非妄言。他们出差、开会、培训也不报旅差费。比如去屏山，自己不开车一般就坐拼车，报账要文件、找车票，一天补助也不多，还要找领导审核、签字，懒得麻烦，干脆算了。

他俩的相似之处还体现在都跟家属闹过矛盾，意见大一点的是朱礼的家属。

解决贫困户安全住房，有一项措施是危房加固。朱礼不主张危房加固，认为加固是只能解决一时的权宜之计，不是长久之计，过几年还得重修。他主张尽量新修，特别是易地搬迁、地灾搬迁的村民能享受到一笔补助，自己筹一点，基本上都修得起房子。但确实有自己缺钱，也无能力借到钱的村民，怎么新修？朱礼领着他们找银行贷款。银行为了规避金融风险要朱礼提供担保才愿意放贷，这无疑是把风险压在了他的头上。想到能帮助贫困户修安全住房，想到风险在可控之内，朱礼应承下来。但担保不是朱礼一个人签字就行了，他的家属也要签字。家属一听，极力反对："一无亲二无戚，没必要冒风险给他们担保。要是还不起，责任就落在我们身上。为了公事，把自己搭进去了，没有这个必要。"朱礼不急不躁，耐心解释："关系不大，银行只按享受到的搬迁补助的70%贷给他们，补助7万元，只能贷5万元。我们叫贷款人把银行存折放在我们这里暂存，补偿款是打在存折上的，款到了，我们跟他一起去银行把款还了，再把存折还给他们。"他还对家属晓之以理："群众选了我当他们的村主任，我就要给群众排忧解难。现在政策好，给他们解决住房，这是几十年的大事。如果这个时候我不主动站出来帮他们，政策一过，他们可能一辈子都修不起房子。"他家属不听解释，甚至赌起气来，打电话不接。家里有紧急事，家属打电话找他，只能听她一个人说，说完就把电话挂了。怎么办？朱礼向岳父岳母求救，说大家选了他，他就要干好。群众修不起房子，他是村干部，有责任帮助他们。岳父岳母深明大义，劝说女儿要支持丈夫工作。好说歹说，朱礼家属告诫他："担保你要慎重点，一旦还不起，我们就遭灾了。"还是一起跟他去银行签了字。他先后为贫困户张某、李某、冯某、李某、李某5家提供了25万元担保，让他们都修起了安全住房。

一个疑问浮上我的心头："你搞运输，又帮他们担保贷款，他们拉砖、拉河沙水泥的生意请你去做没有？"

朱礼说："没有。不是他们不愿意，是我要避开闲话，免得有人说我围着锅边转，想吃锅巴饭。"

徐显明的家属则是因自家修房子的事对他有意见。

他家的房子应该属于 C 级甚至 D 级危房，早该重修了，徐显明一天到晚为了贫困户有安全房住劳累奔波顾不上修自家的，就去聚居点订了一套，因征地受阻三期聚居点停建。看着贫困户搬进了新楼房，自己还在破房子里住着，家属免不了抱怨两句。徐显明有病、丈母娘也是残疾人、房屋又是危房，他不当村主任，他家完全可以列进"六类"人员，享受自建房按人头给补助的政策，他家 7 口人，至少可享受 4 万元的建房补贴。"比当两年村主任的收入还多，你说家属抱不抱怨嘛。"

我是晚上去采访徐显明的，天下着小雨，徐显明家正在修房子，已打好地脚在砌砖了，家里这一堆、那一堆的堆着砖头和沙石，没处坐。采访是在他家门口燕儿窝里进行的。徐显明的家属龚某群，陪坐在一旁，岳父岳母坐在对面一张圆桌上，我们交谈时，他们一直安安静静地坐在那里一言不发。为了活跃气氛，我问龚某群："你老公当村主任，你骂过他没有？"龚某群脸上扬起笑容说："没有。"我开她玩笑道："不可能哟。你想，车子停下挣不了钱，待遇又不好，修房子因为是村干部，补助也得不到，你心里舒服吗？"龚某群透着些许无奈："有啥子办法呢，遇都遇到了。"我心里清楚，在这种场合，她再抱怨、再不舒服也得打肿脸充胖子。

不堪工作压力，他俩都找领导辞过职。

朱礼告诉我，远的不说，去年 4 月他都打过"退堂鼓"。我问他原因。他说主要是有的贫困户不配合工作，他感到很寒心。如果真的没有给贫困户办好事，他们不配合还说得过去，问题是给他们办了许多事，有的贫困户还是不配合。种种原因，于是，他向镇领导提出"不想干了"。

徐显明辞职的意愿要比朱礼迫切得多，当村主任半年多就提出来了。我问他辞职的原因，他说他"文化水平低，能力有限，又有病在身。关键是不能挣钱养家糊口，还要倒贴钱干事，心理负担很重"。

其实这是托词。真正的原因还是工作不好做。陪我采访的刘虎说，当时他当村支书，徐显明当村主任，他俩刚刚上任，很多老百姓找上门来，要当贫困户，要吃低保。他是外面的人，还无所谓，但徐显明是村上的人，说来说去找上来的人不是亲戚就是朋友，满足不了他们提出的要求，他们就把怨气发泄到徐显明身上。村里也有很多历史遗留问题，老百姓以为换了村干部就会得到解决，所以也来找。

徐显明举了一个例，余家的土地问题，是一二十年前的事。余某的儿子死了，儿媳妇改嫁走了，他想要回儿媳妇那一份地。人家要生活，咋个可能退给他呢？以前徐显明没当村干部时，他们见面还要打打招呼，现在当村干部了，不能给他解决这个问题，他就扯起一根眉毛不认人。

村支书刘虎兼有乡上工作，村文书也是住在街上的，徐显明住在村上，有什么事只有他一个人跑上跑下，常常这份工作刚干完，或者还没有干完，另外的工作又安排起来了。比如老百姓经常打电话询问拆旧复垦增减挂钩的钱为啥子还不兑现哟？他无法给村民们解释，"好像我差着他们的钱一样"，工作压力确实大。

新胜村是一个非贫困村，没有多少项目，争取不到资金，老百姓提出水不通，"村上先把水给我们整通嘛"；路也不好，"把水泥路给我们打起来嘛"。做吧，没钱；不做吧，说你无能。

经过多方努力，在上级有关领导和部门的支持下，村两委这一届班子还是做了一些"对得起老百姓的事"：修了两个聚居点。县人大主任余湛帮助村上争取到148万元资金，打通了4公里公路主干道，实现了全村每个组都通公路。余湛还帮他们争取到6公里产业路，现在已经挖通4公里了，还有2公里等老百姓快到手的庄稼一收割就开挖。

尽管如此，村主任也不是想辞就能辞掉的。朱礼得到的领导答复是："群众还没有很好地觉悟起来，更需要我们干部去说服教育。"

徐显明得到的领导答复则是："你是群众选的，只要你干不死，你就要往死里干。"

第六章　酸甜苦辣都是歌

扶贫工作者被群众称为新时代最可爱的人。他们身居闹市，抛妻别子来到乡村，身挑重担，任重道远，还要忍受孤独与寂寞，遭遇委屈与尴尬。然而，一双保暖鞋、几句滚烫话，又让他们备感温馨，觉得付出再多也很值得。

一、也算"抓壮丁"

"哪个说他的工作岗位累人，我就跟哪个对调。"陈启炜说。

都讲爱岗敬业、干一行爱一行才是好同志，作为屏山镇扶贫办主任的陈启炜敢冒着被领导批评的风险，说出如此近乎率真的话来，看来这个扶贫办主任真的不好干。

当初她是如何被"抓壮丁"，到扶贫办工作的呢？说起都可笑，民政工作最艰苦的时候，她干民政工作；移民工作最艰苦的时候，她干移民工作，民政工作还要兼着做。她白天下乡干移民工作，晚上回来干民政工作。她记得很清楚，移民工作勉强结束时，2013年11月14日，领导找她谈话："移民工作很累，你从头干到尾辛苦了，放松一下；扶贫工作轻松一点，你去做扶贫工作吧。"她很感激领导的亲切关怀："好啊。"随即她把移民、民政那一摊子事情移交出去，到镇扶贫办报到。当时扶贫办只有一个人，叫蔡龙，移民时期是陈启炜的分管领导。蔡龙第一天把工作交给陈启炜，第二天就下乡征地去了。陈启炜是一名扶贫岗位新兵，对工作"一摸不硌手"，啥都不懂，又找不到一个人请教，只有盲人走路——慢慢摸着走。她接手的第一个项目就是蒋坝村1000万元乌蒙山片区连片开发的大项目，她是蒙的，到处都在催她，一锅螺蛳都是头。这个项目还没有搞完，2014年初又一个乌蒙山片区连片开发项目，在一片欢呼声中落地屏山镇。她领教了，本以为扶贫工作轻松一点，没想到"捡了便宜柴，烧烂夹鼎锅"，这个1970年出生的女子，只有仰天长叹：我咋个生就一条苦命哟！

清平彝族乡扶贫办主任梁雪峰被"抓壮丁",纯粹是"帮忙惹的祸"。

梁雪峰老家在筠连县,2007年大学毕业后,他考上了筠连县大学生村官。任职期满,他去浙江打拼了2年,觉得离家远了,2012年他应聘到成都市新都区公积金中心。窗口部门工作繁杂、事多、压力很大。他在网上看到屏山县清平乡招考公务员信息,他想那地方偏僻,工作肯定轻松点,离家也近。心想事成,2015年2月他考上了。当时一共有4人(其中2人都是彝族)考到屏山县清平乡,梁雪峰被安排在乡医保办上班。当时全乡贫困户才开始建档,资料残缺不全,贫困户规划出来了,但各村的脱贫规划还没有完善,需要做"三图两表":基础设施规划图、产业扶贫规划图、社会事业规划图、危房改造计划表、贫困户基本情况表。乡扶贫办的人不会制作,梁雪峰是学计算机的,见状热情地说:"我来帮你们做嘛。"结果在医保办一个月,屁股还没有坐热,就"帮"到扶贫办来了。

孙晓玲当上"壮丁",似乎迫于无奈。2008年她通过招考,到夏溪乡当村干部,后来调整到乡上做计生统计工作。一天,乡党委主要领导找她谈话,"提拔"她到乡扶贫办当主任。一般人应该会欣然接受,但她则向领导表示:"我不是干这个工作的料,还是请领导另外找人吧。"她没干过扶贫工作,但在乡上耳濡目染,知道那个工作不好做。领导说:"乡上没有人了,你先干着再说。"其后,她多次找领导"退箍"不愿意做,甚至晚上两三点钟给领导发短信:"我没有做过扶贫工作,压力大,抗不住。"但推不脱,至今还是事业编制的她只能"顶起碓窝跳加关""还是干起走"(负重前行)。

我在新市镇了解到,从2014—2019年,镇扶贫办已经换过3任主任,中间还有很长一段时间是虚位以待。我去太平乡采访,党委书记罗琦要我写一下他们乡扶贫办主任张开林,说他从精准扶贫以来,一直干到现在。张开林曾向时任党委书记雷梅提出,只要全乡通过脱贫验收,就给他轮换岗位,雷梅答应了。2018年验收后,雷梅调走了,罗琦来接任,张开林不好"抽吊桥",只有继续干起走。看来扶贫办主任一职真是一个"红炭丸",谁都不想沾手。

沧海横流,方显英雄本色。县扶贫开发局给我提供的采访清单,特意在名字后面加了后缀。陈启炜:工作节奏快;梁雪峰:克服人少,干好工作;孙晓玲:差点离婚。我走进陈启炜的办公室,请她谈谈她是如何快节奏工作的。

她不假思索:"节奏快,不是说我工作干得快,是工作堆起了,到处都在催你了,逼着你必须快。扶贫办只有3个人,那么多工作,不快不行。"

快还有一个原因，陈启炜举例说，上面上午11点钟给你发一个表来，下班之前必须交。收到表，不可能想当然地填，要给13个村打电话，若问到的人熟悉情况，很快就能把要的信息收集起来；若问到的人不熟悉情况，他也要去问情况，就要等他。要在哪些地方提高效率？她在镇上工作多年，对下面干部情况比较了解，估计哪个熟悉这个情况就问哪个。

她还说，比较着急收集信息的事也比较多。最近上面叫报收入不达标的贫困户数字，如果不经过大走访、大排查，前期没有数据，心中没底，就很难及时报出去。还有，比如上面上午快下班时给你传一个表册，叫收集聚居点入住情况，下午上班或者三四点钟就要。它包括几类情况：一是贫困户，二是六类人员，三是增减双挂钩的其他群众。入住是动态的，2019年8月是249户，除了前期的32户，还有217户。这217户又分为三大类三种情况：未启动，正在装修，已入住。上面只收三大类，我就要收四大类，还有一种是已装修未入住，万一上面问你还有哪一些已装修没有入住的呢？你又要去问一次，所以在这一些地方，要提前收集好这一些数据，平时就要设计好表，多留一手。

她说："下达的要求多，促使工作要快；办公室力量弱，也要求节奏加快；脱贫攻坚大势所趋，你必须要在有效的时间内干完更多的工作，迫使你不得不快；还有我的性子急，希望任何事尽快做完。杭书记（镇党委书记杭小洪）说屏山镇在屏山县是首善之镇，各项工作都要争取比别的乡镇做得更好，虽不可能次次都拿第一，但不能次次都第二，更不能'吙鸭儿'（倒数第一），集体荣誉感、责任心驱使我们要把工作干好点、干快点。"

但在追求快的同时，要注意不返工。返起工来最麻烦，最花时间。之前有这么一件事，每家贫困户有一笔2000元的生产发展金，领取的方法是帮扶干部要入户给贫困户签协议书，规划出发展项目，限时完成再兑现资金。后来，县人大介入这件事，提出不需要经过项目发展规划，直接把钱限时15天内发到贫困户手中，然后再慢慢实施项目并检查验收。理由是贫困户钱都没得，怎么发展？陈启炜认为，钱发到贫困户手中，主动权就掌握在他们手里了，他不发展怎么办？她毫不隐瞒自己的观点："不能去抽上坡石头。"不要慌在几天上面，镇里去把产业发展协议签了，对贫困户才有约束力。她给镇领导汇报了利与弊，并提出确保在县人大规定的时间内完成任务，领导采纳了她提出的建议。镇里第二天立即安排干部，一人负责几户，几十个干部下去，加上每户贫困户的帮扶干部、工作队、村两委，大家齐上阵，帮助贫困户做出项目规划，签下责任书。如果这一户贫困户已经有发展起来的产业，随机处理，没得过国家补助的，视为项目已经完成，可以兑现。集中一天就干好了，陈启炜晚上加班整理好，录入原来的表格，完成的按县人大要求立即打钱，没完成的缓几天打钱，没"抽上坡石"。屏山镇钱打出去就能把验收表收回来，所以报账的时候资料非常齐全。因此，陈启炜很有感触地说："快也要讲究办法，不要盲目只图快，这方面我是吃过几次亏的。"

陈启炜有一个"快半拍再等半拍"的陈氏工作法。以2019年9月县上规定10天内更换好贫困户墙上《贫困户精准帮扶明白卡》一事为例，当时，因为一些原因审查改版，将"脱贫目标"改成了"脱贫标准"，时间紧急，但是，她以往总结出按要求抢先做成电子文档，但是不急着做好就往墙上贴，而是放在抽屉里，看县上还有没有修改，然后再交广告公司抓紧制作，因此在当时规定的时间内贴好，圆满地完成了当天的任务。

梁雪峰又是怎样克服人少干好工作的呢？

当时乡扶贫办只有一个主任、一个临聘人员，加上他3个人。后来人员来来往往不断变化，他始终坚守在扶贫办岗位上。

到乡扶贫办，梁雪峰便被明确为副主任兼项目办主任——2016年11月任扶贫办主任，"到了才晓得事情之多"，当时正值乌蒙山连片扶贫开发和彝家新寨两个省级大项目进入实施阶段。他之前丝毫没有接触过扶贫工作，也不懂扶贫政策，只有硬着头皮现炒现卖。在成都的那几年，他习惯朝九晚五、周末休息的作息时间。到了乡扶贫办之后，很多事情有时限，还要保质、保量做好，扶贫办人手少，他完全找不到帮手，只能自己加班加点干完。大的原则领导把控，具体如何实施得靠他来逐一细化。他一般天亮就到办公室，有时候早餐都不能吃，晚上加班到十一二点成常态。他的总体感觉是："节奏快，担子重，压力大。"

连片扶贫开发是一个大的系统项目，涉及前山、后山、星星、龙宝等几个村的核桃产业，以及靠近金沙江下半片区几个行政村的基础设施、危房改造、产业布局、土地整理等。需要打通的龙宝公路——该村第一条、屏山县最后一条通村公路，要从悬崖峭壁上硬打进去，项目管理必须到现场发现和解决问题。梁雪峰第一次去看时，挖掘机在岩边上挖，外面是百米高的像刀砍下去一样的悬岩，一看无不心惊胆战。

我曾站在那条公路边上望着蜿蜒而上的斜坡，它之险峻、之陡，为我平生之所未见。

连片扶贫开发项目前后投入资金近1600万元，牵涉的大小项目几十个。每一个项目都必须有实施方案，招、投标比选，施工队伍组织，进场施工质量跟踪管理，结束后还要验收、结算、报账等。这个项目由乡人大主席团主席包运宣分管，具体实施的担子全落在梁雪峰肩上。

彝家新寨开屏山县，甚至宜宾市聚居点建设之先河。聚居点选址在半山腰，位于民族、烂田两村彝汉杂居区域，那里气候条件差，基础设施落后。该项目于2014年下半年启动，2015年梁雪峰负责项目办工作时施工队伍已开始进场施工。他清楚地记得第一次去看现场的情景，砌堡坎、下地基，泥浆至少一尺多深，穿筒靴都找不到地方下脚，稍不注意泥浆就淹进筒靴里了。彝家新寨从房屋设计、具体布置，没有可资借鉴的样板。天气又不好，老冒水那面阳光灿烂，过了大岩洞再往里面走便细雨蒙蒙，给工程推进带来很大的困难。

烂田村党支部书记向堂银专程带我去参观彝家新寨。它坐落在烂田村梨儿坪，背靠尖子山，面迎马鞍山、沧岩、坞家堡、大青龙与小青龙沟，雨后初晴，山色朗润，风景比画还美。44幢小别墅一样的房子，白色墙体上点缀着彝族标志性的牛头与太阳神图案，房顶统一铺设了青灰色的琉璃瓦。向堂银说这一些房子都是现浇房顶，以后村民们有钱了，可以往上加楼层。可见他们用心良苦，想得深远。配套文化设施也极为考究，用表示庄重、尊严的黑色，与表示热烈、欢快、美丽、高贵、英雄的红黄二色所装饰的围栏柱子十分抢眼；7根顶端燃烧着熊熊火焰的图腾柱（其中一根为一棵楠树），高高地耸立在文化广场南缘；还有一组以彝族文化为背景的十分壮观的壁画，彝族红、黄、黑三色文化和生命迁徙起源过程，在壁画中体现得淋漓尽致。所有这一切相生相融，相互辉映，让整个彝家新寨显示出一种赳赳伟男的豪迈气概。见一户人家屋里有人，我想去看看屋内情况。跨进门，主人从屋中间的一个啤酒箱子里拿出一瓶啤酒，用起子打开递了过来。我好言谢绝。主人又散来烟，我不抽烟，仍谢绝。主人家里应该来了客人吧，只见五六个男子坐在沙发或板凳上；我走进灶房一看，两个小伙子正在杀一头四五十斤的小猪，不用说，肯定是要招待客人。我不敢造次往别的房间去看，便拱手告辞，主人则盛情挽留，追到门外，可见非虚情假意。向堂银告诉我，主人叫吉洛月门。是啊，住在聚居点的新房里，宾客们围坐一起，吃着香喷喷的猪肉，喝着凉幽幽的啤酒，幸福日子就是这般模样吧。

但是，当你们擎杯把盏、猜拳行令之时，可曾记得为了修好聚居点，梁雪峰筒靴上的泥浆吗？记得他怎么协调土地、实施项目、催促进展、检查质量的吗？即便房子修好了，有的人还不愿意搬来住，他还得做大量的思想工作。比如，梁雪峰对口帮扶的民族村5组有一位老人，认为搬迁后离山上的土地远了，不好种庄稼，一直不愿意搬。梁雪峰带着扶贫办和驻村工作组、村组干部一起做老人的思想工作，半个月的时间，门槛踏了几十次，才说服老人搬迁。此外，还有牛羊怎么喂，鸡鸭怎么养？为解决贫困户后顾之忧，如何发展产业，如何组织贫困户外出务工增加收入，等等，都需要梁雪峰协助领导思考并付诸行动，可以说他劳累奔波到了心力交瘁的地步。

人手少忙不过来时，梁雪峰是这样做的。他说："工作要有责任心，不说当事业来干，但至少要对得起那一份工资。人少，更要用力、用心、用情，想办法提高工作效率。"

怎么提高？梁雪峰告诉我：工作思路必须非常清晰，对扶贫政策必须吃透，对乡里的情况要烂熟于胸，基本数据要记牢、记死，如清平乡现在总人口8775人、总户数2113户、贫困户503户2394人，2019年摘帽66户后全部脱贫，还有特殊困难户74户即将达到"两不愁三保障"标准，等等。再则产业发展要心中有数，如沿江一带是以椪柑、枇杷、桂圆等为主的水果经济带。民族村有林竹产业7000亩，还有核桃、茶叶、魔芋几个主要产业。英雄村2019年推出一个1000亩的李子产业园，他又带动全村散户种李子1350亩，加在一起是2350亩；今年还要引进一个规模比较大的生猪养殖场，与巨星集团基本谈妥。对这一些乡情、村情非常清楚以后，村上报上来的数据，一眼就能看出问题来。如果要上报，也能立马报上去，并且八九不离十。要是不清楚情况，到处去问，到处去找资料，很花时间。他最后说："所以，对一些东西，要去记、要去背。"

我很赞同梁雪峰的说法。记、背，其实是基本功。基本功扎实了，要数据一清二楚，问情况如数家珍，工作效率想不提高都不行。对"文山会海"，一般人的看法是文和会太多了，应付不过来。从另一个角度讲，是基本功差了。文字功夫深，一个材料三下五除二处理完毕，它还能在案头堆积成山？工作能力强，讲话重点突出主次分明、要言不烦，会能成海？所以，我有一句戏言：把会开得饭都不让吃的领导，不是有能力的好领导。

长期超负荷工作，自然没有多少精力照顾家庭。时间短还好说，时间长了，妻子或丈夫难免抱怨。像梁雪峰，他在清平上班，妻子带着女儿在筠连老家，妻子希望他"每个月记着回家一次就行了"，但梁雪峰连这个也做不到。妻子有怨言，带着孩子来"视察"他究竟有多忙，结果发现他真的忙。从不愿离开老家的妻子，毅然决定参加屏山县公考，到屏边乡工作，不久后借调来清平乡，守护大本营，当好大后方，让梁雪峰安安心心去做扶贫，他们一起写出了脱贫攻坚伉俪偕行的动人故事。

孙晓玲就苦恼了。她对扶贫办工作不熟悉，接手上马就要高速运转，整天找资料、写资料、装档，村上村上村下来回跑，一直处于高负荷运转之中，晚上经常两三点钟睡不着觉，"一碰就要起火的样子"。偏偏这个时候后院起火，更让她"真有一点生不如死的感觉"。

她丈夫在省某监狱工作，孩子他带着，孙晓玲一般每天要打一个电话询问丈夫孩子情况，有时忙起来会忘记打。照顾不了家庭，丈夫不高兴，闹了矛盾。是啊，夫妻之间，谁不希望能天天厮守在一起？闹得最凶的时候是2017年5月，孩子感冒高烧引发肺炎输了8天液，孙晓玲工作忙没法回去。第二个周末回去时，丈夫直接对她说："你不要回来了。"一个星期不跟孙晓玲说话，饭也单独吃。下一个周末孙晓玲回去，丈夫继续冷战。从金钱上讲，孙晓玲同丈夫实行AA制，从来没有用过丈夫一分钱。即便一起出门买东西，很多时候小笔的孙晓玲出，大笔的AA制，不存在经济问题。晚上，孙晓玲再也憋不住了，主动找丈夫谈："你不要不开腔，有啥子不满意的地方尽管说出来。孩子生病没回来是因为工作忙丢不开手。如果你觉得我不适合你，我们分开就是。"这以前，她丈夫几次叫孙晓玲辞职去眉山找工作。孙晓玲说："我有一份好好的工作，你喊我辞职到眉山来，是在超市当收银员，还是摆地摊卖衣裳？我是一个没有创业能力的人，若帮别人干活辛苦不说，工资也低，我不会辞。"孙晓玲晓之以理："我父母的钱帮姐姐买房子已经花光了，拿不出钱来帮助我们。你父亲虽然有一份退休工资，但有病，每个月的药费加上生活费要花很多，也接济不了我们。我们还要赡养你母亲，如果我辞职不上班了，你一个人要养活4个人，是养不起的。还有，我作为一个女人，不会太苛刻自己，该买的东西还是要买的。如果你真要这样对待我，我实在受不了只有走了。当然，我不会主动提出，得你提出。"

孙晓玲在给我讲述这一段心路历程时眼里一直含着泪花。她与丈夫促膝长谈，当她谈自己的母亲去世得早，自己如何艰苦读书、如何谋到一份工作时，几欲泪垂："你这样对我，我很绝望，生活在一起还有啥子意思呢？"

丈夫态度有所缓和。但没过多久又出问题了，都是因为孙晓玲时不时地不回家。孙晓玲说 2017 年是她压力最大的一年，也是家庭矛盾最尖锐的一年。所幸"现在丈夫转变了"，只要她说工作忙回去不了，把通知或工作安排截图用微信发给丈夫，丈夫虽然偶尔冒一句酸话，但还是表示理解。也许他知道了妻子每周要穿行于相距两百来公里的单位和家庭，舟楫劳顿很是辛苦；也许他了解了妻子也想天天依偎在他身边过着有人爱、有人宠的日子，但为了这个家她还得发奋努力；也许他体会到小别胜新婚，这种有距离的生活才能让夫妻感情酿造出长盛不衰的动力与活力。

二、山村夜色并不美

烂坝村？张伟第一次从单位领导嘴里听到这个名字，像冬天有人兜头浇来一瓢冷水，打了一个冷战，一连串与贫穷有关的词语和画面，像幻灯片一样在他眼前播放开去：山高谷深，荒草连天，远离城镇，交通险恶，土地稀少，发展受限，经济落后……

"刚被安排到烂坝村担任第一书记，心里确实打鼓。"张伟对我直言不讳。

不要说当时张伟心里打鼓，就是张伟去后 4 年，交通与经济条件应该有很大改善的今天，我去时心里都在打鼓。老实说，那是我近 20 年来，甚至还可以上溯 10 年，走过的最烂的一条公路。有多烂？一辆川 A 的红车子，在路旁不敢开。在过一个路段的时，那里有滑坡体，我们的车不敢过。乡党委副书记余治江从车窗里探出头，紧紧盯住峭壁飞石，司机全神贯注一鼓作气冲过那个路段，我才松了一口气。

老乡场鱼溪在我眼前展现出保护得很好的文物保护单位姿态，倒是紧邻一旁、即将修竣的聚居点给我心情注入了一分欣喜。我要去看看 2019 年春节上过 CCTV 的烂坝村贫困户杨某家的现状，顺着又陡又窄的公路爬上去，遇大石挡道。村里干部说："我刚才下来路都是通的，可能是才垮下来的。"看看，意外就是这样突如其来，不请自到。抬头四望，山外是山，雾锁烟横，荒凉落寂，真是不太适宜人居的环境。张伟站在我的身旁，无可奈何："只有下来走路了。"我心潮一涌，想起屏山县国土局派驻中都镇建立村扶贫的华诚调侃："下乡前领导召集我们谈话，要求驻村队员讲政治、顾大局，讲工作成效。想要讲生活条件和个人待遇，门都没有！"他们去了建立村，租住在一外出打工村民家中。女同志住装修过的一二楼；4 个寡公子住三楼，上去一看，清水墙房，门洞大开，遂拍照片发微友圈："哇，真的'门都没有'。"这毕竟还有屋，驻鸭池乡越红村的胡勇最先去的时候无屋可住，跟建聚居点的民工一起挤工棚。先期驻村工作队员大多遭遇吃不成吃、住不成住、行不成行的难题。他们从车鸣马喧、人声鼎沸的城市，来到崎岖偏僻、孤寂冷清的乡野，姑且不说还要去做那么多脱贫攻坚的事，即使一样不做，能在这里熬过1000多个孤单寂寞的夜晚，这对一个驻村帮扶者来说，就是一种意志的磨砺和人生的考验。

我知道张伟在烂坝村做了很多实实在在的事，如筹集资金修公路、解决饮用水问题，帮助贫困户发展生产，给帮扶户卖鸡被单位同事取笑为"鸡贩子"，等等，受到群众尊敬和领导好评。我突发奇想，想来一个"舍本逐末"，对他工作上的事一概不提，请他单给我讲讲他的吃、住、行，尤其是那一个个长长的夜晚是如何度过的，或许很有意思。

张伟是宜宾市人防办党总支副书记，2015年9月受命到屏山县夏溪乡烂田村任第一书记。他清楚地记得，去的那天是16日，天下着雨，他的心情跟天一样湿漉漉的，所幸单位领导亲自送他去，让他稍获些许慰藉。

他们在鱼溪仅有的一家小馆子吃饭。可村里连一顿粗茶淡饭都招待不起，说明烂坝村这地方真的穷，自己来这里扶贫来对了。

村里没有地方住，鱼溪也没有一家旅馆。屏山县国家税务局的童顺宇，早他几天被派驻到相邻的瓦窑村任第一书记，租住在鱼溪一户人家里。经乡上领导引荐，他也租在了那一户人家里，房东说只能两人住一间，350元/月。别无选择，好歹住了下来。吃饭呢，街上那一家小馆子，天天吃要吃腻不说，时间长，伙食费付不起。他们找房东商量，给50元/月水电费，在他家煮饭吃。房东不答应。请房东煮，房东说30元/顿都不给你弄。张伟说："我们来扶贫，时间长，少点嘛。"经过讨价还价，最终说妥50元/天，房东负责三餐，早晨吃面，中午、晚上随茶便饭。

红岩村从鱼溪进去还有五六公里，天原集团派驻那里的第一书记钟华觉得住在村民家里很不方便。城里人晚饭吃得早，乡下人要八九点钟才吃，一个人孤孤单单的也不好耍。张伟建议他搬下来住在一起，他采纳了张伟建议。

钟华现在已经退休了。张伟告诉我："不要看他剃着一个光头，头顶上蓄着一撮头发，看起来很凶悍，其实性格很温和。"

这样住了一年多。毕竟在人家屋里，吃咸、吃淡、吃好、吃坏都其次，关键是三个人三个村，各有各的事，吃饭经常锣齐鼓不齐；夏天还好说，冬天饭菜容易冷，给房东添了不少麻烦。

鱼溪是原来的渔溪乡政府所在地，渔溪乡后与夏溪乡合并，留下的办公楼成了敬老院。一天，张伟闲逛到楼上，见三楼空着，很高兴，把这个信息告诉了钟华和童顺宇。三人一合计，动了念头想搬到这里来住。县里来督查，他们找乡领导汇报，党委书记拍板，他们如愿以偿。哈哈哈，可以一人一间屋了，可以生火煮饭吃了。

我去看张伟居住和办公的环境时，瞥见楼道另一端的厨房里，择菜、切菜、炒菜、端碗、抹桌、摆筷，你来我往一派热闹景象。张伟说，他们三个是这里第一书记的元老。老钟退休走后，天原集团又派来一个第一书记，红岩村专门租了一套房子给扶贫工作队住，新来的人搬上去了。今年县里对各乡镇村组帮扶力量做了调整和充实，现在这里有第一书记、队长、组长、队员15个人，"热闹多了"。

我"嗯"了一声表示认同，请他谈谈乡村的夜晚是如何度过的。

张伟调整了一下坐的姿势说开去："散步。"

在宜宾，他晚饭后最爱陪妻子一道散步，一般要一两个钟头，习惯了。在这里吃了晚饭，总得要打发时间呀，也就去散步。"一个人沿着公路走过去，又沿着公路走回来。"鱼溪四处的路、周围的山，他都去走过，去爬过。他也有收获，结识了烂坝3组热情好客的袁某。他记得，那是深秋的一天，他吃了晚饭沿着公路走了约1.5公里，见袁某在喂牛，他上前攀谈。袁某叫他到家里去坐，他爽快地答应了，与袁某聊天，了解他家的情况。袁某拿自家酿的苞谷酒招待他，他只能象征性地抿一口表示一下。他们很投缘，可惜天色渐渐暗下来了，他告别袁某往回走，路看不见了，便拿出手机照路，边走边想：今天既散了步，又了解了袁某的家庭情况，真是一举两得。

张伟有时也打打球。鱼溪有一个基点校，只要校门开着，没有别的事做，吃了晚饭他就抱着一个篮球去跳上一阵子。他平时不怎么打篮球，又是一个人打，并没有多少乐趣可言，可他找不到比打篮球更好玩的事，只有把这当成一种消遣方式。鱼溪的天气雨多晴少，能遇上一个好天气，一个人能去球场蹦跶几下，也就心满意足了。有时候他想：要是有一个人能陪自己散散步、打打球，那就安逸了。

开始租住的农户家里没有网络，敬老院这边有，但信号不好，经常断线，没法上网看新闻、查资料，更别说找节目来娱乐。这都是其次，就怕没网络影响做事，比如报材料报不出去，那才急人，后来张伟就不用电脑，改用手机。遇到网络不通，他就走出鱼溪那个夹皮沟一公里外，到南坪村清明田用流量上网，先报电子文档，等网络通了再打印成纸质材料上报。

张伟有时也看书。村公所文化室有书，但不能看久了，那里蚊虫儿多得很，很多虫子奇形怪状的，他从来没有见过。尤其睡觉那间屋，晚上一般不敢开灯。一开灯，虫虫就钻进来了，很快一间屋到处都是，密密麻麻的，有的撞得灯"哐当"地响，得赶快把灯关了。手机也不敢看，屏幕有光，虫虫见亮光就飞来了，钻到喉咙头去都不怕，最怕钻进鼻孔和耳朵。

最恼火的日子是冬天，山区半下午天就阴沉沉的，五点来钟天就黑了，早晨天又亮得晚。我忍不住插嘴道："正好多睡睡觉，调理调理身体。"张伟说："你算嘛，就算6点黑，早晨7点天亮，10多个钟头，哪里有那么多瞌睡来睡嘛。"

要命的是张伟认床，常常失眠。有时12点过还睡不着觉，睡早了又醒得早。早晨能够睡到7点钟他觉得是福气，6点钟醒是正常情况，5点钟醒就觉得不舒服，4点钟醒肯定有问题。他躺在床上熬啊熬啊，啥子都想，又啥子都不想，干脆背扶贫资料，2016年脱贫4户，有陈某海、杨某权……陈某海家6个人，分别是他、妻子、母亲、3个孩子……还是睡不着，不背了。母亲最近身体怎样呢？70多岁的人还不服老，非要争着种地，万一摔倒了咋个办呢？谁照顾呢？但愿她老人家无病无痛，每天都过得健健康康。女儿也要中考了，要考上她心目中理想的学校还得再加一把劲。前两次学校预录，她都没有成功，最后一次机会了。张伟听人说能够为孩子辅导学习的父母是有责任心的父母。从小学起，张伟一直辅导女儿学习，女儿也习惯了他的辅导。到烂坝村当第一书记后，一周回去一次，无法辅导女儿学习，女儿成绩下降得厉害，他只能急在心里，叫女儿有不懂或不会做的题，发QQ或者微信给他，他做好传给女儿。但做题过程最重要，不能一一给女儿讲解，只能让女儿囫囵吞枣，想起来就愧对女儿。算了，不想女儿了。这一会儿老婆在做啥子呢？做梦。唉，翻个身，左手摸右手。什么时间了？1点过5分，好清静哟，听不到一点声音，这世界可能死了。再翻一个身，右手摸左手。人就这样怪，身居闹世嫌嘈杂吵闹；现在没有一点声音又嫌清静寂寞了；正月里来人发疯，肉头找葱葱；七月里来鸡发疯，谷子头找虫虫，都不适宜好啊。又翻一个身，这一次是左手摸右手。呃，夜沉沉，可以有几种排列组合呢？夜沉沉，沉沉夜……小时候的儿歌飘来嘴边，憋气数星星也好玩，一般只能数到十七八颗星，最多一次数到二十三颗星，再坚持一下就数满二十四颗星了，但憋久了太难受，像有人箍着脖子，只好放弃。

抽支烟吧，抽得昏昏沉沉的或许就能睡着了。之前张伟也不会抽烟，在家里不抽，白天也不抽；之所以抽，完全是因为睡不着的时候学着抽。不行，还是睡不着，今晚上撞到鬼了嘛咋个的哟？我的 34 户贫困户、149 个贫困人口，全都睡着了吗？应该睡着了。贫困有物质贫困、精神贫困，有没有感情贫困呢？如果有，他们老婆孩子热被窝其乐融融，我却抛妻别子来这里忍受孤寒，谁又来扶我感情上的贫呢？算喽，不要再想了，越想越睡不着，明天还要去派出所跑杨某孩子户口的事。杨某 41 岁结婚，6 年生下 4 个孩子，全是黑户。这牵涉到扶贫政策的落实，不给他跑下来不行。另一个人的事也要抓紧办。他一直在外打工，听说家乡变化大要回来干，想养猪，没得钱，帮他找县农商行贷几万元，不知道行不行。

哎呀，周老师你说不谈工作上的事，其实很多工作都是晚上睡着想好、白天干的。

我为张伟自觉拨转马头会心一笑，问他："这么大一幢楼，你有没有一个人独守的时候？"

张伟声音很高地说："有啊。"

接着他讲了一件事。当时敬老院还没有搬走，有一个姓石的老人，张伟叫他石老辈。张伟买回来东西，时不时也给老人分享。老人对张伟很客气，爱跟他摆龙门阵。今年春节，张伟要解决杨某的问题留了下来，腊月二十七才一个人回家过年，走的时候他对老人说："石老辈，我要回家去了，提前祝您新年快乐！"正月初五，他接到一个电话："你是不是张书记哟？我是石某某的堂侄女，感谢你对我伯伯的照顾。"张伟感觉很奇怪，素昧平生，咋个给我打电话呢？口里却说："我们都在一个楼上住，照顾一下是应该的。"

初七上班，钟华比他先来，但去红岩村吃刨猪汤了，喊张伟去喝酒，张伟怕喝酒没有去。童顺宇也没有来，就他一个人。见三楼厕所玻璃门被打得稀烂，再去看石老辈的屋，乱乱的，他心头一下发毛了。后来才知道，腊月三十，老人突发疾病，一个人冷死在厕所里。"那晚上我吓惨了，把门紧紧关着，联想起走的时候我给他打招呼，初五他侄女打来的电话，我害怕，厕所都不敢上。"

这事也确实令人毛骨悚然。我冷了冷，调整了一下心情，想到县里对扶贫一线干部的规定是"每周一歇"，便转移话题："到了周末归心似箭吧？"

张伟一口否定道："不，是怕。"

从烂田村到他家，导航显示150多公里。一般要3个半小时，现在至少要4个小时，他还算跑得快的。第一次回家就吓到了：水富县邵女坪路段因塌方交通管制不能走，他掉头走屏山沿江路，又遇塌方阻断，再改道走乐山市沐川县213国道，又遇大修禁止通行，回家的3条路都走不通。后来转山延水，走新安、绥江绕过邵女坪，还是搭天原集团派来接钟华回家的越野车，花了7个多小时才回到家中。

为了方便，张伟买了一辆小车，自己开车也怕，公路到处坑坑洼洼、泥泞不堪，一不小心就陷进泥坑，底盘被擦得直响。最怕夏天飞石滚落，2015年，南坪村飞石砸死2个村民、砸毁2座房屋。2016年，必经之道水富县邵女坪路段飞石砸死3人伤2人。所以路上开得提心吊胆。

张伟出过一次车祸："把魂都给我吓脱了，差一点老命就丢了。"那还是他跑烂了一辆车后，刚花10多万元换的新车，开到绥江和水富两县交界的那一座桥前，有一个缓弯，他去超一辆拉石子的大货车。正在超车时，迎面来了一辆长货车，他没有注意到，被两个货车夹在中间，这时，他已来不及踩刹车，幸好对面的车往边上靠了靠，只把他的后车门和保险杠撞烂了，没伤到人。

采访中我还了解到多起扶贫队员们遭遇车祸的事，所幸他们都同张伟一样有惊无险。

张伟驻村两年任期满后，又一个两年任期已满，"从内心来说还是想回去了，但屏山县冲刺脱贫摘帽正处于千钧一发之际，我只能服从组织安排。"我沉吟地点点头，但愿张伟的夜晚不要再蚊飞虫爬深沉难眠，希望夜空月光皎洁、星辉灿烂，能照亮张伟散步的道路和打球的球场。

三、扶贫路上的尴尬

据介绍，塞中帅是屏边彝族乡青龙村第一书记，基层工作经验丰富，干工作很有一套，我把他列入采访对象。到屏边乡采访的时候，我打通了他的电话，说想找他摆摆龙门阵。他说正在贫困户家里说事。我问他具体在哪里，我去找他。他说:"算喽,你不熟悉路,又下起这样大的雨,我来找你。"

这个细节告诉我,塞中帅是一个很能替别人着想的人。

塞中帅的身材称得上魁梧二字,寸头,短裤,圆领 T 恤,显得随意适从,我猜他应该是在农村跑过田坎的。果然,他坐下就给我介绍:农民出身,屏山县中都镇人,曾当富荣镇副镇长,楼东乡乡长。2005 年起任县民政局党组书记兼纪检组长。2016 年初,县委领导到屏山最边远的屏边彝族乡调研,要求青龙村在这一年首批脱贫摘帽退出贫困村,点名要他到青龙村当第一书记。他不负厚望,克服了家中高龄有病的双方老人和长年病魔缠身的妻子需要他照顾的困难,如期保质、保量完成任务,"梳了一个光光头"。2017 年,富荣镇三洞村也要通过省里检查验收。这个村由宜宾市民政局对口帮扶,塞中帅在富荣工作时联系过这个村,作为他的顶头上司,市民政局领导说他了解三洞村情况,想让他转战到三洞村驻村帮扶。但他是县委领导点名驻青龙村的,不好调换。负责富荣镇脱贫攻坚的县政协主席张华全说:"那你就两面兼顾。"塞中帅不好推脱,便"兼职"做了三洞村扶贫工作,为该村通过省里验收退出贫困村立下汗马功劳。摆谈中,我能感觉到塞中帅确实具有丰富的基层工作经验,无论什么事到了他手里都能变得规矩老实。这激起了我的好奇心,忍不住向他提问:"你在工作中遇没遇到过让你苦恼和糟心的事呢?"

"有的是。"塞中帅脱口而出,"我给你说点遇到的尴尬。"

我精神一振,一副洗耳恭听状。

他说的第一个尴尬是,部分村组干部一时无法适应基层工作,所以啥东西都靠塞中帅亲自写、亲自报。

塞中帅说第二个尴尬是,个别村组干部工作方法简单,到县里、乡里开了会,回去传达不到位。脱贫攻坚,村组干部是主要抓手,上面派来的人是帮助他们,但有些村组干部思想仍然有负担。所以,第一书记怕他们"放大水筏子",不敢大胆批评他们,特别是年轻点的第一书记。扶贫工作自上而下要求高,跟群众熟悉了,群众大事小事都喜欢找第一书记。第一书记要取得群众认可得把很多事公开让群众知晓,但又担心村里干部有想法,所以做起工作来小心翼翼,不敢放开手脚。

他遇到的第三个尴尬是需要收集、整理、书写的资料太多。从 2016 年到现在,难免耗费扶贫干部的部分精力。

第四个尴尬是心有余而力不足,手长衣袖短,老百姓提出的有些事情没办法解决。"具体地说是缺这个",骞中帅说着伸出右手用大指头拧了拧二指头。我知道那是数钱的动作,意思是缺钱。

骞中帅喝了一口茶,谈起遇到的第五个尴尬是,扶贫干部处在夹缝中,贫困户、非贫困户的气都要受。实际工作中需要处理双方的矛盾,解决思想上的问题。采访途中,不时有电话打进来找骞中帅说事,可见扶贫工作事情不少,我不忍心继续打搅他,但听了他讲的一连串的尴尬,便转而问他在青龙村这几年,有没有自己感到满意或欣慰的事?

骞中帅快言快语,说他觉得没有一件事是满意的,因为心有余而力不足的事太多,感觉自己仍然需要努力。欣慰的是,他觉得彝族同胞随着环境条件改善,他们的风俗习惯改了很多,生活质量显著提高,算是得到一点心理安慰。现在,他去了,要招呼他坐,招待他吃鸡蛋;他们过彝族年杀猪时,也要请他去吃刨汤。

这个骞中帅,真是做思想工作的专家。不过要说明一点,骞中帅去彝族同胞家,也不是两个肩头抬一张嘴,而是要"给他们整两箱啤酒去"的。

四、永福村五壮士

前面提到检查、督导、暗访这一类事,对于中都镇永福驻村工作组是求之不得的。不是说他们脱贫攻坚工作做得滴水不漏,真金不怕烈火烧;不是说他们矫情,身在永福不知福,而是另有隐情。

永福村不算屏山最边远的村,但都市也有胡同巷,说它偏僻岑寂是不为过的。它几乎与外界隔绝,孤零零地躺在海拔 800～1100 米的一个夹皮沟里。进村的路有两条,一条从夏溪乡烂坝村沿陡坡蜿蜒而上。2019 年 8 月,县委一位领导去暗访,走的就是这一条路。他们在途中受阻,小车无法上去,陪访的县扶贫工作局的杨刚打电话叫永福驻村工作组开通"330 永福专线",才把那位领导接上去。另一条是从中都镇经插花村,沿那条在永福村遥望宛如"屏山的天路"的公路下去。我走的是这条路,车过大梁子,一路下坡便到了永福村。路好但不宽,幸好安了护栏,驾驶员说没安护栏时很危险。急弯处全是"几"字弯一左一右连接,犹如一条无形的蚕子透过空蒙山色摇头吐出的蚕丝。1 组村民邓世洪告诉我,以前他们去中都赶场,一般凌晨 4 点左右动身,打电筒爬上大梁子时，天才蒙蒙亮；下午回来，到大梁子天就黑了，又得打电筒回家。后来修通了村上到鱼溪的公路，他们赶场就去鱼溪、新市镇了。

永福，一个吉祥的名字，我想得知它的由来。顾文申说："听说这里的人是以前为躲避战乱来的。"这应该是他的猜想。村民邓世洪的说法靠谱一些："以前我们这里叫高洞溪，新中国成立后土改才改成永福的。"杨青松说："我的老家在中都，跟爷爷说我在永福扶贫，爷爷不晓得永福在哪里，跟他说高洞溪他晓得了。永福是一个盛世不好乱世好的地方。外面是盛世，这里面就不行；外面是乱世，这里就好。'过粮食关'的时候，这里面的人却吃得起饱饭。"村支书宋井明的话印证了杨青松所言的可真实性。宋井明不是这里的人，他的老家在杨柳坝。听老一辈人说，以前没有粮食吃，没有柴火烧的时候，这一带是高山，有粮食吃，又可以随便砍柴烧，大家就迁到这里来。以前参加生产队的时候，这里荒山荒地多，可以自己开垦耕种，所以没有人饿肚子。

综合上面信息，我感觉永福是一个年代并不久远、由一个又一个饥肠辘辘寻觅食物的人，到这里刀耕火种逐渐繁衍起来的，如今已成为一个有着 2.9 平方公里面积，居住着 97 户 330 人的村落。周成竹告诉我，具政府领导来永福调研感到很惊讶："噢哟，完全没想到这儿还有一个小山村。"

我是下午 5 点过从中都镇高峰村去永福村的，快 7 点钟时，见有几个戴着红领巾的小朋友，结伴从坡下朝坡上走。当时没在意，晚上采访时魏雪君介绍，她来驻村时永福有一个小学校，学生最多的时候有 6 个；现在全村小学到初中有 9 个学生。2017 年，52 岁的邓正仁老师突发疾病去世，永福小学并入鱼溪基点校，娃儿都得到鱼溪去读书，5 公里路，有时有家长接送，更多的时候是他们自己走路。早晨 6 点多钟出门，下午三四点放学，六七点钟才能到家，要是有时留在学校打扫卫生，或者做作业就更晚到家了。第二天早晨我起床刚走上公路，有 3 个学生背着书包从面前走过，看时间，6 点 28 分。我想，他们是清晨最先飞出永福村的小鸟吧，同时也感叹城市与乡村读书环境差别太大。魏雪君说："早出晚归，学生辛苦家长累，教学质量还得不到保证，所以这个村的学生普遍有厌学情绪。"

虽然永福村崎岖偏僻，但党的阳光并没因山高林密而受到丝毫遮挡，习总书记"精准扶贫不落一人"的号召，仍然在这峰峰岭岭之间荡响着嚯然回声。

这里，我要隆重推出永福驻村工作组，他们由 5 人组成，魏雪君无疑是元老。他是即将退居二线的县交通局纪委书记，领导说："你原来分管扶贫工作，继续去发挥作用吧！"巴望着快快赋闲的魏雪君无奈只能打趣说："哦嚯，猫吃糍粑没脱到爪爪。"2015年8月22日，市交通局派出的第一书记周亚东，带着魏雪君和县公路养护段高工罗文碧来到永福村。周亚东两年任满走后，市交通投资公司副总顾文申于2018年元月接任永福村第一书记。罗文碧中途回去一年多，2018年7月重返永福村。杨青松是县公路养护段技术员，2017年3月作为增援力量来到永福村。机构改革前县农林局的周成竹，2018年4月作为"五个一"中农技员派驻永福村。这可是一支老中青结合得很好的工作组，也是团结、和谐、富有朝气的工作组。

我是基于两个细节做出的判断。

首先是"330永福专线"的开通。

这里的交通条件十分差。魏雪君和罗文碧刚来时找不到栖身之处，寄居在大梁子上的插花村。这里不要说公路，小路都废弃很多年了，没多少人走了，她俩每天去永福村时，在半人深的杂草中，手里拿一根棍子挑开野草找路走。下雨天草是湿的，要把水珠子赶掉，不然全身都会被弄湿。说起这个情况的时候，罗文碧翻出当年拍下的照片给我看，证实自己不是乱说的。魏雪君说："我们去村上时，穿一双筒靴，连滚带爬，经常弄得泥一身水一身的。"我真为她俩捏一把汗，那么高的山、那么深的谷、那么悬的崖、那么陡的壁，要是踩滑失足怎么得了？罗文碧说："就是啊，所以我们走路很小心，单面要走3个多钟头。"我忍不住问："一个来回就六七个钟头了，你们不是到村上打一逛就走了吗？"魏雪君说："不啊。我们只有早点过来晚点回去。"所幸半年后，村民符某修了新房子，还没有完全修好，她俩便从插花村搬到永福村来了。

县上规定，驻村工作队员周五下午回家，周一上午返回。我问魏雪君："你们开始是如何解决往来交通问题的呢？"她说开始单位派车接送，后来觉得实在麻烦，就让她们自行解决。怎么解决？她们叫村民用摩托车送她们到夏溪，再赶客车回家。去夏溪全是下坡路，坡陡弯急摩托车又飙得快，有几次差点发生意外，"至今想起都是一身冷汗"。她们有时实在找不到车，就只有不走，有一次将近一个月才回去，"想回家又回不到家的滋味很难受"。是啊，谁都有一个家，谁都盼望与家人团聚，那种牵心挂肠的缕缕亲情得不到慰藉，哪个的心里都不好受。

顾文申和周成竹有车，他俩的到来解决了大家回家用车难的问题。村里的路烂，稍不注意就要挂着车底盘，顾文申说他"心痛死了"。周成竹曾在一月之内挂了几次底盘，曲轴油封坏了，修理费花去2200多元，"差一点就把我一个月的工资洗白了"。所以，领导要来永福村，一要带好车，最好是四驱越野车；二要选天气，下雨塌方飞石多。

"330永福专线"在这个背景下开通了。

所谓"330永福专线"，是驻村工作组的5个人，共同凑了2万元，去买了一辆二手五菱面包车，作为他们回家的交通工具，同时也作为工作和村民需求用车。永福村的村民有330人，驻村工作队员苦中作乐戏称"330永福专线"。我离开永福村的当天下午，顾文申便发来微信："贫困户陈某晕倒，怀疑脑梗，驻村工作组已用车送其到新市镇医院急救。"有了这个车，顾文申和周成竹便成了驾驶员，周五大家谈笑风生地回屏山、宜宾，周一又齐齐整整地返回永福村，同时把一周要吃的菜买好装上。几个人还利用双休时间相约去翠屏区明威、邱场为贫困户选鸡苗，去正义集团寻求社会帮扶，去水果批发市场联系销售村民水果。值得一提的是，所有油费、保险费、修理费等，全是大家自掏腰包凑的。大家先交1000元作为公费，负责管理的周成竹说一声用完了，大家二话不说赶快摸包包给钱。虽然魏雪君给领导反映，驻村干部的驻村路程远交通补贴应该多发一点，但规定在那里，只能面对现实。

再就是围炉夜话。永福村气候寒冷，冬天早晨一般都会起凌冰子。顾文申说："冷天洗澡是洗不热和的。"最好是烫脚，烧一大锅水，一人舀上一小桶，坐成一排，边烫边聊天。

当然也烤火。把柴放在锅里烧燃，大家围坐在一起烤手，也烤红苕、洋芋等。我想，再从高洞溪捞几条鱼，山林间逮两只野兔来烤起，生活就返璞归真，回到历史深处去了。

他们是一个富有战斗力的驻村工作组。

永福村风景秀丽但难掩贫穷落后的"穷酸相"，贫困人口占1/3，为屏山县最后一批摘帽退出贫困村的村。村支书宋井明说，他们是全镇最贫穷的一个村。2014年以前，全村只有两户砖瓦房，其余全是石木结构的串架房子。杨青松对村上情况比较了解，说这里最新的房子是20世纪70年代修的。以前为啥修不起房子？宋支书说，就算村民有钱想修，但交通很不方便，运建材不是马儿驮，就是人工搬，非常困难。这里山地贫瘠，广种薄收，村民以种、吃苞谷为主，适当种一点水稻、魔芋，生存环境非常艰辛。后来大多村民外出务工，从事工种虽然五花八门，但架线工特别多。我问过同为架线工的邓世洪，他说架线挣钱多，技术好、能在单线上操作的，一个月能挣1万多元；地面上做一个月也能挣四五千元，活好找，老板管吃住。然而架线是高危工种，要在高山、高空作业，工作异常辛苦，"热天热得遭不住"，稍不注意就要中暑；"冷天冷得打抖抖"，像北方零下二三十度，南方人受不了，根本不敢去做。架线作业基本上稍不注意就有生命危险。汶川地震一次死了10多个，西昌铁塔倒下来七八个人"没跑脱一个"。魏雪君、罗文碧从插花村搬来租住在符某家，采访时魏雪君说符某2017年外出打工"意外死亡"。我后来补充问魏雪君："是不是高空架线死的？"果然"前年5月在江西丰城由于架线塔垮塌导致塔毁人亡"。一条40来岁的生命就这样被夺走。记得在夏溪采访乡党委书记梁爽时，他说夏溪外出架线的人，因死亡获得的赔偿都有几千万元。我怕有错，再次发短信向梁爽核实。他回话："这个数据没有具体统计过，基本每年都有这方面的死亡赔偿，累计起来应该差不多。"我心里针扎刀绞一般难受。

帮扶工作大同小异，根据上级脱贫攻坚部署，驻村干部按进度、按要求开展工作，想方设法帮贫困村兴修公路、发展产业、建聚居点、对标补短、以购代捐，等等，驻村干部兢兢业业、不声不响地做着。这期间遇到很多感恩记情的人，让他们心里暖融融的，觉得付出得再多也是值得的。但也遭遇过不配合的人，给驻村干部帮扶带来一些问题。不过，他们表示理解，毕竟村里因大山阻隔相对封闭，与外界缺少交流沟通，有的村民思想境界一时还达不到应有的高度。我问宋支书："驻村工作组坚攻得怎么样？"他说："他们来了，给我们带来了好的政策，改变了我们的生产、生活和居住条件。现在永福村安全住房问题已经全部解决，贫困户退出要达到'一超''两不愁''三保障'户'三有'标准，贫困村退出要达到'一低五有'标准，在驻村工作组大力帮扶下，2019年我们村户户退出贫困户，永福村退出贫困村完全有把握。"魏雪君接过话头："我们并没有多大把握，心头没底，希望各级领导经常来检查督促我们，给我们提出还存在的问题，我们及时整改。"

本想就此结束这一小节，"当儿"一声，有微信发来。打开一看，魏雪君发来一张图片，4个人正蹬着八字步，使出吃奶力，在掀公路中间一块簸箕大的石头（后来两村民用钢钎协助掀开），是才从山上滚下来的飞石。看来，还有不断发生的各种工作要做。

五、"白眼狼"与"保暖鞋"

我在前文中已经提到一种令扶贫干部们懊恼沮丧的现象：面对前来督导与检查的领导或者各类检查组，个别贫困户不如实说出自己享受到的扶贫政策，对于这一点，站在贫困户的角度，我认为有三个客观原因不容回避：一是有的贫困户年纪大记性不好，问的人又问得太详细。有一个村的第一书记拿我试验："周老师，你每个月多少工资？一口说出来，不能迟疑，看你说得出来不。"我还真的不能准确说出来。二是一家人不可能全部了解情况，次次都在家里等着领导或检查的人来问情况，比如，这一次父亲在家，下一次母亲在家，再下一次儿子或者女儿在家，难免口径不一致。享受到的每一项政策，家里人不一定个个都一清二楚。问到不清楚的人，说不晓得，或者说没得到，应该是正常现象。三是去帮扶的人太多，有的贫困户可能搞不清谁是谁，不知道如何回答。就说经常在村里的领导吧，联系县领导、第一书记、驻村工作组组长、驻村工作队队长、对口帮扶人、村支部书记、村主任等等，他们分不清。

虽然有这些客观原因，但确实不排除个别贫困户因私欲没有得到满足，故意隐瞒事情真相。

但令人欣喜的是，不管县乡镇村领导，还是帮扶干部们，几乎众口一词地对我说："绝大多数贫困户都非常感恩。"他们感恩党的政策好，感恩帮扶人员帮扶工作做得扎实到位。面对完成帮扶任务就要离开的工作组，中都镇建立村支书周兴武怕当面告辞控制不住流泪而惹人笑话，便写了一封热情洋溢的感谢信，称帮扶他们的人是"最可爱的人"。

剪辑一组感人至深的镜头立此存照。

清平乡扶贫办主任梁雪峰曾去民族村走访对口帮扶的贫困户巫某时，男主人外出了，女主人非要杀羊招待他们。梁雪峰不让。女主人和两个儿媳妇拼命把羊往屋里拉，梁雪峰与一起去的乡扶贫办干部和村支书抓住羊尾巴与羊腿使劲往后拖，"费了好大的劲"才阻拦下来。我想想这场景都精彩刺激。

宜宾市公安局机关党委书记付天池去屏边乡林场村看望一个贫困户，那个彝族小伙子为了感谢扶贫干部把路修到他家门口，买猪买羊送他饲养，好说歹说要留付天池吃饭。"把衣裳袖子都给我扯烂了，手腕子拉出瘀青来。"付天池行伍出身，力气大，好说歹说才谢绝了小伙子的盛情邀请。

很多驻村工作队都是自己做饭吃，群众给他们送菜的事十分普遍。屏山县自然资源和规划局统征所的华诚，县局再次增派驻中都镇建立村帮扶力量时其大名在内。他所在工作队自己做饭吃，很多贫困户三天两头送去蔬菜、腊肉、鸡蛋。工作队队员坚持要付钱，送的人便趁他们不在的时候，悄悄送去放在门口，让他们无法付钱，也无法退回。

这是一封情真意切的感谢信：

屏山镇党委、政府：

我，曾某，是屏山镇永康村民众组村民，自幼身体致残，成为跛子。行动不便，劳动艰难，年近50，还未婚娶，与年过80的老母患难与共、相依为命。

当母子俩人处境危难、生活贫困时，屏山镇党委、政府脱贫攻坚组向我伸出援助之手，大爱无疆，使我母子俩修建起了崭新的平房，领受贫困补贴，过上了安定的生活，享受到了改革开放带来的成果。

度过寒冬才知道春天的温暖，吃过黄连方觉蜂蜜的甘甜。我曾某吃水不忘挖井人，懂得要感恩。感谢屏山镇党委、政府，以及永康村社领导对我的关心。

人，要有美梦，要有奋斗精神，要有实干行动。今后，我曾某要以党和政府对我的关爱作为动力，去奋斗、去拼搏。身残志不残，去开创美好的未来。

在此，我发出肺腑之言：千好万好不如社会主义好，爹亲娘亲不如共产党亲！我为伟大祖国点赞，为我们美好的家乡放歌：新屏山，新家园，我爱你！

谢谢了！

感恩人：屏山镇永康村村民曾某

2018年3月6日

曾某说出了广大贫困户的心声。

中都镇雪花村有一件寒冬里暖透人心的故事，被中都镇宣传干事郑杨写成文章，经新华社客户端采用，立即引来数十万人关注。2019年12月5日，中都镇雪花村 1 组贫困户申某邀请村两委、驻村工作队全体人员、帮扶过她家的干部于 12 月 7 日到她家里去做客，说给每人做了一双鞋子。一行 20 余人如约前往，果然是一人一双鞋。保暖棉鞋，鞋颈处是绒毛的，颜色有几种，宽松适脚。申某 70 多岁了，她带着感恩之心，饱含深情厚爱，一针一线精工细做，在雪花村寒冷的夜晚，有这样一双鞋穿在脚上，暖和了脚，更暖和了心。村支书廖文定说："这比任何荣誉都让我感动。我拿到鞋子的时候，眼泪花都包起了，感觉付出还是有收获。"

我曾在廖文定陪同下采访过申某，她是一位憨厚和善的老人。当时我们还没坐下，她便端出来一小撮箕生核桃，要我们吃。我说不吃。她说尝都要尝一个，说着就砸开了一个递在我手里。采访的情况已写进上一章中。12 月 7 日，是申某那个患自闭症的大孙子廖大 13 岁生日，她想借机感谢帮扶干部们，不仅给他们送了鞋，还为大家准备了丰盛的午餐。帮扶干部们也记着申某一家，2018 年村里给她大孙子办过生日宴，2019 年村里仍然准备给她大孙子庆生，第一书记把蛋糕都预定好了，心想 7 日给送去。没想到双方不谋而合，共同谱写了一支帮扶干部情系贫困户、贫困户感恩帮扶干部的颂歌，而且是一支韵律悠扬、情感丰沛、声音嘹亮的歌。这将成为屏山脱贫摘帽攻坚战中的主旋律，在金沙江河谷回荡，在老君山山巅震响。

当然，国家开展脱贫攻坚工作，根本目的是要让全国人民摆脱贫困，过上舒心而有尊严的小康生活，这是共产党人的初心以及使命。我们听听申某送保暖棉鞋给帮扶过她的人时说的那一番暖透心窝的话吧："感谢党的好政策！感谢你们！在我家最困难的时候，是你们多次上门看望慰问和帮扶救助，才使我渡过了难关。这个冬天很冷，我做了几双鞋子送给你们……"

第七章　我持彩练当空舞

这是一群有着苦难身世的人。贫穷让他们过早地体味到生存的艰辛，也激发出他们挖掉穷根的勃勃雄心。他们摆脱了贫困，面对仍在贫困中煎熬的父老乡亲没有袖手旁观，而是伸出帮扶之手，携起他们一道前行。

一、岩门茶飘香

张德兵堂堂七尺须眉，面对采访，数次眼眶湿润。男有泪不轻弹，只是未到伤心处。

现在张德兵算得上功成名就了。他出生于1976年9月，为屏山县大乘镇岩门村人，现任屏山县岩门韵绿茶业农民专业合作社理事长、屏山县岩门秀芽茶业有限责任公司总经理、屏山县九届政协委员、宜宾市五届人大代表；2011年被宜宾市委、市政府评为新农村建设先进个人；2015年11月被宜宾市政府评为"宜宾市创业之星"。

让我们寻着张德兵的足迹，去检视他走过的人生之路吧。打开记忆，他脑海里涌现出来的，全是伤筋动骨的苦难事，第一个挤出脑门的是借粮。

张德兵四兄妹，他是老大，加上父母，全家6个人，一共有3份地。尽管将红苕、苞谷羹羹当粮食吃，但还是不够吃，年年春荒、夏荒都要缺粮。怎么办？借。先找爷爷借，后找舅舅借，再找亲戚借，再找邻居朋友借，借得最多的是舅舅家，张德兵家与舅舅家隔得有点远，来回差不多要走半天，那时没有车，全是走路。有了新粮又背去还，但再缺粮又得借来吃，爸妈忍嘴自己挨饿都要让他们几兄妹吃饱。张德兵从小就深深体会到生存的艰难，借粮路上，不知道他眼里有没有泪。

接着跑出脑门的记忆是跟人一起去离家几十里外的黄毛埂背柴交给纸厂打工挣钱。柴从岩下背到岩上，"路"是用藤子绑的扶梯，双手抓着扶梯爬上去，很不好走。去的几十个人中，张德兵最小，不满16岁，一次只背六七十斤。

每一趟背下来，衣裳几乎全部湿透，累得说不出来话来，才晓得原来这世上的钱不好挣。他躺在用树条搭建的窝棚里，累得一动不动，不知道他眼里有没有泪。

最苦的是去北京一家家具厂打工，那年张德兵19岁，大年还没有过完。从宜宾到北京的路上遭遇到的磨难不表，只听他说他在北京那家家具厂所经历的苦楚，我立即想到四个字：骇人听闻。

一个在南方连雪都没见过的人，一下遭遇北京零下二三十度的气候，会冷成什么模样，让人无法想象。偏偏张德兵住的宿舍只有半截门，屋里又没有暖气，这跟露天坝坝有什么区别？他瑟缩着身子，敲开一家小商店的门，买了一床棉絮垫着，找了一个淘菜盆抵住门，才把颠簸了几天几夜、已经疲倦得快要散架的身子放在了所谓的床上。

老板是浙江宁波人，不到30岁，脾气十分暴躁。他先安排张德兵在压制刨花板的车间打杂，其后让他送家具。当时电梯楼房少，家具比较重，全靠人工抬。第一次送货，他就在楼梯转角处把家具碰烂了一点，没送成功，回去后老板一脚踢过来："你知道我这家具值多少钱吗，嗯？就是手碰烂了，也不能让家具碰烂！"

有一件事张德兵终生难忘。厂里做饭的人走了，老板就请了他的一个朋友的小舅妈来煮饭。这个小舅妈生活比较富裕，养尊处优惯了，对于煮饭弄菜"不知有汉，无论魏晋"，连续两三天的饭都是夹生的。尽管张德兵"老山猪打得粗"，但也吃不下去，倒掉了，去小卖部买了方便面吃。外出回来的老板见了大发雷霆，把他们十几个人喊去站成一排，啪！啪！啪！一人一耳光："哪个倒的？"说到这里，张德兵的声音突然哽咽起来。我疑惑地抬头看，他正低头俯视桌面，看不到脸上表情。

虽然艰辛，但也有一点好结果，张德兵把在北京打了一年工挣的钱交给父亲，在老家买了6亩多茶地。过年了，张德兵要回家，因为勤快踏实讨老板喜欢，老板以工资加倍为诱饵叫张德兵来年继续帮他。过完年，张德兵没再去北京，带着妹妹去了广东东莞。

张德兵先是在一个建筑工地上干活，去的那天就遇上加班，往水泥搅拌机里添料。这个工作很磨手，很快他的双手就磨起几个血泡，痛得钻心。他又找不到别的事做，身无半文，熬着干了半个多月，终于在一家中美合资玩具厂找到了别的工作，用模具做芭比娃娃脑壳，看似很轻巧，吃的苦也并不比在北京家具厂和建筑工地时少。削芭比娃娃头上不光滑的边痕，一削就是一天，机械地重复着一个简单的动作,手指经常削出血,颈椎基本不能动,痛得受不了。他想到家里穷,父母希望他出来好好干,只好坚持。所以,他每次收到父母写来的信,一面忍受着难以忍受的疼痛,一面看着亲人的问候和鼓励,眼泪便止不住地流了出来。说到这里,我终于看见张德兵眼睛里闪动着泪光。

张德兵的父亲会做茶,舅舅会经营茶,两人联手做成功了一单生意,赚了七八百块钱,舅舅便提议联合办一个茶厂,张德兵的父亲负责建厂房、做茶叶,舅舅负责买机器、搞营销。张德兵的父亲心动了,给张德兵写信征求意见。张德兵知道父亲身体不好,很瘦,只有八九十斤,家里全靠他顶着;自己二十二三岁了,应该在父亲身边照顾他,为他分忧解难;再说和舅舅合伙办茶厂总好过自己在外面打一辈子工。1999年7月,张德兵回到家里,开始了人生新的风景、新的梦想的追逐和打拼。

步履艰辛,一步一颤。张德兵只有1万多元钱,办好建厂那一摊手续和买好地基后所剩无几。怎么办?身体比父亲硬朗的爷爷站了出来。他是石匠,为节省开支,采用"换工抠背"的方法,找人帮着修厂房,以后谁家需要他做石工活,他去做来还。路很烂,拉砖时张德兵需要先找石头垫平,一车砖要两三次转运才能拉进厂;要是砖掉在地上,或者车倒了,他得把砖一一捡起来,帮着把车扶起来,过不去的地方还要帮着推车。腊月,厂房修起来了,只等舅舅买来机器设备,开年就可以做茶了。岂料舅舅掉链子,去大乘街上买门面住房,把钱花光了,提出茶厂暂时不开了。一瓢冷水泼在张德兵父子头上:大家帮忙把厂建好,这又不干了,还得像以前一样把鲜叶背到外面去卖。

张德兵十分庆幸人生路上遇到沟沟坎坎过不去的时候,总有贵人相助。他大伯站出来了:"空话不要拿给外人说。我准备明年底修房子,有1.2万元钱,先借给你用着,把机器设备买来安起,茶厂开起来再说。"

茶厂终于运转起来了。张德兵父亲身体差,顶着做吃不消,张德兵便请来制茶师傅李某昆"唱主角",父亲帮着做力所能及的事,张德兵则打下手,笨重的体力活一个人承担,茶做好了交舅舅销售。其间张德兵经历的磨难也可以写厚厚的一本书,比如要出去收茶叶,又要负责烘干,还要陪师傅炒茶学手艺,晚上三四点钟人顶不住了,从烘干机上下来坐在地上就睡着了,等等。这些我还是略去不表,只说说张德兵那一次流下的说屈辱不是、说辛酸不是的泪水。

开办茶厂5年后,虽然还欠着1万多元的账,但制茶的手艺,先在李某、后在颜某指点下,张德兵已经学到手,想跟着舅舅出去跑市场学销售。舅舅担心张德兵去跑市场会把厂里生产管理丢了，影响茶的质量，没有同意。张德兵又找舅舅说，舅舅心里有点不爽："干脆我们分开，你们自己整。"张德兵也算有点血气方刚，找到舅舅说："要得，我们就分开自己整嘛。"舅舅说："那我们马上把账算了。"张德兵有点赌气："算就算嘛。"

二一添作五，说分开就分开了，张德兵从来没有跑过市场，对外面情况一片茫然，心里没有一点底。当时正在收夏茶，每天有两三千斤鲜叶，农户背来了，不好说不收。他称茶叶时，端起茶篼篼，心里空落落的，想到原来有舅舅牵着走路，现在舅舅一下把手松开了，无论前面是沟是坎，都要靠自己一个人走，眼泪一滚就出来了，掉在茶篼里。那么多人在场，不好意思让人看见，他便把头深深地埋下去，一边称茶叶一边悄悄地哭。

张德兵说到这里，一时无语，仿佛回到10多年前那个场景，泪花子在眼眶里打转。受到感染，我的眼窝子也不由得热了起来。可以想象，一个与外界缺少联系，对茶叶销售市场摸头不知脑（不太精通）的人，突然间要独闯市场，无不让人心怀"盲人骑瞎马，夜半临深池"的担忧。

泪啊，痛苦的泪、辛酸的泪、屈辱的泪、伤感的泪、无助的泪……不在泪水中振奋，就在泪水中溺亡。张德兵属于前者，更属于强者。

"你干都没干，咋个晓得自己不得行呢？你大胆地干吧，整垮了爸妈不怪你，陪你还账，跟你一起渡过这个难关。"父亲给他打气鼓劲。

张德兵向我坦言：听父亲这样说，信心一下就来了。当天晚上9点钟，他收完茶叶，只眯了一会儿，深夜3点多就起床和父亲一起做茶。父亲杀青揉捻，他爬烘干机烘干剪块，父亲再接着炒，把当天收的鲜叶全部做成茶。

张德兵记得很清楚，第一次出去跑市场，他只带了几个样品，骑上一辆摩托车就往宜宾跑。听说火车站有一个茶叶市场，他问了半天没找到。这时他在火车站对面遇上了人生中的贵人张富生。他的店门口有一个根雕，那时他正坐在店里喝茶。张德兵想，喝茶的人应该晓得哪里有茶卖，便大着胆子上前问："你要买茶不？"张某生问："你是哪个哦？卖茶，我从来没有看见过你。"张德兵介绍了自己的情况。张某生说："你有啥子茶嘛。"张德兵拿出样品，并跟张某生交流。张某生最后给了他一张名片，说："信得过我，你就把家里的茶叶拉下来。"张德兵不说旗开得胜，至少没有空手而归。父亲鼓励他："出去了还是有人要认你嘛。拿名片给你，说明想跟你打交道噻，外面世界也并不是好神秘的嘛。"父子俩一口气做了五六千斤夏茶，没有拉到宜宾交张某生经销，而被兴文一个茶商全部买去，赚了几千块钱。

开始时，张德兵的经营理念是做好自己的茶产品，保本微利经营，首先打开市场。稍后，经张某生指点，张德兵申请办证做包装走批发的路，改做大宗茶为优质茶。在这期间，我曾与张德兵打过一次交道。

那时我陪峨影集团的一个导演去屏山采风，泡了一杯"龙芽"，找县里一个朋友采访。朋友顺手把我的茶倒掉，说："你这是啥子茶哟，我给你泡一杯我们的工作茶你尝尝。"虽然我不会品茶，但香味还是闻得出来的，那杯茶非常浓郁，喝进嘴里，味道很淳厚。朋友说是"岩门炒青"，大宗茶几十块钱1斤，最好的也不过两三百元一斤。第二年我专门买了这个茶送北京的朋友，送茶来的人，正是张德兵。

也许是苦尽甘来，其后张德兵一路无阻，从开始自办小茶厂，到逐步扩大生产规模，经与两个志同道合的朋友合作经营，现在他牵头创办的屏山县岩门韵绿茶业农民专业合作社已发展成为一家集种植、生产、销售为一体的企业，辐射9个村组，涉及社员500余户，茶农2000余人，入社茶园3200余亩，在屏山工业园区新建标准化制茶车间5000余平方米。那个叫"屏山炒青"的茶，10年前就获评农业部"农产品地理标志"；其自主研制的"屏山炒青·岩门牌""屏山炒青·岩门秀芽"，已斩获四川省"峨眉杯"金奖名优绿茶称号。如今"岩门秀芽"在茶界高歌猛进，年均市场份额超过了"岩门牌"系列茶叶销售总额的80%，成为专合社的支柱品牌，也成为全市叫得最响的"炒青"系列品牌。自2015年以来，"屏山炒青""岩门秀芽"先后接受中国农业科学院茶叶研究所、国际最大检测机构SGS等权威机构严格按照欧盟检测标准的检测，467项指标全部符合标准；专合社生产的系列产品也通过了绿色食品认证，为全市打造茶叶出口示范市打下坚实的基础。

这一串耀眼的光环记载了张德兵的成功，更记载了他的辛劳。光环背后，还有着让人们肃然起敬的动人故事：殚精竭虑帮助家乡父老脱贫致富。

张德兵的话说得很质朴："我是从贫穷中走过来的，能深刻体会贫穷的辛酸。你一个人有肉吃，大家没得肉吃，吃起心头都不安逸。"

为此，他采用五种方式帮助乡亲们脱贫致富。

一是用工扶贫。张德兵广泛动员、优先吸收贫困劳动力进企业务工，规定工资不低于2500元／月，用工时间不少于3年；采取生产季节解决周边剩余劳动力就业和贫困户进企业就业相结合的方式，一年提供近 600 个岗位。二是技术扶贫。制茶业是岩门的支柱产业，很多人缺少管理技术，他就聘请专家和技术人员，为社员、茶农传授先进的茶园管理技术。现在已经覆盖社员 516 户、涉茶人员 2026 人、辐射 9 个村 5000 余亩茶园规范管理。三是信用担保扶贫。针对贫困户贷款难的问题，专合社根据贫困户发展需求，积极与农商行等金融机构对接，为贫困户提供茶叶发展等方面所需资金贷款的信用担保。四是物资扶贫。每年专合社从提取的盈余公积中，安排一定数额资金购买肥料、农药等生产物资，免费发放给结对帮扶的贫困户。五是股权量化保底收益扶贫。公司根据争取到的财政股权量化资金形成固定资产，保证用 5% 的收益对贫困户实行定点定人保底增收。随着"五帮扶"措施的落实，公司结对帮扶的 109 户贫困户在 2019 年全部脱贫致富。

此外，张德兵还想办法帮助茶农增加收入，实现帮扶茶农人均年收入 1000 元以上，专合社成员人均年收入 3000 元以上。他还向有种茶积极性的无资金户、特困户，主动提供茶苗和技术帮助，并给予一定的物质支持。

张德兵有两个观点我很赞同。对于贫困户，不管是不是专合社的人，不管种不种茶，不管是借钱还是贷款，只要有需求，尽量提供帮助。再则每年他在给贫困户兑现红利的时候，要求每一个人都要说一说下一年的打算，根据自己的特长选择什么项目来增收，有没有需要提供帮助的地方？总之一句话，什么都可以选择，但带领乡亲们一起脱贫致富这一个根本点上别无选择。

采访从下午 3 点多一直持续到晚上 9 点，我一直处于兴奋状态，开始为他时时情不自禁涌动的泪水感慨万千，其后为他带领乡亲们摘掉贫困帽子的可贵精神感动不已。

岩门的茶啊，将会散发出更加浓烈馥郁的芳香！

二、枇杷开花了

西宁河畔，抬网沱上，倾斜的山岙里，枇杷枝头宽大沃若的叶片间，一团团泥黄色毛茸茸的花骨朵傲踞枝梢，晃眼一看，如同覆盖了一层薄薄的霜雪。我问陈安平："这么好的花，预示着明年将有一个好收成吧？"

陈安平是屏山县安平果业农民专业合作社的负责人，也是新市镇观音村文书。2018年,屏山县人社部门牵头评选出7名本年度"农村优秀实用人才",村民称"他们都是我县高质量脱贫和超常规发展一线的'土专家''田秀才',为农民持续增收和农村经济繁荣做出了积极贡献"。陈安平是货真价实的枇杷"土专家",说出的都是大实话。"现在还说不到一定。有时候花好果子好,有时候花好果子不一定好,要看天老爷。像前年,我的枇杷花开得好,果结得也好,我做扶贫工作去了,忙,照管不过来,没有套袋。五一前天干,枇杷被晒蔫了;五一摘果的时候,遇上落雨,开始两三天还可以,枇杷被雨水滋养,越长越大个,我看见了好高兴。到了第8天,不敢摘了,枇杷开冰(皱裂)了,没得哪个老板要。枇杷开了冰,在树上三两天没问题,摘来装箱一捂,第二天就烂了。我只摘了三分之一,剩下的全部烂在树子上,除了开支基本上没有收入。"

是的,现在我们还摆脱不了靠天吃饭窘境,收多收少,要收到手里了才算。

陈安平的枇杷园有85亩。1999年,敢承包这么大面积的地种枇杷,那是需要胆量的,不过,承包费便宜。这片地属于椒园村4组,那时果木稀少,社会风气也差,陈安平种有二三亩椪柑,请4组组长苏温金帮他看守,没事与苏温金闲聊:"那一片荒山,拿给人家放牛儿都要得,干脆拿来租给我,我把你们组上的农税提留全交了。"苏温金说:"是不是哟?我帮你问一下嘛。"陈安平说:"你问嘛,干得成就干。"苏温金当真去问,村民们都愿意。农税提留一年1000多元,一签就是30年。我笑陈安平:"相当于白送你种啊。"陈安平说:"现在可以这样说,但当时他们荒在那里,一分钱没得,租给我多多少少有两个钱噻。"陈安平当时的想法是,种成枇杷,只要一年能挣上三五万元就不错了。

陈安平请人开垦荒地还花了一大把钱,地开出来后才看到,近一半地是岩上垮下来的乱石头,那些石头横七竖八地躺着成了地,放养的牛都不敢去吃草,怕不经意间踩进石缝里卡住蹄子或卡断腿。陈安平心凉了半截,怎么办?他只能用那些石头砌坎子,有的梯台只有1米宽,坎子就有一两米高。没有泥土,下面填石头和鹅卵石,再将地面风化了的石颗粒刨来铺上就开始栽枇杷秧。我见过筠连县春风村在石漠化的荒山上种李子,栽在石滩上,或者石缝里。但春风村地势平坦得多,铺上的泥土不会被雨水冲走。这里坡度大,铺上的泥土有可能被雨水冲走。我佩服枇杷树顽强的生命力,有的根须裸露在外面,像鸡爪子一样抓住石头,还尽心尽力、兢兢业业地开出如此繁茂的枇杷花来。更佩服陈安平，把摆脱贫穷追求富裕的理想种植在常人想象不到的石缝与石颗粒中，还能获得好收成。2010年，陈安平的枇杷竟然卖出40万元高价，这是付出的回报。想起栽下第一批枇杷秧的情景，至今还让陈安平心有余悸：1万多株枇杷秧，天干，最多只成活了100多株；枇杷秧是在雷波买的，0.2元/株，钱花得心痛，还是请人帮着栽下去的，工程钱、树秧费里里外外加在一起让他负债4万多元。在当时，这是一个压得断脊梁的数字。

我想问他咋个不浇水保苗呢？一看这山嶇上，哪里有水源？忙闭住嘴。

我曾听现在在县城工作、老家在对面椒园村的刘某说过："观音村缺水，特别是陈安平老家所在的观音村3组尤为严重。村民宁愿舀一勺猪油给你喝，也不愿意倒一碗水给你喝。洗脸水只能把洗脸帕打湿，擦完脸之后，还要把剩下的水存起来喂牛。天旱年，村民一年要挑9个月的远水，整个村只有观音小学操场边上有一个小浸水凼，水凼旁随时有几挑十几挑水桶挨着排队等水，白日夜晚没有断过人，有时等两三个小时还舀不了一挑水。有的村民实在等不及了，只好到观音村4组'水柴窝'去挑，单边小路二公里左右，爬坡上坎很费力气。"说起这事，陈安平补充道："水只能拿巴掌大的小瓢儿去舀，瓢大了舀不起来。"

人畜饮水都异常困难，何况给大面积枇杷树浇水，只能听天由命，眼睁睁地看着干死。但陈安平种枇杷的信心和决心干不死。穷人有穷办法，他种了一季苞谷，等四五月山上野生枇杷成熟了，他发动村上的割草娃儿去摘来吃，籽留下他买，1元/斤。娃儿们觉得安逸，枇杷吃了，籽还能卖钱。他把收的籽撒进地里，10月的时候，他又以0.2元/株的价格到处去买枇杷实生苗。后来，他去建设村水果种植大户周某那里买了2000株枇杷嫁接苗、1000株枇杷实生苗。通过种植嫁接、拼拼凑凑，陈安平好歹把枇杷栽上了。受地势羁绊，不是规范化种植，陈安平只要觉得恰当就栽上，稀了、死了就补植，密了间伐，直到今天都还进行着这样的修修补补。

半山腰有三口水池，装着满当当的水，镜面一样收着天光、映着流云。陈安平说，虽然靠天吃饭，但在规划果园的时候他还是砌了三口水池，从1000米外的猴子洞上方，用塑料软管把水引下储存起来，主要用于打农药、干旱的时候浇灌枇杷。这只是杯水车薪，他还安装了一个200米扬程的小型抽水泵，从西宁河抽水到水池里用于浇灌。但管径小了，水量达不到，满足不了需要，只能浇多少算多少。

望着山脚下西宁河那一脉似乎怡然不动的绿水，我幻想开去，遇上天干，要是有一个硕大无比的水车，把水从河里戽上山顶流下来，浇灌一方水土该有多好！

干有干的好处。陈安平告诉我，他种的是大五星枇杷，品种好，果形好，果肉水分足、化渣，比较甜。由于缺水干旱，枇杷颗粒不大，含糖量却特别高。所以，他的枇杷比那一带的枇杷好吃得多。我知道，水果有三吃：一吃土壤，像陈安平那种石颗粒土上长出的枇杷，比一般泥土上长的好吃。二吃光线，日照时间长，比日照时间短的好吃。即便同一棵树，向阳的、树冠外面的果子，也要比不向阳、树冠里面的果子好吃。三吃肥料，施农家肥尤其是菜枯的，远比施化肥的好吃。陈安平特意给他的枇杷取了一个名字，叫"马脚杆枇杷"，还做了一条广告："要吃枇杷就选'马脚杆枇杷'。"取这个名不是因枇杷像马脚杆，也不是因马脚杆这个地方产的枇杷（马脚杆离他种枇杷的抬网沱相邻不远），而是他觉得马脚杆这个词生动有趣故而名之。

半山腰有一条公路，虽没有硬化，但陈安平已经谢天谢地了。要知道，枇杷投产开头两年，他全靠背篼背，从那高梯矮坎的斜坡上，一筐一筐地背到3公里外的沙板溪装车外运。虽然人没有摔伤过，但枇杷摔烂的事时有发生。陈安平回忆起当年情境："把我背惨了。想请人，年轻点的劳动力都去外面打工了，很不好请，只有自己一个人慢慢地背。"

枇杷开始挂果，量小，背还可以，大面积投产后就不行了。枇杷树还要施肥，也不可能慢慢背肥料。陈安平想，怎么不背到河边用船外运呢？他往下一看，是一个30多米高的寡岩，陈安平说要吊着藤藤才能下去，路不好走，河边也没办法停船。土专家不乏土办法，他花了2万多元，在抬网沱架了一根300米长的索道跨过西宁河到椒园村，向家坝电站蓄水后，部分水果可以船装外运。索道用电搅动缆绳，他用钢筋和铁片焊了一个框子装货载人。有一次运输途中停电，人和货挂在半空进退两难。我想那情境，何等狼狈不堪。所以，现在虽然只有一条泥巴公路，但车辆可顺利通行，陈安平已经很满意了。要是这条路能打成水泥路，他肯定会更满意。

我望着那一大片枇杷花开如薄雪覆盖的果园，问陈安平如何管理？他说肯定要请人，主要在几个节点上，施肥、打药，一般请10多个人。疏花、疏果、套袋比较慢，要请上二三十个人。今年即将疏花，他已经开始联系人了。摘枇杷时请的人最多，每天三四十个人都要摘上一二十天，工资80元／天／人，管午饭，偶尔管晚饭。一年请人的正常开支八九万元，多的时候开支超过 11 万元。请人时，陈安平先请贫困户。朱某两口子都来帮过工，一年下来，至少能挣五六千元。我想，那么偏远的地方，村民能在家门口挣上几千元，也是很不错的了。

农民很现实，见种什么能挣到钱，都会跟着种。之前，陈安平种过水蜜桃，卖 1.5 元/斤，很好卖。村民们见了跟着种，造成水蜜桃烂市，水蜜桃降至 1 角/斤。陈安平见街上椪柑卖 1.2 元/斤，红袍柑 0.2 元/斤，通过外出学习请教，把家里种的杂牌柑子全部嫁接成椪柑，有人说你那椪柑是青的卖不掉，只有两个村民跟着他嫁接，后来产生了很好的经济效益，在家里就卖完了。村民们又挽起裤脚跟着种，虽然结局比水蜜桃好一点，但时不时面临凄凉境地。陈安平种枇杷，村民们这下变得小心翼翼了，直到他大见效益，帮他务工的人才跟着小心翼翼地种，果然效益不错。现在村民们胆子慢慢放大了，很多贫困户都种有三五亩枇杷树，苏某、刘某等，一面帮陈安平干活，一面在自家土地种植，量虽然不是很大，但一年也能挣几万元。朱某两户，分别种了 10 余亩，现在开始投产了。枇杷对气候、地势有要求，海拔不能超过 800 米，像陈安平老家下昇坪，地势比较高，只要冬天结冰凌两三天，那一年就没有收益，影响一年生产。所以他劝大家，800 米以上的高山地区千万不要种枇杷。

我问陈安平："你要去给他们做技术指导吗？"陈安平说："用不着。只要来我枇杷园打一季工，啥子技术都学到了。"

陈安平的枇杷园，俨然成了村民们的学习培训基地。

没帮过工、确实又不懂的人，打电话问，或者在路上拦着请教，陈安平不管是谁，都会一一认真地为其指点迷津。凤凰村远兵家庭农场邀请他去入股，负责技术指导。可他既要忙家里已经发展好的 100 亩枇杷、30 亩猕猴桃、20 亩李子、10 多亩梨子，又要忙村上扶贫工作的一大摊子事，实在顾不过来，只去做过几次现场指导。

现在观音村枇杷种植通过安平专合社带动，已经发展上 1000 亩。先期种植的，已经陆续挂果。镇里把它当作一个支柱产业来抓，规划种植 1 万亩。通过镇上和各个驻村工作组宣传，政府给予补贴，市场上的枇杷苗卖 7 元/株，政府补贴 5 元/株，村民自己只需出 2 元/株，现在不管是贫困户还是非贫困户，种枇杷的积极性都被调动起来了。

我望着枇杷园问："大家都种枇杷，以后市场前景如何呢？"

陈安平淡淡一笑说:"以前有很多人怕种多了卖不起价钱,特别是我们观音村村民,大家都害怕。这两年,大家看见我种了那么多,一点不愁销路;凤凰村远兵家庭农场、太平乡小坪村、新安镇烂滩坝,都大面积种植投产了,越多反而越好销,价格也高,渐渐大家就打消了顾虑。我们主要销宜宾、贵州,有的销成都、德阳、绵阳等地,远的已经销到浙江等地。你没有看到,枇杷快要成熟时,销售商们揣着钱就来了,都是趸起收。我们观音村的枇杷,特别是马脚杆枇杷,在外面名气相当大,根本不愁卖不掉,村民们的种植热情越来越高了。"

看着当年被贫困逼着走上种水果致富之路的陈安平信心满满的样子,联想到在锦屏镇看见茵红李成熟时节车鸣马喧、采购商摩肩接踵的产销盛况,我沉吟地点点头。举目四望,我不仅看到陈安平枇杷园里的枇杷开花了,还看见新市镇、屏山县的枇杷产业遍地开花了!

三、"打不死的小强"

2019年10月25日,许春丽在朋友圈中发了一组图片:"今天把石岗村所有工资全部发放完成,我们石岗团队全是老年人,70岁都算年轻的,其余的都是留守妇女。"又说:"勤快的一个人做零工凑起都有几千块钱,不愿意干活的看着还是羡慕。"

打开图片一看,白发苍苍的老人们(有的拴着围腰布),手里拿着一沓红鲜鲜的纸币细心清点着。我在微信上问她:"今天发出去多少钱?"她回道:"四五万,明天还要发5万多。前几天发过一次,20多万元,一会儿就发完了。"

许春丽是屏山县碧之缘生态农业有限公司总经理,这是一家以种植食用菌,尤以羊肚菌为拳头产品的企业。她发的是2019年第三季度在她企业打工的员工的工资和土地流转金。马上进入羊肚菌生产旺季了,她广为招兵买马:"请愿意来务工的乡亲们亲自去石岗基地陈某处、场地管理人员悦某和许某处登记。"可见许春丽心思缜密,选择这个时候发钱,本身就是一则精心设计的广告。

我采访过许春丽,她的企业现在已经带动贫困户、移民户各150户,解决当地务工人员1.8万人次,实现户均年收入2万余元。大家在家门口就把钱挣了,而且这项工作时间灵活,不分长幼,比如菌种装袋,按件计费,用一个小铲铲儿把拌好的料往塑料袋里一装，5分钱就挣到手了。基地管理员许某插话："手脚快的，一个小时要挣三四十元。我有一个婶婶，一小时要挣60多元。一些五保老人、残疾人来干，每天都能挣一两百元。新柏村的曹某，家里有3个娃儿，还有老人，丈夫是外出打工还喊寄路费去的那种人，特别贫困，房子都是亲戚朋友帮她修起来的。她去基地干活，一个月挣三四千元。我们家也典型，库区移民，没有收入来源，我去年做了两个月羊肚菌营养包，挣了6000多元。老公公也帮着做，具体领了多少钱不晓得。丈夫手痛，偶尔来做一会儿，也挣了1000多元。做这个肯定能挣钱，我要跟着许总好好地干。"

最高兴的人要算辣子村杨兵银主任，他口气愉悦地对我说："去年冬天是最安静的一个冬天。"辣子村是移民村，以前村民们找不到事做，许春丽建了食用菌生产基地后，大家忙着打工挣钱，没有时间找他们了。

食用菌生产是一个循环产业，菌包的原材料由麦秆、苞谷秆、玉米芯、果树丫枝等粉碎而成，很好地解决了秸秆焚烧污染环境的问题。菌子出了以后，把菌包用于种水果，既能修复土壤，又能提升水果品质。许春丽脑瓜子灵光，让村民们拿秸秆来换菌包，1000斤换100个，村民把菌包拿回家去出菇，管理得好，会有一两千元或者更多的收益，真是互利共赢的好办法。

采访时，我问许春丽，书楼镇石岗、宝宁、沙坝等沿金沙江一带村落，最适宜种龙眼、柑橘、李子等，她怎么独辟蹊径种食用菌，特别是羊肚菌呢？这一问没想引出许春丽满腹心事，由此让我见识了这一位自嘲为"打不死的小强"的人的人生风采。

许春丽种食用菌的初衷很简单，要让自己的家人和孩子吃上绿色健康食品。

那是一件痛彻肺腑的事。她4岁的大儿子生病，久治不愈，丈夫带他到重庆儿童医院检查。许春丽记得真切，那一天她背着小儿子，正在叙州区金沙首座园林绿化工程的施工现场指挥工人吊吊车，接到丈夫电话："娃儿检查情况出来了，你要稳住，是白血病，医生说治好的概率只有30%，起码要治疗6年，我们至少得准备200万元。"许春丽一听，耳门子"嗡"的一声震响，双腿一软，坐在了很脏的地上。很久很久，听见娃儿哭，她才反应过来："我这是在外面，咋个能这样呢？"她不知道是如何走回家的，偏偏倒倒、浑浑噩噩地把门一关，号啕大哭起来。她把手机关掉，杜绝与外界的来往，不吃不喝，在家里待了三天，脑海里盘旋着的意念是：我的儿子没救了，一切全完了，我背着小儿子跳岩算了。第三天，喂小孩奶，奶水带血，她才恍然意识到，我还有一个娃儿，他还这样小，我不能去跳岩，遇到事情，只能坦然面对，不能颓废，再说还有30%的治愈希望，绝对不能放弃。她振作精神，给住在尖山村的母亲打去电话，告诉她儿子得重病的消息。母亲很着急，问许春丽"咋个整"？许春丽说："医噻。你们收拾一下，我们一起去重庆看孩子。"

第二天一大早，父母提了很多鸡蛋和东西下来，一起去了重庆。到医院之前，许春丽特意把头发梳得整整齐齐的，不想让儿子看见自己萎靡颓唐的样子。快到医院时，许春丽的眼泪直往外滚，她强迫自己不让它流出来，镇静平和、若无其事地出现在儿子面前，告诉儿子："幺儿，医院这么多小朋友都生病了，所以生病不可怕，我们要勇敢面对、战胜病魔。"她找医生表态："不要说还有30%治愈机会，哪怕只有1%，我倾家荡产都要给他医。我不放弃任何一点希望，我不能没有儿子。"

她与父母和丈夫商定，请父母在医院照顾孩子，她和丈夫回家筹钱，先把柏溪的住房抵押贷款20万元交给医院，然后继续努力给儿子挣医疗费。她想不通，问医生："怎么这样小的孩子都会得白血病哟？这就是血癌吗？"医生说："你晓得网上咋个说的不？中国有1000多种农药，只有20多种害虫。我国每年农药用量300多万吨，分摊到全国人民身上，平均每人分摊2.5公斤以上。加上大气污染、装修污染、环境污染，各种食品添加剂等，吃的不健康，穿的不健康，整个环境都在恶化，这些都是致癌原因。每10万人中有3~4人会患白血病，40%是2~9岁的儿童。"许春丽听得目瞪口呆："咋个才能避免呢？"医生说："少吃打过农药的蔬菜，少吃垃圾食品。"

从此，许春丽家吃的菜和油全是自家种的，包括鸡、鸭、猪，全部自己喂养。她去乡村收购原生态蔬菜与新鲜水果、粮食喂的家禽家畜，送进城里，让大家吃到安全健康食品。

这里得说一件似乎与文章无关、但却能体现许春丽性格特点和思想境界的事。

与此同时，家里还躺着一个瘫痪的老人，她又要天天同丈夫一起进货、送货挣钱撑起这个家，有一天，她感到身心疲惫不堪，前程暗淡无光，忍不住在微信朋友圈里吐了一个槽，被一个朋友转发，她一夜之间成了"网红"，一个自强不息的母亲、一个卖椪柑救白血病儿子的母亲。微友们纷纷询问要不要捐款？南溪一位姓罗的老板打电话给她："许春丽，你作为一个母亲挺不容易的。还差多少钱，我去医院把账给你结了，你们一家人可以平静地生活。"

许春丽婉言谢绝了好心人的帮助，没接受任何人一分钱捐赠。她向我吐露心迹："我好手好脚的，不想利用别人的同情心满足自己的私欲。我要靠自己的努力渡过难关，给孩子做一个榜样，不能给孩子造成'我穷我有理'的错觉。要是这样，才是做人的失败。我经常教育孩子，哪怕扫马路，拣矿泉水瓶，捞潲桶的东西吃，都不丢脸，绝不能去偷，去白要人家的东西。别人的钱也是辛辛苦苦挣来的，别人也上有老下有小，凭啥子该平白无故地拿钱给你呢？我们家从来没有占别人便宜的习惯，都愿意为别人付出，愿意帮助别人，否则良心会过不去。"我说："你这时正需要别人帮助噻。"许春丽说："人家捐赠，不图回报，我一是欠了人家的人情，二是不劳而获我做不到。"她说她搬到宜宾住时家里穷，捡过3年垃圾："我凭我的劳力挣钱，凭我的辛苦挣钱，心安理得。"

她说得心平气和，我却听得振聋发聩。是啊，人可以穷，但志不能穷，这才是我们生存在这个世界上有人格、有尊严的根本。

还是回到许春丽怎样走上种食用菌这条路上的叙述吧，说起来竟有一点传奇色彩。

许春丽很苦闷、很绝望，无处诉说时，便去寺庙里寻找精神寄托。她在QQ群里认识了福建省生态环境学院教授李某基，探讨起素食方面的事来。这位教授给许春丽讲，现在中国有3000多万素食人口，并且还在快速增加。许春丽天真地问："天天吃素，咋个受得了哟？"李教授说："可以吃豆类、菌类食物。"许春丽只知道平菇和金针菇。李教授点拨她："菌类是世界上最大的生物群，它对人的亲和力和人体对其的吸收力都非常强，修补能力也很好，现在许多药物都是从真菌里面提炼出来的。你现在天天去农村收土特产品卖，还不如去种蘑菇，保证你一家人吃得健健康康的，做成产业了还能造福一方。"李教授把他种蘑菇的朋友介绍给许春丽，"你可以去拜访学习"。许春丽是那种敢想敢干的人，欣然接收了李教授的建议，昂首走上拜师学艺的道路。

她记得，第一次出门，她为了节省钱，蒸了一大袋粑粑背在身上。

她记得，有一次去资阳拜访一个老板时走错地方，被看守菜园的狗吓得仓皇逃窜。

她记得，听说湖北荆州有一个人金针菇种得很好，她便去学习。人家不理她，她主动搭讪，像打工仔一样帮着干活。第四天，老板来了，见她很陌生："呃，你是什么时候来的，我怎么没看见过你呢？"许春丽毛遂自荐："我是从四川来的。"老板惊讶:"这么远来的啊?"许春丽给他上粉:"我久仰你的大名,听说你菌子种得很好,想来学学。"好心的老板说:"你怎么不早点直接来找我呢?"

她求学的足迹烙印在了去绵阳、广元、武汉,贵州、陕西、甘肃、河北等地的路上。听说哪个地方什么品种种得好,她抱起盘缠就去学,先后种过灵芝、香菇、平菇、银耳、木耳、鸡菌、猴头菇、金针菇等。

前行的路上走得趔趔趄趄,羊肚菌让她真正走上产业发展的阳光大道。

有一个插曲。她丈夫曾在成中集团谋过职,有一个同事老家在甘肃,过年回来时,在秦岭以每斤几千元的价格买了一些野生羊肚菌(也叫杨雀菌)回来,再每斤加价一两千元,转手就赚了上万元。许春丽第一次知道世界上有一种叫羊肚菌的东西很赚钱。但去收来卖,路远不说,还可遇而不可求。她想着能不能自己种?于是她请教李教授,李教授给她推荐了华中农业大学一个叫刘某、四川师大一个叫张某的人,都是研究和种植羊肚菌的专家。她了解到,中国羊肚菌仿生栽培从2011年才开始。它是食、药兼用的菌类,具有高蛋白、低脂肪、高维生素、低热量的特点,含有丰富的无机盐类和可食性纤维素,富含氨基酸、真菌多糖、微量元素等营养成分。现代医学研究表明,羊肚菌有抗肿瘤、抗疲劳、降血压、降血脂,调节免疫力等功效。此外,羊肚菌中的多糖、肽类硒和有机铢等活性成分对多种肿瘤有抑制作用,可使癌细胞失去活力,起到抗癌和提高免疫力的功效。《本草纲目》中有羊肚菌的详细描述,说它具有甘寒无毒、益肠胃、化痰利气、补脑提神之功效。21世纪的食品重点是保健食品和功能食品,羊肚菌是保健食品中的佼佼者,市场前景十分广阔。徐某丽向刘某、张某请教,两人愿意提供技术指导。许春丽跃跃欲试,在网上搜索,说有的羊肚菌可亩产1000斤,"我就巴不得亩产这样多,一亩就赚10万元"。她照网上提供的购买方式和地址,买了5亩菌种(1万元/亩)。她精心将菌种种下地,今天去看,没有长出来;明天去看,还是没有长出来。可想而知她被骗了,买到了假菌种,收了不知是4朵还是5朵羊肚菌。这是2013年的事。

2014年,许春丽又辗转全国各地,疯狂地寻找成功种羊肚菌的人,想向他们学技术。她又遇到不少骗子,学费这家几千元,那家几千元,加上车费她又花费了几万元。兜兜转转到了2017年中秋,儿子的白血病治疗6年多了,他们想知道治疗效果如何,她和丈夫带着儿子去重庆儿童医院全面检查,检验报告一大沓。医生拿起报告单看了半天,一副眼镜吊在鼻梁上,眼光从眼镜上面的缝隙里透过来望着夫妇俩，拖腔拖调地说："你这个娃儿——"说到这里又停下去翻看那一沓检验单子。许春丽的心狂跳着，像犯人等待宣判结果。医生看了一阵，又望向许春丽夫妇："临床医学证明——"又等了半天，才补上后半句话："已经痊愈，恭喜您！"当听说儿子痊愈了时，许春丽的心情跟中了500万大奖一样。她立即打电话给她母亲说："你快点到爸爸的坟上去跟他说，他外孙的病已经医好了。你再给外公外婆说。"

她那非常喜欢外孙的爸爸于2014年正月过世。

儿子的病治好了，她决心放手一搏。羊肚菌是一个短平快项目，头一年11月种植，次年2月收获，4个月时间，刚好是土地、劳动力闲置的时候。运气好，不发生天灾人祸，至少收入3000～5000元/亩；行情好，可以收入1~2万元/亩。她在石岗村种了100多亩，在辣子村林下种了20余亩，尖山村种了10亩。

一天，时任书楼镇党委书记罗代奇、镇长彭锐敏、人大主席李芳走访贫困户，无意间看见山上到处拉着黑压压的网子，很惊奇："谁在这里搞啥子名堂呢？"村主任任伟告诉他们："许老板在这里种羊肚菌。"他们很疑惑，一般有人发展什么东西，首先要跑到政府来要补助，往往闹红了半边天还看不到结果。她却不声不响地在这里发展了一个这样大规模的产业，没有来找过镇政府。镇领导提出要见见许春丽。由此她进入政府视线。

岂料有一年遇上难见干旱，整个冬天没下过一滴雨。1斤蘑菇9两水，干旱对菌类种植者来说，完全是一个毁灭性的打击。菌丝长得好好的，没有水浇，就是一朵都长不出地面来。接任镇党委书记的彭锐敏看见后非常着急，协调资金安排村上安水管，亲自到山上寻找水源。可惜水来得太晚，错过羊肚菌生长的最好时机，但好歹救回来一些，卖了二三十万元。许春丽很感谢政府："我原来根本没有想到还有政府支持，我做我的事情，关政府啥子事？凭啥子来关心我？"后来她想，政府这样支持，哪怕今年亏了、失败了，以后也一样要坚持种，带动大家一起发展。2018年辣子村基地遭遇洪灾，十分惨烈，大棚全部被冲垮，许春丽损失110万元。2019年稍好一点，但她与人合作不慎，也引发不快。"我是'打不死的小强'！"许春丽这话说得很平静，似乎带着一丝戏谑的意味，但我却感到她骨子里有一种坚韧刚强、所向披靡的力量。

值得祝贺的是，2019年中国菌物协会在陕西省榆林市举办的第四届全国羊肚菌大会上，她当选为"中国菌物协会羊肚菌产业分会"副会长，成为中国菌物协会终身会员。这个头衔不是空的，她可以免费请全国各地菌类专家来讲课和进行田间指导。石岗村基地建成后，将挂牌为中科院食用菌实验基地和菌种实验基地，湖北农科院、华中农科院、昆明食用菌研究所都将来设置实验基地。许春丽累积多年种植经验，已经能驾轻就熟地种植栽培10余种食用菌。尤其是羊肚菌，通过对种子改良，成本已经从5000元/亩降到4000元/亩以内；2019年又有一项新技术被运用起来，2020年种子成本又降了1000元/亩，而产量还提高一倍，并且品质还要高于市场其他品种。

我在2019年7月被全国妇联评为"全国巾帼农业示范基地"的石岗村基地看到，占地5000平方米的食用菌生态园工厂化菌种基地的钢结构大棚已经搭建完工，许春丽正在紧锣密鼓地谋划2020年的种植。她满怀信心地告诉我："公司已经做出规划，未来3年发展羊肚菌5000亩，实现利润1600万元。现在不愁卖不脱，只愁种不出。上海一个食用菌外贸商这几年都来买羊肚菌，一到过年就提着钱过来了，要交定金包销产品。我要和我的团队一起好好地把握住现在这个天时、地利、人和的机遇，带动更多的村民特别是贫困户发展羊肚菌产业，让更多的人吃上这一健康环保食品，提高人们的抵抗力和免疫力，远离病魔的纠缠，有个好身体，过上好日子。"

许春丽的眼神透着一种不达目的誓不罢休的刚毅和执着，我真诚地祝愿她的夙愿能够早日实现。

四、"金鸭儿"飞回鸭池来

相传，鸭池乡场原来要修建在任家场，破土动工时挖出一对金鸭儿，飞来落脚在坳头上的水池里。村民们想这莫非是天意？于是把乡场挪来修在水池边，即如今场镇所在地。

品着这个传说的韵味，我去该乡大坝村黑竹组采访刘介辉。

听名字，以为是一起赳伟男，见面一看，原来是一位知书达理的巾帼。几句寒暄后，我说明来意："想请你讲讲如何返乡创业帮助乡亲们拔穷根的故事。"

刘介辉淡淡一笑："没得啥子值得说的地方。"

当然这是谦虚，她在宜宾松峰笋子厂当过管理员与营销总监，在金彦虎野菜食品厂任过营销总监，负责华东与华南两大片区，走南闯北摸爬滚打14

年,又在宜宾、云南水富与朋友合伙开过食品厂,现在是屏山县菜多多食品有限公司负责人。如此丰富的人生经历,本身就有举不胜举的故事,随便挑一点出来都可写出一篇洋洋洒洒的文章,比如母亲带着15岁的她到笋子厂打工,厂里招工已满,母女俩挤不进去,母亲坐在地上放声大哭的事;比如她艰难的打工生活;比如在金彦虎野菜食品厂的时候,那个上海老板当甩手掌柜,她主管生产,她的姐夫主管营销,一里一外把食品厂运作得风生水起的故事,等等。但我还是想听她从与她的姐夫和朋友合伙创办宜宾丰盛食品加工厂的时候说起。

当初在金彦食品厂时,刘介辉也不是架空上海老板,而是上海老板不守信用,她和姐夫以厂为家、把食品厂当成自己的厂尽心竭力地做,老板承诺要把创造利润的10%分给有关管理人员。以前老板一直是"包包烧",刘介辉他们只知道老板赚了钱,但赚多赚少并不知道,每月老板发多少工钱她们收多少就是。后来老板请了一位会计,账上反映出厂子半年纯利润接近100万元。按老板的承诺,管理人员一个人至少能得到1万元奖励,结果老板只给了每个人2000元。此外,她们的工钱也低,每月4000元。她联想开去,这一些年来给老板创造了那样多财富,自己所得几何?于是萌生了独立门户、自己当老板的念头:"要是老板每月给我6000元,我根本不会走。"

刘介辉他们把厂址选在离上海老板的食品厂不远的地方,租的厂房。刚租不久,宜宾修建翠柏大道,厂房要被占,房东无奈道:"我按实际租用时间收房租,你们的装修费自己承担。"她一时傻了眼,这意味着一人要亏20多万元。亏钱是一方面,另一方面是市场行情不容她等,她们开厂创业已经跟很多客户签了供货合同,就得按期供货;如果违约,赔违约金还是其次,别的厂家乘虚而入,再要挤进去就很难了,比如超市,不能随便换产品。刘介辉眼下只有一条路,赶快找地方搬迁,尽快投入生产,确保供货链条不被中断。他们又到处找适合的厂房,找了几大圈,在水富县太平乡水清包找到一个地方,厂房总面积六七千平方米,一年只要2万元租金,"水源也好,天然的,不要钱,简直是瞌睡来了遇上枕头"。

然而,那个地方处于夹皮沟下,刚安营扎寨投产不久,就遭遇八九十岁的老人说的一辈子都没有看见过的洪水,水看着看着就涨起来了,山也在垮塌。晚上11点左右发的洪水,刘介辉说跑慢点老命都没得了。凌晨三四点钟水没涨了,她急忙从高速公路下去看厂房,车间被冲毁一半,仓库被冲成河沟。这简直是在伤口撒盐，他们又损失几十万，刘介辉差点崩溃了。

厂小量少，玩的是"家褡子"。几兄妹商量应对办法，妹妹抱怨道："你这一辈子要死在笋子上。你不整笋子要不得吗？"刘介辉说："我不整笋子又整啥子呢？从哪里跌倒就从哪里爬起来，不相信这一辈子就这样完了。"

刘介辉和姐夫投钱。姐夫是她丈夫大姐的爱人。他也是从10多岁起就做笋子生意。他们重振旗鼓，开着车子到宜宾市外的内江、泸州、自贡，市内的合什、宗场、观音等地找厂房，均无合适的地方。山重水复，前程晦暗。她对丈夫说："要不我们回鸭池，看在老家能不能找得到地方。"

刘介辉与丈夫是在金彦虎野菜食品厂务工时，经姐夫介绍结识的。他在厂里开车送货，一直有着家乡情结。听妻子这样一说，他立即响应："要得嘛，明天我们就回鸭池去看一下。"

鸭池找不到现成的厂房，刘介辉有一点灰心了："找一个厂就这样难吗？"想到租人家的场地，朝不虑夕，人家喊搬就得搬的闹心事；想到汹涌的山洪滚滚而来，厂房被冲得一片狼藉的伤心事，都让她心有余悸。一颗要在家乡建厂的种子，在绝望的土壤里萌芽。她当时的想法是：借房子躲雨，像丧家犬，始终不是办法；总在外面劳累奔波，家里老的老了，小的长大要读书，需要照顾；厂房修起，即使以后不干了，也可以自己居住。建厂的嫩芽在丈夫、姐夫一干人的支持下开始出土生长。她定下标准：厂房修在离水沟远的地方，水冲不到；也不要修在大山下面，避免泥石流来了跑不赢；要修在光线好的地方，阴沉沉的地方不安逸；最好离变压器近一点，远了牵电线贵；经济实力有限，先修一个车间，把生产做起来再说。

她们找来找去，基本具备这几个条件的地方是葛藤屋基，有一块地还是她家的，紧邻正在开发的旅游景点牡丹园，公路也是通的。

说干就干。

但事情并不那样简单，建厂要批土地、办理有关手续等。她没经历过，不知道该找哪一个部门哪一个人，只能慢慢地问。她说她一生都忘不掉的一件事是办营业执照，为此跑了8趟屏山。终于，挖掘机轰隆隆地开始平场地了，周围老百姓看见觉得很新鲜，问道："这要干啥子？""听说办笋子厂。""你一个农民工，办得好啥子笋子厂哟。"话传到了刘介辉的耳朵里，她发誓："不管厂办得大或小，但一定要办好。我小时候被那么多人看不起，命都差点没得了，拼命我也要把厂子办好给你们看一看。"为了节约开支，河沙、水泥、钢筋、瓷砖等所有建材，全是她和丈夫到宜宾去买的，她说："咋个便宜咋个整。"

已经调走的鸭池乡农商银行行长吴某国下乡路过那里，看见他们还在大兴土木，问了周围群众，知道了这两口子在建笋子厂。他记在心里，默默地关注着，厂房修到三分之二的时候，他专程去现场看，主动问刘介辉："缺不缺资金？"刘介辉说："就是缺。"吴某国说："我看你们两口子是干实事的，如果真的缺资金，我想办法在政策允许的范围给你贷几十万元如何？"刘介辉两眼放光，这不是遇上活菩萨了吗？

"在办厂过程中我一路遇贵人。"刘介辉说，"吴某算一个。"但款要有抵押才能贷，她无物可抵。吴某让她找人担保。第二个贵人出现了，他就是鸭池街上做铝合金生意的杨某，两人非亲非故，杨某只在她丈夫跑车时一起喝过酒。他愿意拿3间门面和一套住房给刘介辉做抵押物，再担保签字。吴某说："我赌一把，我对你不了解，我在鸭池工作这么多年一直没有看见过你们两口子，但一个一般朋友都愿意这样帮助你，想来人品也不会差到哪里去。"刘介辉说："我撒不来谎，也搬不了家，我一定拿行动证明给你看。"最后吴某在政策允许的范围内低息贷了40万元给刘介辉。2016年9月建厂，2017年5月投产，贴出的第一张招工广告明确写道：贫困户务工优先。产品收购中坚持一条：凡贫困户每斤多给0.1元钱。

工厂运作困难时她又遇贵人。收购原材料的流动资金严重不足，她愁眉紧锁。2017年2月的一天，她正在车间里忙碌，有人喊她，说领导来了。原来，市委书记刘中伯陪同一位来宜宾督导的省委领导调研了油用牡丹产业园区，准备上车离开时，见只有二三十米之隔的地方有一座房子，不像民房，看起来像厂房但又很狭小。省委领导问县乡领导："这是修的啥子呢？"县乡领导也不清楚。刘中伯陪着省委领导直接走过来，当得知是一个返乡青年在办厂创业时，刘中伯问刘介辉："你知道妇女创业有优惠政策吗？"刘介辉一脸茫然："不晓得。"刘中伯再问："农民工返乡创业有补助政策你晓得吗？"刘介辉茫然地摇头："不晓得。"刘中伯继续询问了刘介辉的具体情况后表态道："我们一定支持你把厂办起来。"于是，想不声不响做事、能不惊动人尽量不惊动人的刘介辉，受到了市、县、乡领导的亲切关怀，有关部门纷纷上门排忧解难。

刘介辉记得清楚，第一个是副市长张平批给了她80万元股权量化资金，要求她按贫困户、公司、村集体按5∶4∶1的比例分红，每年要给54户贫困户分红370.37元，资金使用年限为3年。第一次给贫困户分红，刘介辉一看全是老年人。有一位老婆婆说:"通知我必须9点钟来这里来领,我刚天亮就来了,走了2个多钟头。"从小在苦水里泡大的刘介辉既感动又心酸,发现零钱不好找补,她当即决定:"一人发400元,不用找补了。"

刘介辉记得清楚,第二个是县残联给了她20万元资金,条件是安排22个残疾人就业,使用年限也是3年。因脱贫攻坚的需要,县残联要求事先拿出1.3万元发给残疾人,刘介辉照单全收。

这100万元资金的到来,极大地缓解了她的经济压力。"如果不是刘书记他们来,不是这两笔雪中送炭的资金,我真不知道该怎么办了。"她由此意识到:有这样多领导和单位在关心她,她更应该把事情做好。

2017年,工厂销售额只有500多万元。2018年,经销商总是要货,她总是拿不出来,主要原因是场地小了,产量不大。屏山的专合社特别多,别人的笋子卖不掉,刘介辉的厂产的笋子又不够卖,她便去联办了8家分厂,不只限于屏山,包括云南和宜宾的厂。分厂给她提供半成品,运到她的厂按企业标准挑选加工,既加快了产出节奏和提高了产量,又缓解了经济压力。比如,她去山上收笋子,这是季节性的,要1000多万元流动资金,她哪里有这么多钱?现在收购端资金由分厂承担了,销售端一下订单对方至少打一半或者2/3的款,她马上支付给分厂,这就解决了资金紧张的问题,工厂2018年全年销售额跃升到3600多万元,2019年达到4500万元,企业走上健康发展道路。

"这是我们正在修建的第二条生产线。"刘介辉指着厂房背面山上正在施工的地方告诉我和黄玉林。

建设工地一派繁忙景象。现在行情很好,我们的产品还只销售到福建、广东等地,连台湾都没有卖去过,更不要说去拓展东南亚等国际市场。刘介辉现在联办了14个半成品生产厂,她打算把初选的工序全部放在基地厂进行,她的厂只负责后续处理装袋发售。但现在车间实在太小,只能容纳30多个人,必须扩大生产规模,于是她扩建了第二条生产线。第一条生产线主要生产火锅、串串、烧烤等一类产品,需要烹饪调味才能食用。第二条生产线将生产可以直接食用的休闲食品。

我知道,屏山县建有工业园区,那她为什么不去园区建厂发展呢?她回答得很干脆:"不去。"她说出两大原因:一是自己有几斤几两自己知道,摊子铺大了,生产、管理、销售一连串问题就来了,弄得不好会前功尽弃。二是到园区去,有违其回老家办厂的初衷。之所以要在老家办厂,就是要解决四邻乡亲们的工作问题。他们在这里上班,可以当天来当天走,挣钱和照顾家庭两不误。像贫困户喻第禄,家就在厂边上,50多岁了,又有病,去新疆摘棉花人家不要她。她有两个孙子,早晨她把两个孙子送到坎底下的学校去读书,然后来厂头干活;下午孩子放学,她又去把两个孙子接回家,一个月能挣2000多元。厂搬走了,她去哪里挣钱?不可能打车去园区上班噻。

我问:"他们在你厂里打工,一般一月能挣多少钱?"

她说:"看情况。大坝村大坪组贫困户田代学家里很特别,五代同堂,爷爷90岁了,他在中间,上下各两辈人都靠他们两口子和儿子挣钱。他和爱人解天明在我的厂头务工,每月可以休假几天,我给他2500元/月保底,包吃再加产量提成,能挣3000多元/月;解天明比他能干,一月能做4000多元,最多做过5700元。我们组上的黄某美,3级残疾,耳聋嘴塞,但干活特别踏实,进车间不行,我就安排她在外面装箱,她手脚特别快,每个月休假两三天有4000元左右的收入,有一个月领过4700元。2018年我厂发出工资120多万元,2019年厂里发出工资超过200万元。"

这才是真扶贫,扶真贫!

刘介辉月月兑现工资,从不拖欠乡亲们一天。她有感于自己小时候每逢开学,老爸到处给她和弟弟妹妹借学费,所以每到临开学的那一个月,她都要提前发工资,让乡亲们能给孩子们交上学费。

有一件无心插柳的事:2018年4月,龙溪乡人民村有一个发展藕的扶贫项目,村民们种出来后没有销路,一时意见极大,县上派员也无法协调。刘介辉和姐夫正在贵州遵义联系一笔业务。她在微信朋友圈上看见这藕卖5角钱一斤,全宜宾市包送。她想,卖5斤,才挣两块半,还包送,生意咋个做?听说藕有10万斤,这对村民来说,是一件不得了的大事,一季庄稼没有收入,他们咋个办呢?她给一个电商平台打电话,仅仅询问了一下情况是否属实。不知怎么消息不胫而走,县上很多领导和部门给她打来电话,希望她来兜这个底,平息事态。富有同情心的她,想到村民们不容易,便应承道:"没有做藕的设备和包装材料,一切得全新购置,要半个月时间才行。"她立即赶回来,花了30多万元订购设备和包装材料,联系客户;同时陪同县上和有关部门领导,去人民村给村民们开会,当场表态道:"你们把藕给我运到厂里来,我按1元钱/斤收购,有多少要多少。"她总共花了50多万元,协助县、乡、村妥善处理好了村民产藕滞销一事。

我想到刘介辉如果不继续加工藕产品，新买的机器就闲置起来了，于是说道："你可以叫他们发展藕，你们可以增加一个产品嘛？"

刘介辉说："是的。我鼓励村民们从哪里跌倒从哪里爬起来。但村民们积极性受到打击，不再听干部的话。我特意买了200斤太空藕种，还有别的藕种，动员组长试种，种成功后再推广。藕，我全部收购，这个地方有笋子，我也全部收购。估计明后年会慢慢推广开去。"

唯愿荷花朵朵，莲藕壮硕。

我们的交谈场地从办公室转到扩建厂址的工地上，又到了厂大门前。本想去车间找几位贫困户聊聊，但一来食品生产重地不能随便进入；会把人请出来吧，二来影响他们工作，从而影响人家的收益，于心不忍。我还预约有采访，便与刘介辉告辞。

走过厂对面的公路，我忍不住回望了一眼，刘介辉正款步走进"全国巾帼农业示范基地"下面那个赭红色门框的办公室，我突然对"金鸭儿的传说"产生了浓烈兴趣……

五、树高千丈不忘根

对于故乡故土，在外漂泊的游子再富贵显达都不会忘记。往往走得越远、飞得越高者，其家乡情怀如陈年老酒一般会更加浓烈。荣归故里或衣锦还乡，无非说出了人们的一种普遍心理和共同感受，有人故意显摆，邻里乡亲只会对他投以白眼与不齿；如果能感恩故土造福桑梓，家乡父老除了感激就是敬佩了。严贵林属于后者。

严贵林何许人？四川锦源上城集团有限公司常务副总经理、毕节创美集团总经理、毕节浩宇房地产开发有限公司董事长。他的生意做得如何？近期他才与贵州省毕节市黔西县签订了一个生态绿色康养特色小镇项目，总投资100个亿。据此我们可以大胆推断，他还算"混得"不错。

严贵林的胞衣之地在屏山县新安镇和平村青树子山顶上。听说他花了一大笔钱建造了一座"严府"，孝敬80岁的老父亲。我寻踪猎奇，叫上朋友去一看究竟。朋友驾龄10多年，平时车开得又快又稳，这次却开得小心翼翼，如蜗牛爬行。我几次想笑话他"你干脆把车停在路边，我们走路上去算了"。我们返回金沙江边时，朋友一轰油门，车往前一蹿，说道："我从来没开过那样窄、坡那样陡、弯那样急的路，幸好车上装了行车辅助系统，不然根本不敢开。"

我想，好歹还是水泥公路，开的还是好车，这个都怕？严贵林青少年时代进进出出，全是行走在斜坡陡坎、悬崖峭壁上，不晓得那时的他怕不怕。

但有一个地方，严贵林亲口对我说过，他非常害怕从那里走过，那就是难产湾——他么叔给我说是坟坝儿。听说那里死过很多人，白天都是阴风阵阵的，大人胆子小的都不敢一个人从那里过。可这又是他读书的必经之道，他只能让母亲送他。于是，母亲每天早晨天不亮起床煮好饭，守着严贵林吃了，把他送到猪草湾坳口上，定定地站在那里，直到看见严贵林顺着那个陡坡下去走过难产湾了，才转身回家。晚上，母亲估摸着严贵林放学回来的时间，又站在猪草湾坳口上等着接他。尽管母亲接送，他从难产湾走过的时候，也要吼两句给自己壮胆。这条路严贵林整整走了6年。6年间，1000多个晨去暮来，母亲吹着金沙江峡谷呼呼刮过山野的风，在那里站成一尊雕塑，一尊永远站在严贵林心中的雕塑啊！

难产湾让人害怕，人生之路更让人害怕。他们家有7兄妹，大姐出了嫁，三哥分了家，二哥帮着父亲把家支撑起来。他家没什么经济来源，几亩茶叶也不值钱；父亲是木匠，做点木桶、木盆、甑子等"圆货"卖几个钱买油买盐，支付人情往来，"吃得最多的是苞谷粑"。他读过4个一年级，为什么？因为他没得鞋子穿，冬天下雪打光脚板禁不住冷，只有中断学习，去了一次又一次。他17岁初中还没毕业就走上了打工的路，第一份工作是在雷波一个小型水电站做小工抬混凝土，他与绥江一个姓黄的大爷一起抬一个箩筐，5元一天，不包吃。那是重体力活，严贵林人矮力气小抬不起，每次抬的时候，黄大爷就把绳子往自己肩头挪，让严贵林承受的重量轻一点。严贵林很记恩，多年后他专程去找过黄大爷，遗憾没找到，估计老人家已经辞世了，唯有心存一份念想。后来，他实在他受不了那个累，揣着挣得的70元钱离开了工地。

"在回家途中，我遇到一件终生难忘的事。"严贵林说。一个小偷跟着严贵林一道上车，挨着他坐，在离西宁不远的一个地方，把他身上的钱抢了只剩下5角。小偷们知道在电站打工的人有钱，早就盯上严贵林了。严贵林只好乞讨着走路回家，200多里山路，走到天黑了就在新市镇上面一个地方砌砖瓦窑，这件事让他过早地感受到人世间的艰辛。

后来，严贵林又只身一人到宜宾打工，他在餐馆洗碗，拜师学厨，帮了很多家馆子，收获寥寥。也许如孟老夫子所说，天将降大任于斯人也，必先苦其心志，劳其筋骨，饿其体肤，空乏其身。严贵林的人生转机出现在1998年，他去成都发展，结识了他的第一任妻子，妻子的老家在新津县。严贵林初坠爱河，每天耍得天昏地暗，宜宾打工挣的一点钱没多久便用得精光。岳父会开拖拉机，岳母给严贵林建议："新津这个地方还是有发展机会的，干脆我给你买一辆拖拉机，你去学。""好！"严贵林很乖觉，一口答应下来。于是岳母掏钱给他买了一辆二手拖拉机。

严贵林向我述及这一些往事时，是2019年中秋节两天后的中午。他说人生的路上，有两句话伴陪着他成长。一句是"装龙就要像龙，装虎就要像虎"。他说从走出大山的那一天起，他无时无刻不在告诫自己，不管在什么岗位上，龙就要做龙的事，虎就要做虎的事，尽量把那个岗位的事做到极致。另一句是"先学会做人，再学会做事"。因此，严贵林把拖拉机开出一个传奇来：别人开一辈子没有挣到几个钱，他开一年就挣了将近30万元。当然，他吃的那个苦一般人无法想象。从新津装河沙、砖等建材到成都的建筑工地，近的30多公里，远的40多公里，人家一天跑两三趟，他要跑五六趟，一趟能挣100多元。他早晨5点多钟起床，大多数时候晚上10点过才收工回家，每天只能休息六七个小时，没有节假日，天天如此。车子出问题请人修理，耽搁的时间也要通过多拉快跑补起来。没有别的，心里只想着两个字：挣钱。虽说累，但他每天挣几百元钱放在床铺下面，清钱的时候数得一脸阳光心花怒放。

拖拉机为严贵林掘得第一桶金，接着，他买了两台宜宾生产的"川路"车，他开一辆，请人开一辆。一年下来，挣了上百万元，方法仍然是多拉快跑。是啊，严贵林是上门女婿，有点让人小看：一是妻子家人反对，认为自己家的新津条件好，找一个穷山村的臭小子，门不当户不对；二是妻子家人在当地与人相处少，他发誓用行动说话，证明人穷志不穷，给妻子家人撑脸面。他低调做人，勤快做事，跟人打交道真心诚意，从而赢得了社会的认可，也改变了邻里百姓对妻子一家的看法，"这一件事让我感到很骄傲"。

严贵林说，他做事的宗旨、或者说成功的秘诀是做好每一件事，把潜力发挥到最大，绝不半途而废。2005年他开办运输公司，当家业差不多上千万元以后，他介入保温材料、混凝土、建筑等行业。到目前为止，他开过40多家公司，四川、浙江、广东、贵州等地都留下了他奋力拼搏、砥砺前行的坚实足印。他对我坦陈："积累到今天，钱对我来说已经不太重要，重要的是做自己想做的事，做能体现人生价值的事。"

什么算体现人生价值的事呢？严贵林解释说，除了巩固好已开辟出的产业外，他将调整方向，朝医院、老年人健康疗养方向发展。他以前是身累，现在是心累。就说这个中秋节吧，他邀请我到他老家去耍，说山坡上清静，别有一番风味。我以为他在外面打拼累了，想利用这个美好的传统节日，好好地休整调理一下，我就不便叨扰。结果他利用"老家这个地方更中心一点，过节更能够清静下来"，召集成都、贵州、攀枝花、宜宾等各子公司高管，开了一个企业战略发展大会，专题研讨企业发展战略目标、战术、人才等问题。头一天晚上会散人走，第二天他又马不停蹄地赶往贵州毕节，10天后，签下前面说到的黔西县100亿大单。同时，引进美国20世纪60年代搞的太阳城理念，在攀枝花打造"中国米易东方太阳城"。这样，老人们可以在黔西避暑、在米易御寒，开心度日，颐养天年。看着严贵林信誓旦旦、胜券在握的样子，正值年富力强、如日中天的他，一定能心想事成，创造出更加辉煌的业绩。

展现严贵林丰富人生又一亮点的是他的乐善好施，回报社会。他说他是穷人出生，知道穷人的苦衷、穷人的需求，一个人富了不算富，能帮扶贫困的人一把尽量帮扶一把。2007年，那时他的事业才刚刚起步，就开始搞扶贫捐赠。2008年汶川大地震，他去当了几个月义工，后来参与了青川县建设，由此也得到丰厚的回报。他尊师重教，2016年教师节，他把新津县全体退休老教师组织起来，搞了一个隆重的答谢会，50多桌，每人发一个800元的大红包。在贵州毕节，他也做了很多扶弱济贫的事，生了大病的、读不起书的、修不起路的，他都力所能及地解囊帮助："每年花出的钱两三百万是有的。"

树高千丈不忘根。这个从青树子山顶上走出去的汉子，对一时还不富裕的故乡故土，时时投去关注的目光。到他老家和平村，有两条路可以上去，一条经过龙桥村，另一条经过新开村。龙桥村老百姓凑钱把境内公路修通了，和平村的老百姓要穷一点，集不起资修路。严贵林回老家的时候看见了，对村干部讲："接通和平村的路只有2公里，你们去把它修起来，所有机具、炸药、材料钱我出。"路修好后，涨洪水被冲毁，不能再原路复建。新开村也通过老百姓集资的方法修通了村里的路，这条路不会被洪水冲毁，严贵林又出钱修通从新开村到老家和平村的路，两次耗资18万元。后来镇政府把新开、和平、龙桥三个村的路打通成一条环线，修通毛路后，没铺成水泥路。严贵林见了，表示愿意出资让老百姓投工投劳将毛路打成水泥路。铺路工作正要组织实施，镇政府有政策要村村打通水泥路，就停了下来。我问严贵林为什么要出钱为家乡修路，严贵林对我淡淡一笑道："要致富，先修路。老百姓凑不出钱来修，我有这个能力，就来干一点实事嘛。路修通了，老百姓的东西运出去也要好卖点噻。"

和平村成立专合社，严贵林掏出10万元为2组17户村民购买了180股股份，其中有5户是贫困户。陪我去严贵林老家的镇党委副书记刘锐告诉我，现在这5户贫困户已经全部脱贫。

刘锐带我去村委会，大会议室正在举办庆祝中华人民共和国成立70周年的活动，场面十分热闹。村支书热情地给我介绍："严贵林捐赠了10万元钱，用于添置会议室和村两委办公室的桌凳以及将老年活动中心和文化广场的地面铺上水泥。"

严贵林还为家乡父老做了一件事，他在贵州有一个很大的批发市场，凡是屏山县特别是新安镇的农特产品，进场费、摊位费等一律全免，还特意安排了一个总经理负责此事。严贵林给我算了一个账，2019年进入他的市场的来自家乡的茵红李等水果，如果按实支付场租等费用，少则几十万元，多则上百万元。严贵林是真正报效桑梓，不遗余力，其游子真情，天地可鉴。

面对我"以后还想为家乡做点啥子事情"的提问，严贵林不假思索地说，现在和平村的孩子们，仍然像他当年一样，要走路到龙桥中心校读书，每天要走五六个钟头，早出晚归"两头黑"。他主动向镇政府提出，愿意出钱把他的母校，已停办的青龙小学办起来，每年给老师发一笔高额补助，再买一辆交通车，油钱他给。可能镇政府考虑到学生安全问题，一直没有采纳他的建议。我想，有没有既可以减少孩子们读书起早贪黑走远路，又能兼顾他们安全的两全之策呢？

严贵林说他利用中秋节回家的机会，已跟县和镇的有关领导对接，争取能为家乡做一点事。如果有项目落地，他愿意拿出20%的利润设立一个基金，对生大病保险报不完、考起重点大学读不起书等因种种原因确实需要帮扶的人员提供帮助。脱贫攻坚，镇里有需要他帮助的事，不是想让他捐钱捐物，而是想让他通过扶持发展产业的方式，解决贫困户长效增收问题。

走笔至此，我眼前又叠印出严贵林送给父亲八秩寿礼的"严府"来。不过，门匾是遒劲的行楷"闫府"。问严贵林原因，他说人口普查时工作人员把"闫"字写成"严"了。可见我们的工作人员，稍微马虎就把人家的姓给改了。正如街道换门牌号时，把我家的门牌号钉在隔壁家，隔壁家门牌号钉在我家一样，给我们平添了经常被敲错门的麻烦。

"严府"背枕红椿坪梁子,秋阳朗照下,灰白色的墙体,赭红色的大柱,廊檐上的大红灯笼与装修考究的门窗交相辉映,展现出一种古朴端庄、高贵典雅的气度,在那一方青山绿水中昂然屹立,卓尔不群。我揣测,严贵林要的就是这种效果,这种让家乡的父老乡亲仰视和赞叹的效果,以此激励村里的后生好好学习,发愤图强,像他一样走出大山,创造出属于自己的人生辉煌。不知我这样解读"严府",不,"闫府"对不对?

第八章　人生第二春

扶贫，扶起的不仅仅是贫，更是志，是人格，是尊严。当跌落人生低谷的人们在黑暗中挣扎，在绝望中沉沦的时候，一道光照在迷茫的路上，他们凤凰涅槃，重新走进人生的又一个春天。

一、枯树逢春

"罗孃孃，你来了啊？"

2019年7月的一天，富荣镇白果村第一书记罗晓玲、驻村工作队员周彬，去1组入户更换墙上的《建卡贫困户精准帮扶明白卡》（后简称《明白卡》），我也一起跟着去看。正站在李某的敞坝里同他闲聊，听见有人跟罗晓玲打招呼。掉头一看，一位大姐朝我们走来。她大约50来岁，身体壮实，穿着一件白底黑杠圆领长袖T恤，裤脚挽在小腿肚上，脚跋一双水红色塑料拖鞋，腰上拴着一块绘有美羊羊头像、红白细方格的围腰布，一脸温温和和的笑容。

"你不是出去了？"罗晓玲略显惊讶。

"出去了不回来吗？家在这儿，我不回来，你给我背起走了，我哪儿去找呢？"

嚯，还挺幽默的。我悄悄问罗晓玲这是谁？罗晓玲说："曾宪英，是我们的一个帮扶对象。前些年婆婆死了没多久，儿子又死了，对她夫妇俩打击很大，两人情绪低落。经过帮扶，现在好点了。"

我心里一震，待周彬换好李永君家的《明白卡》、去换曾宪英家的时，我采访了曾宪英。

曾宪英家原来有5个人，她婆婆、她和爱人李加友，一儿一女。儿子在浙江打工，女儿在峨眉山市职业技术学校读书。这是一个理想的家庭结构。可命运不眷顾她家，2008年，她婆婆患胃癌在宜宾一家医院医治无效死亡。她母亲没有医疗保险和大病统筹花了近10万元。李加友的两个亲弟弟，倒插门出去了，担子落在曾宪英一家人身上。两个弟弟很懂事，但李加友想到他俩家庭负担也重，虽说自己家庭经济情况不算好，娃儿在外面打工，年龄小，也挣不了几个钱，但还勉强撑得住，也就没让两个弟弟分担母亲治病与丧葬的费用。

不料，祸不单行。2011年，在浙江打工的儿子出事了，头一天晚上他还给李加友打过电话。第二天早晨6点过，李加友出去帮人做活，刚走到坎下溪沟边上，接到跟儿子一起打工的姐姐的电话，说她早晨6点上班，5点半去喊儿子起床，喊不答应，便强行推开门看，发现儿子已经死在床上了。李加友听后，拔腿就往家里跑，上气不接下气，叫曾宪英赶快给他找衣裳。正忙着挑水的曾宪英看见丈夫泪眼婆娑的，一边问他咋个的，一边去衣柜里给李加友找衣裳。李加友一边穿衣裳，一边问曾宪英："家里有钱没得？"曾宪英说："就两三千元。"李加友说："有多少拿多少给我。"曾宪英说："你拿来做啥子？"李加友才说："儿子死了。"曾宪英的泪水一滚就流出来了，见李加友匆匆忙忙走到湾对面，她便瘫软在灶门前，连站起身的力气都没有了。

邻居很快知道曾宪英儿子死了的消息，纷纷来劝曾宪英。兄弟媳妇比曾宪英哭得厉害，还没进屋就哭倒在檐坎上。邻居们劝兄弟媳妇说："你气，你三嫂更气。"兄弟媳妇说："我们一大家人，就这一个男娃儿，现在他走了，我咋个想得通哟。"李加友的两个弟弟跟着去了浙江奔丧，在峨眉读书的女儿不知道从哪里听到哥哥死了的消息，找同学借钱也去了浙江。曾宪英想去，邻居们劝她："你哭起来，李加友心头更难受，日子更不好过。"

经报案尸检，一个多月后结果出来了，她儿子死于心肌梗死。打工的老板说是生病死的，不属于工伤事故，出于人道主义，象征性地给了几千元。活生生的一个人死了，李加友无论如何接受不了这个现实，找兄弟舅子借钱请律师，不惜一切代价要把儿子的死因搞清楚。在浙江两个来月的花销，加上儿子火化和运回家安葬，共计花了14万元。女儿说："哥哥走了，爸妈供不起我读书。"辍学去了宜宾打工。

人没了，钱没了，家空了，心空了，精神倒了。李加友两个月瘦了29斤，变得瘦骨嶙峋，元气丧尽，像一具行尸走肉，除了吃饭，就是睡觉，要不就端一条板凳坐在家门口，两眼空洞无神，憨痴痴地望着远山近水发呆，一句话不说，一样事不干。亲戚、朋友、周围邻里左说右劝，过了很久，李加友心里稍微活乏了一点，但他并没有开始干活，而是喜欢上了打牌。

"以前他不打牌，后来学会了。他说出去打牌日子混起好过点儿，在屋头巴着想不好过。"曾宪英说。

曾宪英在同我摆谈的整个过程中，说到爱人李加友时，一律用"他"指代。而曾宪英又是怎么渡过那些不堪回首的痛苦日子的呢？她说："我的娃儿，村上余支书（余大金）都说很乖，又听话，大人跟他说啥子，他都乐意听、乐意做。想起娃儿走了，不要说他，我成天都懒心无肠的，一天到晚昏昏沉沉，啥子事情都不想做，几块大田全部丢荒了。我的后家两个哥哥和侄儿来给我们种苞谷，种几棵我们就收几棵。日子这样过下去也不是办法，我想还是要干点活。看见大家都种豆子了，我就去山上种，可是手没得力，拿不起锄头干活很慢。地在令牌山上，要从山沟里背水去浇，我没得力气，两壶水都背不起。巴掌大一块地，原来半天都要不到就种好了，现在种了一天都还剩一个边角。没多大两块地，我一个人种了三天。"

我问曾宪英："你没有劝过李加友，儿子已经不在了，再想、再气也想不回来、气不回来，要放下心事，要干活才有吃的吗？"

曾宪英说："劝。你越劝他越不做，还要冒火，说我不晓得他在浙江料理娃儿后事的那一两个月是咋个过的。我说难道我一个人在家里头又好过吗？我说，地头草长得半人深了，去买点除草剂来除草种点啥子嘛。他说他没得心情，让我去做。我怕过年，女儿女婿回来过完年走了，他就眼泪汪汪的，看见周围人家一家大小热热闹闹的，他吃了饭就缩上床把铺盖拉来盖着脑壳睡了。我说坎上坎下的人都在坝子头耍，你还是出去耍嘛。他怎么也不去。"

我问："后来你们是如何把心情调理好了的呢？"

曾宪英说："村上余支书、李主任（李多富）经常来家里劝。女儿也劝说，两个老的不要气起病了给她增加麻烦，在一天要开心一天。哥哥已经死了，生病死的，又不是偷鸡摸狗被人家打死的。后来扶贫干部罗孃孃他们来了，晓得了我家头的情况，也劝我们要想开点，人死了活不回来，不要气坏了身体。然后想方设法帮助我们。"

说到帮扶，我后来采访了李加友，问他享受到了哪些扶持政策，哪些单位和人实实在在地帮助过他？他说："扶持政策主要有退耕还林补贴、生态建设补贴、耕地地力保护补贴、危房改造、三建一改、金融扶持，等等。帮扶的单位主要是宜宾晚报社，县总工会和一些单位，对我们帮扶最大的人有曾红（县委常委、宣传部部长）、罗晓玲、周彬、陈亮、刘健等人。我家属在山上干活，只要天太热，就周身瘙痒难受，一抠就起红块，像痱子一样。去医院检查，说是皮肤过敏，叫太阳大了不要出去晒。我们农民，要做活，太阳大点不出门咋个得行呢？成都的医院都去医过，说她这个病没办法医，只有用点药来搽。罗书记他们知道了，专门去医院给她买药。说起这些，我都觉得很对不住他们。"

曾宪英夫妇记得最深刻的是修房子："我的房子是烂的，完全是危房了，政府村上来人动员我修。我们哪里有钱来修，婆婆和娃儿死了，外面还欠着20来万元的账，我们心情也不好，确实不想整。他们让我们不要考虑那么多，可以给我们争取2.5万元的建房补助，可以贷5万元无息贷款给我们，大体就差不多了。我们一想，房子烂成那样了，经常漏水，住起也不安全，修就修嘛。为了我们修这个房子，罗孃孃他们几个领导，硬是脚板儿都跑大了，很操心我家里的事。"后来钱不够，李加友去找亲戚朋友借了点，一共花了10来万元才把房子修起。

新的水泥平房修起了，让李加友、曾宪英告别了一起风下雨就担惊受怕的日子，但是"欠账也多了，再气都得挣钱还账"。望着只贴了半人高的墙面砖，应该说还是清水房的房子，我揣想：莫非这成了李加友夫妻走出儿子死亡阴影的转折点？

夫妇俩"只能往前想，往后想就要悲伤"，经过帮扶开导，他们打起精神栽核桃，虽然树长得好，但不结核桃，没成功；栽茵红李，1000多株，现在开始结果了，但还没大势结果。曾宪英很后悔，说："要是早几年我喊他栽时栽上就好了。"他们还养猪，"去年喂了两条，卖了几千元"。李加友跟一些木材老板关系好，帮木材老板砍树，挣了一点钱。李子成熟季节，他去当经纪人，帮外地老板收李子过秤打包外运，"今天他也去楼东那面帮人收李子去了。去年挣了七八千元。前年收得多一点，帮老板运到宜宾飞机场空运，挣了两万元。"曾宪英有空也去帮人摘李子，"今天你们来我在屋头，明天我就不在屋头，帮人摘李子去了。"摘李子一般100元一天，摘得多点，120元一天。但是，"我家里喂了猪和鸡，摘李子回家早，就喂得到；摘李子回家晚，就喂不到猪和鸡了。"

我问："现在账还清了吗？"

"没有。"曾宪英说，"还差一万多元才还清。"

后来我找李加友求证，他说账还有1.5万，主要是差银行的。原本打算今年还清账，但李子结得不好，只收入了1万多，买药买肥料花费了一些；加上他在外面帮人收李子，挣的钱凑在一起，估计能还几千万把元，"我身上百百钱有，千千钱都用来还账了。"

两口子称得上朴实勤劳的典型。曾宪英说："我今年又想去新疆摘棉花。去年去摘了两个月，还挣了 6000 来元。他说他想养几百只鸡，跟宜宾一个养鸡老板联系了，登记了信息准备参加培训。"

我后来问李加友："现在心情怎么样？"

李加友说："这两年心情好多了。前不久罗书记看到我，说这两年我的脸色和身形起码比以前年轻了 10 岁。"

是啊，精准扶贫的光辉，扫除了他人生路上的阴霾与雾障；虽然还有一点债务没还清，但在精神上、尊严上站起来了的两口子，在一揽子增收措施与勃勃雄心面前，差的那点钱还算是账吗？而他们还清账务的意义与实质，仅仅是脱贫标准中"两不愁三保障""一超六有"这一些物质硬指标能够涵盖的吗？

对了，我还得在这里补白一个细景。采访曾宪英时，我像吃饭一样坐在饭桌一方，她坐在挨着的另一方。她应该像我这样坐才好摆谈，但她是背靠饭桌坐的，把左手夹在两腿间，右手肘放在桌面上，扭过头来跟我摆谈，脸上始终带着温和的笑容，谈到伤心处眼圈有一点发红，但也没有掉泪，脸色也没有一丝凄苦。莫不是泪已经流尽了，苦已经吃完了，好日子就在前面，就应该是这样一副达观洒脱无忧无虑的神态？

二、"酒醉鬼"醒了

看雷自彬相貌应该称得上一表人才，尽管现在 50 好几了，眉眼身板仍然难掩青壮年时代的英武之气，很难相信这样一个人居然怯生。屏山镇团委副书记下派庄子村任第一书记的欧熙林为我着想，想让雷自彬到县城接受我的采访。不料，雷自彬居然不敢进城，说怕心头发虚说不出话来。他只熟悉庄子村，希望我去庄子村采访他。我暗自一笑：显然他这一生中没有接受过采访。你看他正襟危坐，双手放在腿上，举止神情十分严肃，他开口就说："我是庄子村民乐组村民，今年 54 岁，20 年前离了婚，两个娃儿跟着我。"我想笑。他不是庄子村出了名的"酒醉鬼"吗？我得从酒开始说起，解除他的心理戒备，活跃气氛，让他放松心情，便截住他的话头问："你一次能喝多少酒？"

雷自彬一愣，随后回答道："最多半斤就要喝醉。"

我以大酒量的派头用略带藐视的语气说："看来你的酒量并不大嘛。"

他绷紧的脸面骤然松弛开来，手从腿上拿开，一只手肘放在靠着的会议条桌上，显出一副雄心壮志来："以前我一天可以喝1斤酒，像喝茶一样，想喝就喝一口。出去做点啥子，回来又喝一口。"

我继续藐视："你实际上喝的是'耍耍酒'，真正上场真刀真枪地拼，几下就把你喝'下课'了。"

雷自彬绽开一脸笑意，微微地点了点头。在我的提示下，雷自彬说起了他喝酒的起因。

雷自彬以前不喝酒，即使走亲戚、会朋友，也只是象征性地喝一点应付一下场面。他经历的第一个打击是离婚，那是1999年的事。家里经济困难，他外出打工，没有技术，眼睛又近视，只能干笨重的体力活，开始在宜宾江北工地上抬混凝土，工钱少，吃得多，35元/天的工钱还不够生活费，只有回去留守家中带孩子，让妻子外出打工。外面的世界很精彩，与穷乡僻壤的乡村形成鲜明对比，很容易掳走女人的心，于是妻子回来向他提出离婚。他们夫妻关系一直不怎么好，离就离吧，雷自彬很爽快地答应了。他们第二天就去县民政部门办理了离婚手续。家庭财产妻子一样不要，还给了雷自彬几千元钱。儿子判给雷自彬，女儿判给他妻子。他后来翻日历看哪一天离的婚，刚好是11月11日"光棍节"，想来也是天意。不过，那时的"光棍节"没现在炒得热闹："我想通了，一辈子该打光棍。"

他不承重的肩头勉强扛着破碎的家，身不由己地朝前走。2005年，他的父亲死了，其后儿子也外出打工了，家里剩下他一个人。他的眼睛越来越近视，腰椎间盘突出也越来越严重，多走几步路就痛。几间破瓦房天通地漏，下雨天床上必须放上接水的盆。他想把房子上的瓦翻一下吧，腿痛爬不上去。姐夫隔得远，只有等他来的时候，才请他帮忙翻一翻；瓦稀，他没有钱买瓦添在上面，下雨天仍然会漏雨，只有熬着。

最难忍受的是孤独寂寞的折磨。庄子村属于山区，地广人稀，很远才有一户人家，不要说找人摆龙门阵，人都很难看到一个。单家独户一个人，孤苦伶仃，又拖着病，吃不成吃，住不成住。周围邻居呢，房子修得漂漂亮亮，一家大小团团圆圆，逢年过节热热闹闹，看到这些，孤独苍凉感像蛇一样盘踞在他的心头。他觉得人活在世上很无聊，没得啥子意思，渐渐爱上了酒，开始一天二三两，继而四五两，再后来一天可以喝一斤。"觉得很安逸，喝得二昏二昏的，飘飘然的啥子都不晓得了。"

雷自彬买的酒是液化酒，酒精勾兑的，15元钱一壶（3.5斤）。他也晓得酒很劣质，很伤身体。可是一来他无钱买好酒，哪怕10多元/斤的苞谷酒；二来他觉得活在世上没得意思，早点死了还好点。于是就喝吧，天亮起床第一件事就是抱着酒瓶喝一口，慢慢地，他就在庄子村喝出名来。他在前面偏偏倒倒地走，有女人声音从后面追过来："你看这个酒醉鬼，今天又喝醉了。"他掉过头看去，又没有声音了。庄子村支书张文弟说："有时他喝醉酒把尿屙在身上都不晓得。"雷自彬承认有这种事。我摸出手机，找出在清平乡龙宝村聚居点拍到的一个酒醉鬼，已经是下午3点多钟了，这个40多岁的酒醉鬼，像才从垃圾堆里爬出来一样，一身一脸全是烟灰色泥灰，蜷曲着身子不省人事地躺在地上。据说这人头一天晚上就喝醉了酒，睡在一家人的大门口。那家人喊不醒他，便像拖死狗一样把他拖到一幢修好还没有住人的房子侧边墙下。我问雷自彬："你喝醉了会不会像这个人一样狼狈？"他说他比这个人还狼狈。5年前，有一次他在学校商店喝醉酒，雨又大，不可能在商店歇，他偏偏倒倒回家去，走到雷家沟小水库，滚进了水库。雷自彬虽然酒醉但心明白，挣扎着爬起来，睡在沟沟头，等酒醒了才一身泥一身水走回家。儿子见他一天到晚喝醉酒很不满意。女儿说："你成天喝酒，自己丢脸，还给家人丢脸。"女儿出嫁后，没叫他去耍过一次。他也有"骨气"，一次也没去耍过。家里从来没有关过大门，日无逗鸡之米，夜无鼠盗之粮，强盗不会来光顾。一天24小时，他除了醉酒、睡觉，似乎没有别的事可做。

雷自彬的人生，在酒精的熏蒸下，在艰涩困苦甚至在隐隐作痛中煎熬着。

为3级残疾，加上他还患有腰椎间盘突出，造成其家庭环境条件相当差；儿子离了婚，拖着两个娃儿，找一分用一分，日子过得也很艰难。于是他向村上写了贫困户申请，确定为建档立卡贫困户。镇干部王兴伦作为对口帮扶人，多次上门做他的思想工作，要他振作精神，改变贫困面貌，不能继续这样浑浑噩噩堕落下去。雷自彬记得，有一次下大雨，王兴伦和张书记（村支书张文弟）去找他，说他自己这一条命来得不容易，要好好珍惜，告诉他党和政府一定尽力而为地帮助他。他说："你们这样关心我，我心领了。但是，我跟一条马一样,已经陷进坑坑头牵不起来了。病拖起,儿子在外面,住房也烂成这个样子,咋个翻得了身?"

雷自彬根本不配合帮扶人的帮扶,依然故我,沉醉在酒壶里,哪里醉倒哪里躺下,醒了东歪西倒跩起身子回家去,给帮扶人打电话,给驻村工作组打电话,用陈启炜的话来说是"讲经说法,渣渣瓦瓦",都是一些残疾证不见了,哪个又把他的残疾补助领走了;啥子事情又不公平了,他该得的补助没得到之类的话。

2017年,帮扶干部动员雷自彬修房子。他的房子是危房,又在山上,进出很不方便,希望他迁建到山下靠近公路的苦竹沟,并且给他调整好了屋基地。他恰好遇上解决贫困户住房的好政策,不管进聚居点,还是新修住房,出钱都不超过1万元。打起灯笼都难找的好事,他随口就拒绝了。我听他说出的理由,应该是他内心真实的袒露:"不想修,主要是1万元自己也拿不出来。找人借,一个酒醉鬼,说话没得人相信,也赊不到砖、水泥、钢筋等建材。身上摸不出来钱,别人一壶酒都不得赊给你。领导们做我的工作,说不把房子修起来,这个烂房子倒下来砸到我就惨了。我说倒下来我就去住岩洞。真的有一个岩洞,我看过的,可以住人。"

张文弟说:"他儿子和女儿各给了他两三千元。我们给雷自彬说,'没关系,你只管修,驻村工作组和村上帮着你想办法。还可以以村上的名义给你找来施工队'"

村上帮着联系购买砖、水泥等,钱村上垫着,把房子修好,共花去7万多元,还给雷自彬买了床、沙发、电视等送到他家里。现在又帮他改厨改厕。雷自彬笑着说:"灶头儿给我整得巴巴适适的,厕所跟城头一样,放水一冲就干净了。"

在镇上和驻村工作组、帮扶人和村两委的帮扶下,雷自彬的房子修好了,雷自彬思想有所转变,喝酒有了一点节制。他种有三四亩茶叶,以前给别人管理,收益归别人所有。后来他把茶地收回来自己管理,摘茶叶只摘谷粒大小的嫩芽,他眼睛残疾,看不见,只好请人,收益五五分成,一年有3000来元的收入。此外,他还种有油樟,如果他自己爬上树摘叶子熬樟油,可以赚1万元,但因眼睛问题也包给别人摘,每年只能进账1000元。加上儿女再给他一点钱,生活勉勉强强能够维持。

对雷自彬的帮扶,镇村和有关帮扶人一直没松过手。雷自彬说:"有时候一个月领导要到我家头来三四次。",陈启炜说:"帮扶干部并没有放弃他。

他不是党员，还是贫困户嘛。帮他找工作很困难，这种酒醉鬼，哪个敢请嘛。"

沉寂许久，机会来了。2019年6月，屏山县江北工业园区东西协作扶贫项目招聘园林工人，第一书记欧熙林和村两委商量，给雷自彬报名应聘，征求他意见，他说不去。他怕眼睛和腿有病，去了也做不下来。欧熙林逼他："雷叔叔，我们给对方说好了，已经约定时间带你去。你不去，我们好尴尬嘛。你去现场逛一圈，再说不去都可以。"雷自彬见欧熙林真心诚意，心想给她一个面子，去看一下就走。

他去看了，工作内容是管理公路两旁的绿化带，修修花枝、扯扯草，不挑不抬很轻巧，一个月2558元，每周休息一天。他乐意干，没想到一干就干上路了。

"我要是没有去，后面晓得这个活路这样适合我干的话，会后悔一辈子。我发自内心的感谢欧书记，她不逼着我，我就不得去。"站在雷自彬房前才硬化不久的院坝一角的地面上，他这样给我和欧熙林说，"钱每个月30号按时打在卡上，我这一辈子月收入从来没有这样高过，我一个月用1000元，剩下的就存起来。"

如今，被从陷马坑里拉起来的雷自彬像换了一个人。从上班起他就把酒戒了，一口都不喝了。有人说戒不掉，他说："只要有信心，鸦片都戒得掉，几口'猫儿尿'哪有戒不掉的嘛。"我玩笑道："我写文章说你已经把酒戒了，人家看见你还在喝，说你是吃屎的狗离不开臭茅厕，说我不实事求是打胡乱说，咋个办呢？"他说："我肯定不喝了。"张文弟说："酒不能不喝，像逢年过节、有人请客、三朋四友来家里，适当喝几口还是可以的，但一定要适度，控制好量。"

现在他很配合扶贫干部和村两委工作。有人说怪话，他听了会制止："不该说的话不要乱说。你要说，就要实事求是地说。"逢年过节，他会在微信群中发一些感谢党的扶贫政策、感谢帮扶人的话。有人在微信群中乱转信息，他也会劝告他们："不是你亲眼看到的，请不要乱转发。"

他生活也有规律了，早晨6点过起床，吃了早饭7点出门去上班。干活地点是流动的，要是离家远，就在外面吃午饭，豆花饭8元、盖浇饭10元。晚上又回家吃，饭后看看电视，9点左右上床睡觉。星期天休息，在家洗洗衣裳裤子，打扫卫生，"还觉得上班安逸点。"

公路上车来车往，人行道上行人不绝，不愁一天到晚见不到一个人；园林工人10几个，不愁找不到人摆龙门阵。雷自彬的心情舒畅了，高兴时还会哼几句歌，虽然唱不了完整一首，东拣一句西拣一句的，自己唱给自己听，也就无所谓。

家庭也和睦了，女儿女婿喊他去耍，他回答道："我要上班，哪里有时间去耍嘛。"儿子在新县城打工，租房子住，照顾孩子上学，经常带着孩子回家看他。我说："你前妻结婚没有？"他说："没有。"我说："她住在哪里呢？"他说："大概在新县城。"我说："你跟她把婚复了，不就全家团圆了？"他说他没有这个想法，毕竟已经分开20来年了。一起干活的人给他介绍老伴，说是龙华的人。他开玩笑说："吃苞谷粑的啊？我这里没得苞谷粑给她吃得哟。"我说："好事嚛，你答应没有？"他说："听说这女的48岁，我54岁，从岁数上讲可以。但她有一个七八岁的少爷，比我孙子还小一岁，要是带来，我的负担就重了，儿女们也不一定赞成。我不想再结婚了，尽量把班上好，把日子过好算了。"

听着雷自彬对未来的打算，我真切感觉到这个酒醉鬼，在精准扶贫政策的感召下，在众多帮扶人永不言弃的帮扶下，真正从混混沌沌的噩梦中醒来了。唯愿他在以后生活再遇上什么波折与困扰时也能坚定信念，坦然面对，不要再跌倒在人生路上。

三、农家院里笑声飞

我去采访杨二孃，在房前碰见一位正在往外走的女子。村文书袁宗安问她："你母亲在没在家？"那女子声音硬硬地说："没在。"话音刚落，传来一个苍老刚劲的声音："哪个说我没在？"随后，一个白发苍苍的老太婆，步履蹒跚地从一条绿草掩映的小路上走过来。袁宗安说："我是老实人，你儿媳妇说你不在，我就想转身走了。"杨二孃反问："老实人咋个当干部呢？"我搭脸道："正因为老实才能当干部。"杨二孃说："我还说聪明人才当得了干部，啊哈哈哈哈。"一串笑声，在秋阳照耀的农家小院荡漾开去。袁宗安把我介绍给杨二孃。我说："我来找你摆龙门阵。"她："哈哈哈哈，我摆不来龙门阵。"我说："你刚才摆的就是龙门阵，摆得挺好的。"

房子檐坎上放着十几个蜂箱。蜂们虽然进进出出，但有点孤单冷清，一点也不热闹。我一问才知道，今年天旱没有收获多少蜂糖。

杨二孃住新安镇龙桥村2组，本名杨仕会，丈夫罗某，家有6人，老两口，小两口，一对小孙子；贫困户原因我见《明白卡》上写的是：一、因病（罗某风湿病，杨仕会胃病）；二、缺技术。

杨二孃生了两个儿子四个女儿,现在和幺儿住在一起,两个孙女大的两岁多,小的才几个月。"他们喊我儿媳妇再生一个,我说生怕了哟,不生了。来坐坐坐。"幺儿罗元海,去安徽修桥了。杨二孃说她是2017年评的贫困户。袁宗安说不对,是2014年评的。她说:"哦对。现在我岁数不大了,脑筋像呆了一样,都糊涂了。"我看她脸上皱纹很深、牙齿已掉了一些,说话有点漏风,忍不住问:"您今年多大岁数?"她反问:"你看我有多大?"我说:"70岁。"她说:"75岁,不大嘛。我就是一直在生病,做手术麻药吃多了,现在周身都是病,才住了院出来。"袁宗安说:"我看你一天到黑都很开心嘛,心态比较好。"她说:"罗医生检查说我就是心头有病,但我一直都很开心。但是人家说的,出门欢喜进门愁;屋头吃的甜瓜苦,外头吃的苦瓜甜,哈哈哈哈。要是照原先那个政策,我差点老命都丢掉喽。现在社会好喽,我的身体好喽。"我说:"我见你的《明白卡》上,还是享受到了很多政策扶持。"她说:"他们是把我照顾得好哟。胡兴安这些,哎呀胡兴安,袁宗安哒嘛,你看我说话是不是糊涂了嘛。"袁宗安说:"不怪你,只怪我跟胡兴安两个人的名字有点容易混。"杨二孃说:"不不不,是我脑壳有点转不过来。"我说:"您老还是很健旺。"她说:"健旺啊?不行了,我做不得活了,现在在家里带孙女。"我问:"你觉得现在的健康扶贫政策如何?"还没说完,她就抢过话说:"好哦。"我问:"好在哪一些地方?"她说:"好在我身上嘛。我的病啊,都是国家给我医的。"我说:"医了好多钱?"她说:"家里有一个本子,上面写了,钱我自己出了1000多。"我口算了一下,贫困户住院,健康扶贫政策规定个人支付医疗费用低于住院总费用的10%,那她应该医了1万多元。杨二孃说:"要是在以前,我的这条命都丢了。像前年,还是上前年?我摔了那一回,也是医了1万多元,国家给我拣的底。大姑儿(指大孙女)上午出世,我下午就摔了。大姑儿出生时也花了很多钱,哎呀,大姑儿早产,7个月就生下来了,出生时只有2斤7两,哈哈哈哈,你见过没有?"她伸出手,在我面前比了比,两只手掌之间不足一根筷子的距离,"这么一点长,像耗子一样。现在长高了。"我心头一凛:"你家里一天遇上两件事?"她说:"就是啊,我那孙孙早晨7点多钟出世,我下午5点钟摔的。"我问:"你怎么摔了的?"她大笑一阵后说:"我在山上摘茶叶,脑壳一昏就倒下去了。"

杨二孃的丈夫罗某华在敞坝边上破竹篾,时不时纠正或补充一两句话。他说:"正好倒在坎脚下一坨石头上,有人喊我说你那婆娘摔了。我赶忙去把她背回来的。"

杨二孃说："我心想应该摔得不凶，没有去医院，那时候没有车子不方便，也没得电话，就我们两个老的在屋头。第二天才喊大娃儿送我到新屏山医院去检查。儿媳妇也在那个医院生娃儿。我们一家都去了医院，哈哈哈哈，那才叫整得麻烦哟。"镇党委副书记刘锐迟来一会儿，杨二孃招呼他坐，说："我好像见过你。"袁宗安给杨二孃介绍道："我们镇上的刘书记。"刘锐说："我联系龙桥村，到你家里来过。"杨二孃一串笑声后说："是说嘛，怪不得觉得面熟，记性不好。"我开玩笑说："杨二孃，他有你的账没得？你要记着收哟。"杨二孃说："我吗？他没有差我的账，是我差他的账，哈哈哈哈。"我懵了："你差他啥子账呢？"她说："我差他的病账。"又是一串笑声拴在话尾上，如铃铛一样清脆，"我摔倒那一次住了几个月的院才好。"我问："摔倒住院过后，你还住过院没有？"她说："咋个没有呢，去年都去住过10多天。才不久也去住了一段时间，我自己都出了1000多元。"她丈夫插话道："她经常住院，每次住10多天。"我问："你么儿媳妇生小孩花了多少钱呢？"她么儿媳妇回来了，抱着小女儿坐在家门口说："二十好几万元，"

我问："除了医病这方面政策好，其他方面的政策好不好呢？"她说："身体给我照顾好了，就啥子都好噻，哈哈哈哈。在外面，有些人说我以前瘦猴子一样像个啥子哟，现在像个猪。哈哈哈哈，好多人都说我长胖喽。"袁宗安说："确实身体长好了。"杨二孃说："我自己都这样说。我的病才凶哟，我说给你听嘛，我得过胆囊炎、胃炎，经常头疼，是因为血管不通。"我说可能是脑梗死。她说："对头对头，脑梗死。脚杆也疼，走路一踮一踮的。他（指丈夫）喊我去办残疾证。哦哟，我说不去办喽。"袁宗安说："风湿病办不到。"杨二孃说："我只有自己去买药吃，一次80元，只能吃一个多星期。住院就能报销。"我问罗某："你的身体没得问题吧？"他说："没得。"杨二孃说："他的身体还好。他要比我熬得住点，我要走他前头，哈哈哈哈。"

见她家红砖墙、预制板盖顶的房子，我换了话题："你这房子享受到扶贫补助没呢？"罗某华说："享受到了。"我问哪一年修的？杨二孃说修了20多年，罗某说只修了10多年。杨二孃说："么娃儿12岁那年修的，哪能没有享受到。"

"别的还享受过哪些扶贫政策呢？"我继续问。杨二孃有点犯怔。刘锐提醒她说："产业发展扶持。"罗某华说："发展产业上也得到过扶持，像种李子、柑子、茶叶，都是上面发给我们种的。退耕还林、土地治理这一些都得到过帮扶。"杨二孃说:"改土没有改到我们。"罗某说:"改得有。"杨二孃说:"当真改得有,把我们的地全部整得乱糟糟的,尽是石头。"罗某说:"皮面上看起来平平顺顺的,一锄头挖下去就是石头,两锄头挖下去还是石头。"杨二孃说:"这个我很反感他们,我那是大田肥田,改的时候,石头挖起来,挖掘机把石头杵(埋)在里头不捡起来。哎呀,好田好土改成了坏田坏土。"

我脑海里闪出一个画面。我的老家也在农村,村民们把土地流转给村上,统一租赁给外地老板建蔬菜基地。为了规范化种植,外地老板对田土做了坡改梯、小改大的改造。结果把下面的鹅卵石翻起来,把上面的熟土层埋了下去,村民无法捡掉鹅卵石进行种植,只好丢荒。罗某、杨二孃说的可能是这种情况,但石头要比鹅卵石好捡一些,袁宗安承认石头不好捡干净后,调转话题:"你种了多少根青见(一个柑橘品种,如不知火一样,为外国引进优良品种)?"罗某华说:"200来根。"这是2017年的事。当时村里鼓励发展柑橘,引进优良品种时,贫困户一株补助7元,让村民自由种植,罗某华享受到1400元的补助。还有茵红李,袁宗安说:"当时他们已经种植起来了,村里只有请来技术员进行技术培训,管理指导。贫困户他们自己发展起来的柑子、李子等,产业发展基金一户最多给2500元补助。"刘锐说他们村一户给的2000元。金土地改造也是给了补助的。杨二孃说:"好,好,得了补助我很好,对大家都好,哈哈哈。"袁宗安说:"医疗保险是政府出钱帮他们买的。"刘锐纠正是"代缴的"。杨二孃大声说:"我的病房子卖了都医不好,我说的是老实话,本身我们就穷,一辈子都穷,现在就富了。"

我问:"以前有多穷?"杨二孃说:"饭都吃不起,就吃点苞谷,我差点命都整脱了,哎呀,我累惨了。"罗某说:"那会儿要卡工分。"杨二孃说:"管你是死是活哟,我背着娃儿去干活,鼓敲慢了一点就要扣5厘工分。"我不理解:"是出工敲鼓,还是干活敲鼓?"杨二孃:"是干活,鼓敲起薅草。哎呀,我这一个人,酸甜苦辣都吃过,累得最凶的时候饭都不想吃,给娃娃喂奶都在打瞌睡,回家还要磨苞谷面,磨子不响得不到吃的。那会儿又没得机器、没得电,收工了还要从河边背柴回来。回屋时娃娃叫的叫、哭的哭,一团乱。现在好了,打除草剂地就不用薅,又不喂猪了,有钱就割肉吃,哪点不安逸呢,日子过得轻松多了。"我问:"咋个不喂猪呢?"杨二孃说:"尽是果木地嘛,果木栽起了就不好喂猪了。就像种果木就不能种苞谷一样,苞谷长起来了要荫着果木,得了果木就得不到苞谷,你只能要一头。我说的是老实话,种果木强点。总的说来现在扶贫政策很好，我欢迎。上面政策把病给我医好了，我的身体好了精神就好了，哈哈哈。"

杨二孃的声音洪亮，说话有感染力，话语间三个"哈哈"两个笑，我开玩笑说："你这个声音适合当领导，讲起话来角落的人都听得清清楚楚，省下了麦克风和电费。"杨二孃又是一阵似乎回不过气来的大笑："哎哟，那个我不得行，乱说我才得行。"

袁宗安问："你吃的是不是自来水？"杨二孃说："是自来水。好几年了，一直吃自来水。"想到退出贫困户要实现"三有"，即有安全饮用水，有生活用电，有广播电视，我说："这是你们享受到的政策待遇。"杨二孃说："对头。现在方便得很，水管给我们安在灶背后的水缸头，瓢舀来就倒进锅里去了。原来吃水呀，我摆给你听你都要笑我，我去做活回来，那天晚上想吃炒面，水缸里没得水了。"罗某说："池子也没得水，要到付家湾那面去背，一两里路，有时候去了那里没得水。"杨二孃说："我就说今晚没得水咋个得了哟，没得办法，我就去找人家要水，要点回家把饭弄来吃了。还说人穷水不穷，那会儿水都穷得要来吃。""喔！"有鸡在叫。我问："现在不存在吃水困难了？"杨二孃说："现在不存在了，洗衣裳啊有的是水，尽管用。现在这个政策好得很喽，人家笑我，你要熬到不要死了哦。我说是，熬到熬到，哈哈哈。"我真怕杨二孃笑得回不气来，回头问刘锐、袁宗安："杨二孃家还享受有别的扶贫政策吗？"

刘锐说："主要是这些政策。"袁宗安说："教育政策，她的孙儿还小读不了书。务工方面，我们做工作叫他们去屏山工业园区干，但他们嫌工资低，不喜欢进厂，愿意到外面去打工。还有以购代捐，像他们前几年做的蜂糖，都是扶贫干部帮他们卖的。"我问罗某一年能产多少蜂糖？杨二孃抢过话说："这一两年都不得行。原来好，一年能产两三百斤，张书记（市自然和规划局派驻龙桥村第一书记张良）、向书记（屏山县自然和规划局派驻龙桥村干部向垣礼）他们就帮我们卖过。"我问："卖多少钱1斤？"杨二孃说："我们卖得便宜，有的20元，有的25元。那会儿就是这个价，一年能卖四五千块钱。这两年要卖得贵点，又没得产量了。"罗某华说："他们把装蜂糖的家伙买起来，把蜂糖装到屏山去卖，卖了把钱给我拿回来。说我有多少帮我卖多少，免得我花时间去卖。"说话间，那个出世只有2斤7两的小孙女来了，像一个小男孩子，健康活泼，根本看不出是早产儿。杨二孃的儿媳妇说她现在有20来斤了。小女孩不言不语，蹦蹦跳跳地跑过去，把他爷爷破的竹篾抱起来扬手摔到敞坝边上去。杨二孃儿媳妇制止了她，又对我们说："小娃娃调皮得很，人家都说她比男娃儿还调皮。"我笑着点头表示认同，问杨二孃儿媳妇："你生这个小孩子住院花的钱按比例全部给你报销了吗？"杨二孃儿媳妇说："有的报销不了，减免过后都花掉了十几万元。向亲戚朋友借了几万元，扶贫贴息贷款贷了5万元。"杨二孃说："看嘛，我们这个家，完全是国家把我们照顾起来的，哈哈哈哈哈哈！"

时已薄暮，辞别杨二孃一家人上路，刘锐和袁宗安都说她身体好、精神好、心态好。我耳边一直回想着杨二孃"哈哈哈"的大笑声，心里暗忖：要是没有享受到这一系列扶贫政策的帮扶，杨二孃的笑声会有这样纯净透明、清脆爽朗吗？

四、100元钱的故事

"那个时候，我恨不得把脸揣在包包里。"刘永珍说。

刘永珍是龙华镇中埂村彭家山组村民。现在至少得给他加上两个称谓：屏山县永珍水产养殖农民专业合作社理事长、四川省脱贫攻坚领导小组办公室2018年表彰的"四川脱贫榜样"。

刘永珍还记得那年她向一个卖纸人借钱，只借100元，还说了很快会还给他。明明那人包包里有钱，人家却说："哎呀，没得钱，有就给你了。"刘永珍受了冷遇，慌张地遮掩说着"没来头没来头（没关系）"，扭过头就往家里走。

刘永珍脸皮薄，不是万不得已，不会张嘴向人借钱。她心里很难受，心想：人情似纸张张薄，我刘某人要钱没钱，要能力没能力，要地位没有地位，卑微渺小到连100元钱都不值，眼泪水一下就滚出来了。

随着眼泪水一道滚出来的，是一件揪心的事，刘永珍此刻正在这个痛苦的漩涡中无力地挣扎着。

8岁的儿子3年前开始就一直脚痛，虽然也在医治，但钱紧张，治疗力度不大。现在确实痛得没办法，浑身长包，刘永珍送儿子去宜宾一家医院检查，儿子患的是白血病，刘永珍听到这个消息，无异于耳边响了一个炸雷，感觉到

"脑壳头有一根绷紧的橡皮筋啪一声断了"。家里本来就有一个病人，娃儿又检查出来得了大病，她很难接受这个事实，在心里哭着痛苦地大声质问道："老天爷，你对我太不公平了！"

家里那个病人又是谁呢？丈夫龚某。2000年家里抬条石修厕所，他把第三、第四节脊椎骨整断了，慢慢引发骨质增生、椎间盘突出，每天痛得直不起腰，中药、西药、偏方都在吃，比较贵，随便一副就是100多元。办小纸厂的收入，刘永珍在梁子上摘茶叶卖的钱，全部砸进去了，一医就是9年。后来又加上给儿子治病，家里已陆陆续续欠有20多万元账了。她请求医生再诊断一下，心想是不是检查错了，咋个得白血病了呢？医生咨询了重庆一家医院一位刚从外国留学回来的专家，专家听了病情叙述后初步判断"可能是缺血性股骨头坏死"，让他们把儿子送重庆检查确诊。刘永珍想，这样重的病，至少得准备一二十万元。找哪个借呢，该借的已经借遍了。她和龚某结婚，父母不同意，结婚的头一天晚上，父亲还给了她一耳光，现在走投无路了，只有厚着脸皮回家找母亲。打定这个主意后，她想先找人借点车费，再给父母买一点东西。可是，连100元钱都借不到，想到这里，眼泪水又哗哗地流了出来。

进屋，丈夫龚某见她正在哭，问她哭啥子？她一抹眼泪水，发誓般地说："我向你保证，我这一辈子一定要舍生忘死地去挣钱，让家庭奔小康，让我儿子受到高等教育，让我老公过上幸福日子，一定！"龚某说："我相信你。你也是苦命，你随便嫁给哪个都比嫁给我好。"刘永珍说："我既然选择了你，我就要对你负责；我从选择你那一天起，从来没有想过放弃你。我要发奋致富，不然我们一辈子就没有希望，绝对没有希望。"

现实很残酷，遇上了困难必须坚强面对。刘永珍又想办法借钱去了，一路走一路埋头想找谁借呢？有人招呼她："你走哪里去哟？"她抬头一看，是做纸生意的老板皇某。她有一点病急乱投医地说："皇老板，我都不好意思跟你开口，我娃儿得了白血病，我要给他医，能不能借点钱给我？"皇某说："我身上只有2000元，你先拿去用着。"刘永珍说："皇老板，这样，以后我的纸不卖给别人，你来看值多少钱，你就开我多少钱，好不好？"皇某说："要得。"天下处处有好人。后来皇某来刘永珍家里买纸，见她家庭条件实在差，每斤还多给她2分钱。刘永珍心想借款从纸款中扣，皇某说："没关系，你现在比较困难，钱不忙还我，以后再说。还有，别人来买你的纸价格出得高，你可以卖给别人。"

刘永珍在宜宾做工程的弟弟解决了她的借钱难题，她很快把儿子送到重庆检查，确诊结果是股骨头坏死。医生说："你再迟3个月送来，病症漫延到胯骨上去了，就要把整条腿锯掉。"值得庆幸的是，儿子经过医生的精心治疗，虽然钱花去很多，但"现在每年带他去检查，各项指标都达标，身体很健康"，也算上天对刘永珍这位慈母的回报。

账越拉越深，刘永珍100元钱没借到，一定要挣钱过上幸福日子的硬话已说了，但如何实现？她四顾茫然，胸中忧思盘绕。这天，她看到央视第7频道《致富经》栏目介绍如何饲养娃娃鱼（大鲵），这种鱼售价很高，1800~2000元/斤，鱼苗四五寸长的要1200元/条。娃娃鱼对海拔、水质、环境有独特要求。她心里一动，因为她那里正好具备这一些特殊条件，于是她马上在网上搜索："四川哪里有人养娃娃鱼？"答案出来了：四川省巴中市通江县有人饲养，还有绵阳、陕西等地也有人饲养。她兴奋不已，给网上提供的巴中市通江县那家企业的总经理王某马打去电话，直言道："我想养娃娃鱼，想到你那里来学技术，还想购进几百条鱼苗。"王总满腔热情地回道："你来吧。"

显然刘永珍撒了谎。她向我坦言："有一些事情，善意的谎言是可以的。"

刘永珍去后，王总与其说是问不如说是考刘永珍：

"你清楚娃娃鱼要吃啥子东西吗？"

"要吃鱼儿等活饵料。"

"你晓得它生长需要的环境吗？"

"地下室、山洞、隧道都可以。"

"饲养娃娃鱼的水需要多深？"

"不能把娃娃鱼全身淹完，要让它的脊背露出水面。"

这些全是刘永珍在电视和网上学得的知识，竟蒙混过关，让王总觉得她"内行"，叫来妻子马某："我事情多，你教小刘如何养娃娃鱼吧。"

第二天天刚亮，王总就外出了，马某吃了早饭来不及洗碗，给刘永珍打招呼说"喂鱼去了"，也出了门。刘永珍吃了饭，把所有碗筷洗了，把屋子整理干净，见有一盆没有洗的衣裳裤子，便洗来晾好。马某喂完鱼回来，见了这一切很感动，随后拿了一把锄头去栽菜。刘永珍也跟着去帮着挖地栽菜。菜栽好后，马某去挑粪施肥，就挑半挑粪她一路歇了三次。刘永珍说："我去挑。"马某说："妹儿，你挑不起，算喽。"刘永珍说："我试一下嘛。"她挑了满满一挑，一口气没歇就挑来了。马某很惊讶："你还是一个干活的人嗦？"刘永珍说："姐姐，农村的活，大多数我都干得来。"晚上刘永珍帮马某煮饭。吃了饭收拾好，马某说："妹儿，一看你就是一个能干的人，我有啥子技术都教你。这样，你把澡洗了，跟我一路去喂鱼。"

刘永珍心思缜密，她告诉我她帮着干了一天活，没有提养殖的事情。我问她为什么？她说："要等她注意和在乎你、主动问你了，才好向她讨教，她才会乐意教你。要是她不想教你，你问再多都是白搭。"

晚上，马某带刘永珍到娃娃鱼养殖场，几乎是现场手把手地教她如何清洗池子，如何放水，如何预防和治疗鱼病，等等。她把自己会的毫无保留地教了刘永珍。一周后，刘永珍不说学成至少知道如何养殖了，准备回家。走的那天早晨，这个一开始说丈夫"带回来一个小情人"的马某，叮嘱丈夫一定要送刘永珍上街，给她买早餐，等她吃完后要买好车票送她上车；路程远，要给她买两瓶矿泉水和零食，就像对待亲妹妹一样。人间自有真情在，这让刘永珍倍感亲切和温馨。

我好奇地问刘永珍："你给他们讲当时家里遇到的困难没有呢？"

刘永珍说："当时没有。"后来她跟马某视频聊天，才给马某讲了当时她遇到的辛酸事，马某哭了，说："真不晓得当时你这样苦，咋个不给我说嘛。"刘永珍向我说出心思："我当时一叫苦，技术肯定学不成了。现在骗子多，她可能会把我当成女骗子。不要说人家提防我，如果哪个在我这里这样说，我都不会相信她，相反还会提防她。"

看来刘永珍心理学学得不错。

虽然技术学在手里，但她真正养娃娃鱼还是 3 年后即 2014 年的事。刘永珍说："当时没钱修养鱼场和买鱼苗。"

刘永珍记得清楚，村上召开村民大会，贯彻落实党中央精准扶贫政策。她参照条件，"因病、因残、缺资金"申报贫困户。党的政策如及时雨，让状如涸辙之鲋的刘永珍得到拯救。2014 年 10 月她被纳入建档立卡贫困户，次年 2 月她向龙华信用社申请扶贫贷款 10 万元，终于在彭家山麓修起了梦寐以求的养鱼场和新房子，房子底层的地下室用来养鱼，上面的楼房供人居住，她很快买回鱼苗把养殖业发展了起来。2015 年 4 月，刘永珍主动申请退出贫困户。我问："你为什么那样急着退出贫困户？"她说："政府帮扶是短暂的，关键要自己干。送的没有干的多，我现在一年的收入远远超过国家给的补助。我不能因为政策好就拖着不脱贫，这是一种瘫痪了的思想。我要断了'等、靠、要'的后路，发奋致富摘掉贫困帽子奔小康。"

刘永珍说话语速较快，间或配有手上动作。她说这话的时候，手掌似乎往下面劈了一下。我很感慨，半年退出贫困户，这应该是屏山县乃至宜宾市甚至四川省脱贫最快的一户吧，省里授予她"四川脱贫榜样"货真价实。

俗话说：一根田坎三截烂。刘永珍的人生是这样，事业也是这样。娃娃鱼养殖并非一帆风顺，她也曾遭遇过"死光了"的惨境，原因是她买回来的第一批 200 条鱼苗还可以，第二批买回的 120 条鱼苗中有的有病，感染了第一批，从而把她推入绝境。老天爷就爱捉弄苦命人，她吃不下饭，进入地下室心都碎了，关起门一个人在里面放声大哭。买鱼苗的钱是向弟弟借的，有 20 万元；修房建鱼池贷的有 10 万元；自己还欠着一些建材钱和工钱。

她哭了 3 天，反复思索，咋个办呢？总得要过这一道坎，不能就这样轻言放弃。她没有被打垮，再次振作精神，以豁出命的狠劲，找卖病鱼苗的人索赔，讨回来一半的鱼苗款。接着，她清洗池子，严格消毒，一切准备就绪，又找到卖病鱼苗的那个人："生意人，诚信为先，上一次就不说了，我还是在你这里买鱼苗，你要摸着你的良心做事。钱我只付你 30%，剩下的钱鱼没有病喂活了再给你。"我有点不明白，问道："你怎么还找那个人买呢？"刘永珍说："他愿意卖就说明鱼就没得病。他如果还要欺骗我，我就给他打广告，他也不要想再做生意了。"后来刘永珍在那个卖鱼人那里买的鱼苗再也没出过任何问题。

我问刘永珍："你没在王总那里买鱼苗？"她不遮不掩道："没有。"原因很简单：一来路远，二来价格要比乐山贵。我不无担心："王总会不会生气啊。"她说："不会。"

真佩服刘永珍高超的处世技巧，没有跟王总做一笔生意，人家却无偿全程提供技术帮助，还把北京水产专家肖教授无私地推荐给她。只要鱼生了病，她拍成图片，用 QQ 或者微信传给王总或者肖教授，他们都会及时提出治疗意见。有的药买不到，肖教授亲自买好给她寄过来。那个马姐，把她当亲姊妹，经常关心她，语重心长地对她说："你要注意身体，钱慢慢找。我看你很累，还是请一个人协助你一下吧。一旦你累生病了，可是一辈子的事了。"她知道王总和马姐的地址，每年还可以寄点茶叶、腊肉、笋子等土特产表达一下心意。对北京肖教授，她也想这样表达心意，但肖教授一直不告诉她地址，说作为一个水产专家，就是希望养殖户遇到问题的时候能够给他们提供帮助；鱼在哪个环节出了问题，咨询他，他帮助解决是应该做的事。刘永珍很感慨："要是天下的人都以自己的职业为中心，世道就没有今天这样复杂了。"我问刘永珍肖教授叫什么名字、具体的工作单位是哪里，她居然不知道，说 QQ、微信名字就是肖教授。我拜托她帮我找，她后来告诉我肖教授的名字，但单位仍然没问清楚。我猜想，肖教授可能还是怕受帮助的人感谢他，因此我只能在这里写下五个字：好人肖某。

刘永珍是一个知恩图报的人。她对我说，经过这几年的发展，自己的固定资产应该上百万了，除了银行还有一点账外，其余借款全部偿还完毕；要是把现在的鱼全部卖掉，至少可以卖 40 万元。以前 100 元钱都借不到，现在万万数的钱只要开口都能借到。以前在同学、朋友、亲戚面前不敢抬头，现在大家看见她，老远就"刘总、刘总"地喊。地位变了，也有钱了，可她没有忘记帮扶过她的人，也没忘记帮助还处于贫困中的人。对于贫困户，她想尽办法要把他们带动起来，希望他们户户奔小康。龙华竹资源丰富，小纸厂遍地开花。2015 年镇上打响"环境保卫战"，关闭了所有小纸厂，也就堵断了这些纸业人挣钱的门路。从穷苦中走出来的刘永珍，对周围的贫困户，开展了力所能及的帮扶。从 2016 年到 2019 年，先后有 21 户贫困户在她帮扶下摆脱了贫困。她说："一个人富不算富，要大家都富才算富。"

天色慢慢暗淡下来，她的儿子已经在她面前晃了两三次，我猜是想吃晚饭了，可她还没煮。我合上采访笔记本，意犹未尽地问刘永珍："那个不借钱给你的人，现在找你借钱，你借不借给他呢？"

她答道："不会。"

我以为她肚量大，很包容哩："为什么？"

她说："患难之时见真情。"

我颔首承认这话说得有道理，再问："乡里乡亲的，早不看见晚看见，你碰到他说不说话呢？"

刘永珍说："要说。"在我站起身的刹那间她补充道，"我现在最感谢一个人。"

我把眼光搁在她圆润的脸上："谁？"

刘永珍说："那个不借钱给我的人。不是他，我很可能没有今天。"

第九章　穷在深山有远亲

  扶危济困，大爱无疆。屏山县决胜脱贫摘帽攻坚并非单打独斗孤立无援。我们看见，从天南海北、四面八方伸来一只只强健有力的帮扶之手，给了他们振作精神勇往直前的信心和力量。

一、北京有爱

  我在网上查了一下，北京到屏山县有多远？2023.2公里。放在交通不便、信息不灵的时代，这是一个关山阻隔遥不可及的距离，但在今天，只需半天就能到达。而从屏山起程到其境内稍微边远点的村组，如清平乡的高梁坪、屏边乡的麻柳、中都镇的永福等，可能半天还到达不了。这说明，北京到屏山的交通距离并不遥远。

  "大爷，您最近身体还好吧？天冷了，注意保重身体。""要得，感谢张局长，自从你们来了以后，我们农村生活变化太大了。"这是2018年春节将至，原国家外国专家局（简称外专局）党组书记、局长，现中华人民共和国科学技术部（简称科技部）副部长、党组成员张建一行5人，专程来屏山县开展送温暖慰问活动，顶着料峭寒风，走进位于大山深处，交通不便、人多地少、土地贫瘠、产业单一的龙华镇旭光村，看望慰问贫困户沈某文时的对话。他先后走进10户贫困户家中，与他们促膝交谈，询问其致贫原因，鼓励他们发展好产业争取早日脱贫致富。这说明，北京的"大官"与屏山的村民，感情距离也不遥远。

  往事可追忆。

  2018年3月，国务院机构改革，将外专局职能整合到科技部。钟震由原来外专局专家服务司处长，调整为科技部外国专家服务司处长。他记得很清楚，早在2002年，外专局就开展了对口帮扶屏山工作。他作为年轻干部陪局领导来屏山了解情况，金沙江边那个老县城的破旧面貌给他留下很深的印象。他们坐着四驱越野车，一路颠簸去了龙溪乡翻身村，走进一户贫困户家里，看到的场景令他非常震撼，那是真正的家徒四壁。那户贫困户家里连一张床都没有，就是一个草窝子，所有的家当都挂在一条绳子上；房子是竹片夹壁上糊点泥巴，下面透着风，上面漏着雨，看得他心里十分难受。

2014年，钟震再次来到屏山，县城已经搬到岷江边上了。虽然是新县城，但人不多，很冷清，然而还是能感受到一个新县城在一个地方拔地而起，"感觉比第一次好多了"。

人生充满喜剧色彩。2017年7月27日，钟震第三次来到屏山，实现了角色转变，当时他是屏山县委常委、副县长。也就是说，这一次他必须俯下身来，站在32万屏山人民前列，带头向贫困落后发起最为猛烈的总攻。不过，他说得很谦虚："作为我本人，能够参与脱贫攻坚工作，与屏山的干部一起帮扶我们的困难群众，一点一点地去改善他们的生活，这是一件很荣幸的事。可能我们一点微小的帮扶，坚持下去，终究有一天会发生翻天覆地的变化。"

国家科技部具体做了哪一些"微小的帮扶"呢？

从领导层面讲，他们心系屏山脱贫攻坚，将其当作一项重要工作来抓。钟震告诉我，科技部在全国有4个定点帮扶县，屏山县是国务院机构改革后纳入科技部帮扶序列的，属"老幺"，但部里没有另眼相看，而是同等对待。2018年10月14日，科技部在陕西省柞水县召开定点扶贫工作座谈会。会上，科技部党组书记、部长王志刚对屏山县脱贫攻坚工作提出要求："屏山要走出一条贫困山区创新发展成功经验的路来。"这一是对屏山高标准、严要求，二是认为屏山可以达到这个目标。王志刚部长和徐南平副部长分别提出要加强对屏山的扶持力度。"其他4个定点扶贫县有的，屏山也要有。"

会后，徐副部长马不停蹄，率省、市科技部门负责人到屏山，就脱贫攻坚工作开展专题调研。他先后深入屏山大乘镇双峰茶园基地、岩门村满园春色茶业公司、石盘工业园区、"四川科技扶贫在线"屏山分平台等地，了解科技扶贫与创新驱动推进情况，要求屏山以科技为抓手，紧扣创新驱动发展这条基本路径，把脱贫攻坚工作落到实处；利用好现有资源，谋划创新发展方略，尽快构建科技部门联动机制，加快培育富民产业，确保如期脱贫摘帽；要求省、市各部门要继续加大对屏山县的支持和帮扶力度，共同帮助屏山打赢这一场脱贫攻坚战。

2019年3月，科技部又派出成果转化与区域创新司司长包献华率相关人员到屏山，就脱贫攻坚、科技扶贫及创新驱动发展等开展调研指导。围绕如何帮扶屏山，科技部绞尽脑汁，奋力支持。

我在县扶贫开发局社扶股了解到，从2002年起，外专局多名领导莅临屏山县调研指导，深入贫困村，慰问贫困户，转达党中央、国务院的温暖与关怀，帮助群众解决生产生活中的实际困难，捐赠棉被、毛毯、羽绒服、大米、食用油等折资200余万元的物资，给屏山广大干部群众凝心聚力、打赢脱贫攻坚战注入了强大力量。

科技部亮出的又一实招是选派年富力强、富有工作经验的优秀干部到屏山扎根帮扶。2015年8月，外专局挑选郭学民任屏山县委常委、副县长兼龙华镇党委副书记、旭光村第一书记。2017年8月，科技部加强力量，变1人为2人，钟震接任屏山县委常委、副县长，杨启明接任龙华镇党委副书记、旭光村第一书记。我采访钟震时，他和杨启明已经完成下派任期，正收拾好行囊准备返回单位。但科技部的工作并没有断档，接任者徐铁、许志翔已来到屏山，并迅速投身到脱贫攻坚秋季会战中。

已轮换回去的三位干部在屏山工作得如何？屏山县的评价是："三位下派挂职干部坚持立党为公、执政为民，认真履行职责，扎实开展工作；乐于吃苦，勇挑重担，严于律己，真抓实干，为屏山脱贫攻坚和科学发展做出了积极贡献。"

我想起了杨启明在挂职轮换见面会上的发言。

杨启明用3个数字总结了他的驻村工作。第一个是"109"，即旭光村的109户贫困户和贫困边缘户，经科技部定点帮扶后，"两不愁三保障"所涉及的所有问题已全部解决，全部贫困户脱贫达标。把旭光村脱贫攻坚胜利旗帜，提前半年插在老君山顶峰。第二个数字是"756"，即杨启明屏山挂职时间756天。他深刻地感受到屏山各级领导、同事和广大群众，教会了他解决问题的办法；教会了他处理难题的方式；教会了他最朴素的做人做事的道理。他和屏山的干部群众结下了深厚友谊，这756天的经历注定成为他人生中最浓墨重彩的一笔，四川屏山将注定成为他无法释怀的第二故乡。第三个数字是"35000"，即为了工作和生活方便，杨启明在宜宾购买了一辆车自用，车辆安全行驶里程已超过35000公里。他深情地说："虽然记不清往返县城和龙华的次数，也想不起在村里兜兜转转的次数，但是龙华到旭光村到屏山这两段路上的每一户人家、每一个弯道、每一处风景已经深深地烙印在我的脑海。屏山的青山绿水养育了我，干部群众教育了我，在这里行驶的35000公里历程锻炼了我。"

我相信杨启明这一番情真意切的话也说出了郭学民、钟震的心声。

再看科技部在引进智力方面对屏山"微小的帮扶"。

钟震向我介绍，他们采用"走出去"的方式，组织屏山上至县级领导，下至村组干部，到美国、日本、韩国、澳大利亚等先进国家和欧盟等组织，开展全方位、多层次、全覆盖培训。此外，他们还组织党政干部到香港参加高级公务员培训；组织医务人员到苏北人民医院进行中期培训，每年24人，所有培训住宿经费由科技部负责；组织企业管理人才外出开展项目管理等方面的专题培训。这一些卓有成效的培训，开阔了他们的眼界，增长了他们的知识才干，全面提升了屏山整个干部队伍、医疗与企业管理人员的整体综合素质。

科技部同时采用"请进来"模式，组织外国专家团队到屏山调研，对县域社会经济发展提出了一系列建设性意见。比如，他们聘请乌克兰专家帮助屏山县岷江特种汽车厂攻克了"自制拼板翻板一体机"技术难题。此外，科技部还积极促进屏山县与中搜网络技术股份有限公司合作，搭建"掌上屏山"平台，通过整合分享各类信息，助推屏山县加快科学发展；每年定期举办《医疗管理》《全科医学》《中小学英语教师》培训班，参加人员共1000余人次，全面提升医疗、教育专业技术人才技能。屏山县卫生健康局张崇宾局长告诉我，现在全县医疗技术水平在省内同级别中领先，实现了村医生全部具备相应执业资格，解决了服务群众最后1公里的问题，卫生改革经验被《人民日报》《光明日报》等50余家媒体专题报道。县教育局杜哲明对我说，一支素质高、能力强的教师队伍，已经成为屏山教育的靓丽名片，高考本科上线率连续9年增长，县域义务教育均衡发展通过省级评估。

再说科技部在种植养殖产业发展方面的"微小的帮扶"。

屏山有一个柑橘新品种叫"不知火"，又称为凸柑、丑柑、丑八怪、丑橘，它由日本农水省园艺试验场用清见与椪柑杂交育成，果子大，重的可达七八两，农历一二月间成熟，果皮特别好剥，风味极佳。你知道吗，这是科技部投入50万元项目资金和聘请日本专家现场指导引进种植的。锦屏镇六一五村支书杨培庭，站在果实盈枝的柑园旁，眉开眼笑地对我说，他是"不知火"种植大户，种了300亩，经济价值还可以，2019年批发价为4元/斤，零售价为6~8元/斤。他收入不多，只挣了七八万元。现在全村种了3000多亩"不知火"，全镇种了8000亩。我笑他："七八万元不多，你明年争取挣个七八十万就多了。"

科技部投入项目资金230万元，资助发展猕猴桃产业，现在龙华镇旭光村已经发展到500亩，去年开始挂果并初见收益，惠及农户160户，其中贫困户42户。科技部引进原产于瑞士阿尔卑斯山区的西门达尔肉牛，建成养殖示范基地，目前能繁母牛存栏50多头，肉牛存栏61头，已销售26头，获得效益5万元；带动贫困户种植皇竹草制作青饲料，贫困户均年增收1000元，集体年收入2.8万元；引进德国齐卡肉兔，培养贫困户徐显彬成了旭光村致富带头人，成立专合社，吸纳村内30户（20户贫困户）加入，目前存栏齐卡种兔500只，发展仔兔2100余只，出售商品兔4000余只，产值14万余元，实现村集体收入0.48万元；特色水产小龙虾养殖正在推广发展中。

如果说以上是科技部"微小的帮扶"，那么，我们不妨看看他们动作稍微大一点的帮扶。

钟震介绍：为帮扶好屏山，部省市县科技部门"四级联动"，科技部派出他和杨启明两人，省市县各派1人，组成科技扶贫执行团，他任团长。还有一些团队，如县里科技局、科创中心等，大家群策群力，一起做扶贫工作。2018年，科技部切块中央引导地方专项发展项目经费1000万元给四川省科技局，省科技局又切块给屏山县。这个切块去年仍然有，今年还将有。他们用750万元专项经费支持屏山茶产业发展，选择了岩门、满园春色、水中韵等3家茶叶企业为依托，由四川省茶叶研究所、安徽农业大学和复旦大学等单位定向帮扶，建设屏山县茶叶中心，促进茶产业上档升级。此外，还有专项经费用于茵红李"提质增效"，蚕桑增值化种植示范，包覆纱纱线开发等。

打出的这一套漂亮的"组合拳"，除了科技部经费支持外，省科技厅、市科技局也有配套经费支持，去年省科技厅就配套了390万元。钟震说他"初步统计了一下"，去年科技系统对屏山帮扶资金超过2000万元；本着"摘帽不摘政策"的原则，这方面以后还要保持一个稳定的态势。

"流动科技馆进屏山"，是又一个动作比较大的帮扶项目，标志2019年全国科技活动周的重点放在了屏山，同时启动宜宾市科技活动周。包括中国消防博物馆、北京自然博物馆、中生代王者归来、流动天文馆、宜宾科技馆等在内的10多个博物馆走进屏山，展出了中国高铁、护齿训练营、创客家族、园林创想课堂、飞天梦小课堂、行走的动物课堂、模型飞机展演、教育培训、青少年近视防控科普点等众多科普项目；同时组织开展现场科技宣传咨询，发放科普宣传资料，解答科技咨询，应急救护演示等，还将"科普屏山美丽中国"

专题活动与北京主会场进行互动。本次展出活动在屏山县城、书楼镇、锦屏镇一共进行了7天，近万人次参与活动，影响面很大，效果非常好。有一天下大雨无法展出，仍然有很多家长带着孩子们去。遗憾的是我没看到。活动期间，主办方以及相关单位向屏山做了捐赠，科普大篷车捐赠科普实验室，此外还包括图书以及其他一些设备，总价值近40万元。主办方还给每个村赠阅《科技日报》，给中学捐赠大讲堂课件等，大家都在想办法，尽科技系统绵薄之力。县里领导找到钟震说，孩子们第一次看到这么多好东西，希望以后继续组织这样的活动。钟震说他再努努力吧，争取让新来的同事坚持把这个活动搞下去。

涓涓细流汇大海，棵棵小树成森林。如果真如钟震感觉到的这一些年来屏山县发生了"翻天覆地的变化"，那么，正是有了众多像科技部这样的单位"微小的帮扶"与"动作稍微大一点的帮扶"，那一些身处深山荒野的黎民百姓才能摆脱贫穷这个恶魔的纠缠，告别晴天一身灰、雨天一脚泥的生存环境，过上不愁吃、不愁穿、不愁住的舒心日子。

杨启明说："一段扶贫路，一身扶贫人，以后无论身在何处、做什么工作，扶贫之情将烙印在我的灵魂深处，伴随终生。"

杨启明曾任第一书记的旭光村村主任王世华说："我们跟杨书记像亲兄弟一样，他给我们干了很多实实在在的事情，我们感谢他，真的舍不得他走。"

由此看来，北京与屏山的交通距离、感情距离不仅不遥远，而且相互浸润，相互渗透，心心相恋，谁也忘不了谁。

二、又一场"南征北战"

万涡，浩浩水流，搏击相撞，漩涡连连？

当然，这只是第一次见到这个村名时，我的一个猜测。它紧毗金沙江北岸，或许在历史的演变与更迭中，河水隐退或河床改道，留下了这个小村庄。后来见一个资料上说，万涡村境内山峦起伏，沟壑纵横，形成许多洼地，有如江水浩荡东行撞碰迸溅生起的众多漩涡而得名。但不管它的历史或地形地貌是怎样，贫穷落后这一点千真万确不可置疑。

它位于乌蒙山片区的核心地带，所辖6个村民小组、285户、1203人，大多数人家散居在高低错落、泥石流频发的大山之上。万涡村长期以来发展缓慢，为屏山县的重点贫困村，2014年精准识别贫困户81户269人，贫困发生率22.36%。究其原因，主要还是因为村上土地贫瘠、资源匮乏、基础设施薄弱，因病因残人数较多，缺乏劳动力，栽花种果又没有技术，远远落后于周边的乡村。

今天，当我走进万涡村，车轮下是平坦宽阔的黑化油路，眼前是被小雨洗得纤尘不染的明山秀水，聚居点像小别墅一样的楼房错落有致。我止步在李子试验园旁的文化走廊游目四望，满山满湾成熟待摘的茵红李笑脸迎人，一座座抢眼的村民新房如夜空中的繁星一样闪烁在青山绿水之间，给我满眼的勃勃生机，满怀的激动欣喜，我恍若走进一个风光旖旎的风景区，对万涡是贫困村产生深深质疑，这哪里有一丝山荒水冷、凋零破败的蛛丝马迹？

是什么神奇的力量让万涡村在短短几年间发生了这样大的变化？站在李子试验园前，透过潇潇雨丝，村主任袁光友颇为自豪地告诉我："我们是省委办公厅对口帮扶的贫困村，省委王书记（四川省原省委书记王东明）亲自定的。"

袁光友记得非常清楚，2015年4月28日，王书记带着省委督查调研组来调研，下车就到万涡村村委会，查阅全村贫困户档案了解他们的基本情况，询问村里贫困户和产业发展情况，与市县村干部一起为万涡村把脉会诊，寻找贫困的根子在哪里。村上有人向王书记反映，万涡村地理条件特殊、水源缺乏、道路设施滞后、农产品销售渠道单一。王书记一边认真听，一边询问有关情况。看过资料后，王书记又到宋某、田某、陈某等贫困户家中走访，了解他的家庭收入、贫困原因、产业发展及帮扶措施落实情况。他在曹跃兵敞坝头召开院坝会，问村民们对万涡村建设发展有啥子意见和好的建议？之后他对万涡脱贫攻坚和经济社会发展提出要求。后来村上把这个要求写在了村委会的墙上。我特意去看了，白墙上用行楷红字十分醒目地写着："找准制约万涡发展和增收的共性问题，研究制订出针对性措施，帮助万涡加快路、水、土等基础设施建设，因地制宜促进产业加快发展，助推万涡脱贫和率先奔康。"

雨下大了，我和袁主任从李子试验园移步到文化长廊里。边走，袁主任边说："没多久，万涡村定为省委办公厅对口帮扶村，选派保卫处副处长王琳来万涡村任第一书记。"

王琳到任后，认真落实王书记指示，走家串户，和村组干部探讨商量，制订出全面加快全村路、水、电等基础设计建设方案，并付诸行动。

我们经常会听到一句话："要想富，先修路。"一般人对这话感触不深，只有饱受路途艰辛折磨的人，才会对路的重要性有着深刻体会。万涡距因建向家坝水电站而淹没的屏山老县城10公里，距新建的锦屏镇9.8公里，"赶个场要买卖点东西非常难，不是提就是背和挑，大早走路去，很晚了才能回家。"所以，村民们对修路的积极性很高，先修了一条3.5米宽、方便村民外出赶场的路。王琳来后，把路拓宽成5.5米并铺上沥青黑化。村民们自觉地拿地出来，把坟迁走，把果树移开，村上没赔偿一分钱，可见他们对路的需求之迫切。

"现在我们全村公路四通八达，通到家家户户的家门口，即使小车开不进敞坝，三轮车都开得进敞坝。吃上了水厂专供的安全放心自来水，再不会去田间地头找水吃了。全村建了100多口水池，生产用水完全有了保障。"

万涡村电压一直不稳，村民们怨气十足。王琳知道后，带着组长找查原因，原来是因为农网老化。他请当地供电所专家测算工程量，制订方案，争取资金，不到2个月时间，全面完成10.6公里高压线、27.5公里低压线架设和12个电网台区建设，一举解决了电压不稳的难题。

"你们做了这样多事情，哪来那么多经费呢？"听着袁主任的滔滔叙谈，我提问道。

"具体情况我不很清楚，只清楚一个大概情况。这几年间，省委办公厅帮我们协调落实了几千万元资金，用于修公路、安水管等基础设施建设，没让村民出一分钱。要靠村民拿钱出来搞基础设施建设，再过30年都达不到今天这个水平。贫困户自己生活都成问题，他拿得出钱做这些事吗？省委办公厅协调落实资金投入，又安排人来帮扶，大家看见日子有奔头了，焕发出了劳动热情，才促进了面貌迅速改变。"

医道上有"药引子"一说，说它可以引导其他药物的药力到达病变的部位或某一经脉，起"向导"作用。我赞同袁主任的说法，万涡要是没有省委办公厅协调落实资金做治疗贫穷的"药引子"，我们断然看不到万涡村今天这样一幅新村新貌新景象。

脱贫的关键要变"输血"为"造血"，才能提高贫困户自身抵抗贫困的能力和素质。为此，王琳通过广泛走访群众，请有关专家论证，万涡村种植茵红李应该具有这种"造血"功能。如果走产业发展规范化种植的路子，完全能促进万涡村增收，完成"率先奔康"目标。于是，他们大力发展茵红李，将其作为万涡村的支柱产业。

"原来包括我们站的这一些地方，都没种茵红李。从王琳来的下半年开始，我们就大势种植茵红李了。"袁主任指着周围一树树果实诱人的茵红李对我说，"现在全村已经发展茵红李3500亩，正式投产3000亩，人均差不多3亩，户年均收入四五万元，收入高的贫困户达到10万元以上，非贫困户达到20万元以上的有好几家。2018年行情不好，几角一块钱1斤。2019年行情好，整树整树的买都是4元左右1斤。但高山上受了点灾，正在扬花时天气不好，减产30%以上，总的来说减产不减收。"

茵红李为万涡村脱贫致富发挥了很好的"造血"功能。2018年万涡村摘掉贫困帽子，人均纯收入超过国家当年定下的3600元标准，高的有上万元，愁吃愁穿已成为历史；全部有义务教育保障、基本医疗保障、住房安全保障；同时有安全饮用水喝，有稳定充足的电用，有广播听，有电视看。袁主任告诉我，省国资委曾经对口帮扶过万涡村几户贫困户。2018年春季，有两位国资委领导来万涡回访，看了村上的变化高兴地说："当初来和这一次来大不一样了，贫困户住的房子简直像别墅。"

这也是我的真切感受。

从地理位置上看，锦屏镇万涡村与书楼镇桤木村，正好一南一北。省委办公厅在确保万涡村高质量退出贫困村后，2018年7月，又挥师北上，牵头市、县5个单位对口帮扶桤木村。

堡垒越到最后越难攻克。桤木村是书楼镇最后一个没攻克的贫困村。镇党委书记彭锐敏回答我桤木村为什么会成为他们的"幺儿"时说："镇里在确定贫困村退出时，是按先易后难排的序。桤木村为啥子排在最后？主要是它所有的基础设施特别是路、水条件非常差，进村恼火得很，人都不好进去。"省委办公厅秘书四处派驻该村的第一书记朱春林说得形象具体："我来的时候，看到那个情景，心都凉了半截。全村硬化公路只有2.5公里，其余全是坑坑洼洼的泥巴路，下雨天小车根本进不来，要把车子停在村口，走40分钟路才能到村委会。"

朱春林还对两个场景的印象比较深。村里阵地建设虽然有，但设施设备很不像样子；老百姓的精神面貌有点萎靡，开会积极性和参与性不高。

在万涡村，我没了解省委办公厅的具体帮扶措施，准备在桤木村补课。我向朱春林提出这个想法，他说先带我去看看村委会的展板，一边向我解说："省委办公厅非常务实，每一次开会，厅领导都要把脱贫攻坚作为一个议题来研究，一年的扶贫工作重点在哪里，如何开展扶贫工作，人力、物力、财力都做了具体部署安排。"省委办公厅派他下来驻村扶贫，交给他的最大的政治任务就是按照户脱贫的"一超六有"、村退出贫困户的"一低五有"标准，像万涡村一样高质量的确保桤木村在 2019 年如期脱贫。

我一面感慨着任务不轻，一面细数展板上省委和省委办公厅领导，竟有 10 位来过桤木村调研脱贫攻坚和指导工作，看望贫困户，发放慰问品等，我想屏山县别的任何一个村，都没有享受过这样一份独特的荣光。

桤木村 2014 年有建卡贫困户 42 户，经过 4 年的脱贫攻坚，有 23 户退出贫困户行列，现在还有 19 户没脱贫。省委办公厅有 20 多个内设机构，调整组建了 19 个帮扶小组，1 个小组对口帮扶一户，不定期下来帮扶。办公厅为每一户贫困户预备了 8000 元备用金，参照脱贫验收标准对标补短，缺啥补啥。村主任曹云开告诉我："1 组曾某家没有厕所，院坝也没有硬化，帮扶小组就帮他修厕所和硬化院坝。曾某眼睛近视，没有劳动力，说喜欢喂鸡喂鸭，帮扶小组就给他修鸡棚、鸭棚。1 组刘仕凡，刚刚修了房子，缺少家具，便给他买了床和衣柜等。3 组何某的院坝也是用这个钱来硬化的。"我想，这才是真正的因户施策，精准滴灌。

备用金的来源，朱春林说备用金是省委办公厅扶贫一日捐和统筹的扶贫资金。他们在全省一共联系了 3 个村，桤木是唯一一个未脱贫村，捐和统筹的钱重点考虑桤木村。村上根据具体情况使用，包括村上一些设备设施不完备，都可以用这个资金来添置。"充足的资金保障，让我们驻村工作队开展工作更能游刃有余，力能从心，让村里感觉到省委办公厅的帮扶是真刀真枪，实实在在的。"

值得重点提出的是，省委办公厅很好地发挥了协调作用。

桤木村党群服务中心整修完成，"出落得英俊潇洒、仪表堂堂"，一改一年前"蓬头垢面、不衫不履"的形象。这是省委办公厅领导，协调屏山县政法委和县委组织部落实资金，为其"沐浴净身、穿衣正冠"后的相貌。相应的，根据省委办公厅领导建议，县委组织部派人下来兼任村支书，配齐了村两委班子，以便更好地发挥出基层党组织在脱贫攻坚中的战斗堡垒作用。

三峡公司给桤木村 500 万捐赠款，是经过省委办公厅领导协调，桤木村争取到的最大一笔资金。我问村主任曹开云这一笔钱怎么花的？他说做了三件事：一是培育村集体经济，建了一个生猪代养场，500 头的规模，年出栏 1000 头。生猪代养场是跟屏山县巨星集团合作，村里建好猪场后，租给巨星集团独立运营，而他们每年交 15 万元给村上，作为集体经济收入。养猪场很现代化，只需要 3 个人就行了。村里将挑选有一定养猪技术和经验的带头人，去生猪场学习养殖技术，学会后村里自己养，出栏的猪卖给巨星集团。现在已经完成猪场选址和土地调整，设计图纸出来立即开始施工。二是修文化广场。三是打了两条公路，一年之内修了近13公里，现在全村水泥公路总长达到14.4公里。

村通了，组通了，但村民们对路的需求仍很强烈。2019年5月，省委副秘书长张道平到村看望慰问贫困户，村民们希望能解决入户路硬化问题，从此结束"出门一脚泥"的历史。张道平立即协调市、县有关领导和部门，落实了30万元资金，按照入户路1米宽、10厘米厚、强度等级C20建设标准修筑。曹开云喜形于色："现在老百姓出门，鞋子上终于不沾泥巴了。"

2019年7月，省政府副秘书长兼省政法委常务副书记杨天宗到桤木村围绕"不忘初心、牢记使命"主题教育活动开展脱贫攻坚调研，召集村组干部开座谈会，让村民们畅所欲言。村民们反映，村上有1800亩茵红李、200亩枇杷，还有别的果树，受交通条件限制，管理施肥全靠肩挑背磨，希望能修通到果园的路，不管天晴落雨都可以到果园去干活。杨天宗将收集到的情况写成调研报告，经省委常委、秘书长王明晖批示，引起市县领导高度重视，很快落实到位了9公里产业路修建资金。因为经费来源由市扶贫开发、交通大会战、东西扶贫协作、县上配套等几个方面构成，朱春林说："昨天天宗秘书长都给我打电话，过问产业路资金到位与修建情况，我如实做了汇报。"

我依稀看见，一条条产业路，在修建者手下不断成形，向着铁枝铜杆的李子园、绿叶纷飞的枇杷林深处延伸……

从前紧张的干群关系，现在如何？朱春林的感觉是村里的一些历史遗留问题一一化解了，各种路陆陆续续修好了，产业慢慢地发展起来了，村容村貌显著变化了，"干群关系得到明显改善，大家相处融洽；我们走到哪里，大家端茶递水，非常热情"。

想到万涡村的迅猛发展，我问曹开云："假使没有省委办公厅牵头帮扶，靠你们自身力量，你估计要多少年才能发展成今天这个样子？"

曹开云说："我估计20年都达不到。这两年省委办公厅协调组织了2000多万元资金帮扶我们桤木村，以前哪里来过这样多的项目和钱？就是原来3.5米宽的2.5公里公路，都是老百姓集资打的，现在打了这么多路我们没出一分钱。不是党的扶贫政策好，没有这样大的力量来帮扶的话，即使村上有变化，不晓得多久才能够达到现在这个水平。"

如今，省委办公厅率领着市县 5 家帮扶单位，与驻村工作队、村两委、桤木村群众，形成无坚不摧的强大合力，鏖战在脱贫攻坚战略决战最关键的时刻，誓要把相对贫困这一顽敌歼灭在这一场声势浩大的脱贫攻坚战中。

三、三峡深情

久雨初晴，一地阳光，少有的好天气。

听宜宾市扶贫开发局社扶科程江科长说，三峡集团有限公司移民工作局主办马共强要来屏山督查三峡集团支持屏山脱贫攻坚资金使用、项目实施进展、后期拟捐赠资金项目等情况。我已从屏山县扶贫开发局获悉，从 2016 年起，三峡集团连续 4 年累计捐赠资金 8100 万元。如果把每年不固定、申报项目争取的 3045 万元水电基金算进去，已达 1.1 亿元。三峡集团是对屏山捐赠资金力度最大的一个单位，我正要采访他们是如何助力屏山脱贫攻坚的，程江提供的这个信息，无疑"瞌睡来了送上枕头"，我当然得好好抓住。

我们的目的地为龙华镇五桐村，马共强在那里论证一个中药材产业发展项目的可行性。我是从乐宜高速途经沐川去的。我采写有关向家坝水电站屏山库区移民的《水拍金沙》一书时，去新市镇、清平乡等地就是走的这条路。寄目车窗外，山色苍翠，林木葱茏，能见度高；车轮在公路上摩擦出的声音，宛若光瀑擦着车窗奔流，我的思绪翩然嫁接上当年修建向家坝水电站时采访屏山库区移民的情景。

三峡集团是向家坝水电站的业主单位。建设过程中，屏山库区包括县城要整体迁建，涉及 12 乡镇（未合并前）6 万移民要搬迁。从 2003 年 2 月 1 日四川省人民政府发出封库令起，到 2012 年 10 月 10 日正式蓄水发电，长达 10 年的时间，屏山县调研文章《关于向家坝水电站建设对屏山县淹没区经济影响因素分析》的结论为"淹没影响人口最多，土地面积最宽，经济损失最重"。一幅幅屏山人民强忍阵痛积极响应搬迁的画面，一个个满含辛酸与疲惫走过移民之路的移民工作者风尘仆仆的身影，这时既模糊又清晰、既一团乱麻又条分析缕地在我脑海里浮动叠印。我们要承认，在三峡集团修建向家坝水电站时，屏山人民是做出了牺牲奉献的。

三峡电站建设同时也给了屏山一个千年难逢的历史机遇。用时任屏山县副县长叶正均的话来说："屏山特别是在一些公共基础设施建设方面，起码朝前发展了20年。"我知道这话的含金量，只举新旧县城一个例子佐证，我在第一章中对屏山老县城有过描述，它前临金沙江、后靠锦屏山，呈一根扁担状，不足0.7平方公里，非常逼仄，不要说发展，目光望不了多远就被高山切断。哪像现在的新县城，第一期规划面积达2.5平方公里，地势平坦，视野开阔，目光可自由延展。

真是挑战与机遇并存，荣耀与艰辛同在。记得三峡集团的开发理念是"建好一座电站，带动一方经济，改善一片环境，造福一批移民"。记得当时三峡集团移民工作局负责人接受我采访时说："在国家政策范围内，让地方和移民取得适当效益，特别是对屏山这个国家级山区贫困县，更要充分考虑和兼顾其利益。"从现在的实际情形来看，他们兑现了自己的承诺。电站建在屏山，该给屏山的利益给了。这1.1亿多元的资金，是三峡集团的感恩馈赠。从这个角度上说，三峡集团是一个有担当、有责任感的公司；三峡人是知恩图报的大写的人。

五桐村终于快到了。马共强在与派去该村兼任第一书记的龙华镇党委委员兼党政办主任吴晓勇座谈。

五桐村中药材种植发展项目利用三峡集团捐赠的100万元资金，以入股方式参与屏山一家公司种植中药材药苗。双方按1∶1入股持股方式，各投入100万元，形成的固定资产归村集体所有；三峡捐赠资金收益按照保底和二次分红进行确定，其中保底分红按5%的比例作为村集体收入，由村一事一议决定该资金使用方案；二次分红根据收益情况及占股比例进行分红。项目建设地点在龙华镇五桐村，三峡集团捐赠资金的100万元，主要用于建设一个木质结构产业房大棚、安装一体化自动喷灌等设施设备。该项目建成后，将覆盖全村建卡贫困户65户297人，可带动村民致富同时增加村集体收入，彻底改变村集体经济空白的境况。

项目经村镇申报，县推荐，市审定，报省扶贫开发局与三峡移民工作局会审后，得到该项目风险不可控的批示。究竟可不可控？马共强带着这一疑问，以认真负责的态度，深入五桐村的田间地头，了解产业规划、土地整治和具体操作模式，同村里的项目负责人交换意见，提出质疑："我们投进去的钱，主要用于固定资产购买和建设，万一这一家公司因为种种原因干失败了，我们投进去的100万元，不就成了一堆不可利用的废弃物品？"

吴晓勇说："合作真是一个头痛的事。我们投入得少，对方只能从总投资中切出 100 万元对等投资建大棚。"

马共强说："既然那家公司 2500 万元都投得起，如果没有我们的 100 万元，他们的中药材项目还是可以照样实施，贫困户不是照样可以受益吗？"

吴晓勇说："是可以搞，但人家不一定在五桐村搞。"

马共强说："我们在五桐村捐赠 100 万元，这个是前提，是用于发展中药材这个产业，还是用于基础设施建设，我们把意见带回去，由领导审定。"

回去的路上，我问马共强："你们为什么不看好中药材这个产业项目呢？"

马共强直言不讳："主要是村上和我们看的角度不一样。从村里的角度看，如果这个产业做起来了，可以弥补村集体经济空心化缺陷。我们主要想的是风险把控不了，虽然它能够覆盖很多贫困户，但后期存在很多风险，中药材价格波动非常大，农民不大具有市场意识，很多投向都是高峰的时候进入，降价的时候退出，很容易出现问题。我们投 100 万元，按股份每年分到贫困户手中的红利是 2.5 万元。如果两年就失败了，贫困户收益才 5 万元，会造成 95 万元的资金损失，收益小，损失大，血本无归。我们希望村上最好换成一个基础设施项目，比如现在有一个道路需要硬化，也要花 100 万元。现在这两个项目都在评估，哪一个更适合，报上去，由省里和我们公司领导共同审定。"

我知道，三峡集团为了让地方把捐赠资金用好、用活、用出效益，有一套十分严格的监督管理机制，不是把资金捐赠给了地方，就当甩手掌柜。近年来，三峡集团主要领导多次到屏山调研，为精准脱贫找原因、定方向、强措施，多次到定点帮扶的万涡村、民建村走访、慰问、帮扶，用县里的话来说是"开创了中央企业携手地方政府共同推进脱贫攻坚、实现共建共享共赢新模式"。马共强是三峡集团派到屏山论证、监督、检查、验收项目的责任人，每个季度都要按时抽出时间，辗转屏山到由三峡集团捐赠资金实施项目所在的乡镇村组进行监督检查，尽管"经常午饭和晚饭不规律，晚上回去七八点钟才吃饭"。

我问："近几年，你们捐赠在屏山的资金，主要做了一些什么项目？"

马共强说："体现在四个方面。一是基础设施建设，主要修贫困村的路，包括产业路，修得好的富荣镇有两条，新安镇有两条，书楼镇也有。修公路、修水池发挥的社会效益最好，贫困户和非贫困户都能受益，所以我们捐赠资金重点投向这个方面。二是公共服务设施建设，重点是修党群服务中心，包括后扶资金在内一共修了 22 个，分布在新安镇联合村、龙华镇五桐村等地，都修得比较好。修得最好的在新市镇万涡村,资金用量300万元,打造成省级示范点,从根本上解决了以前这些村开会找不到地方,在家里办的尴尬局面。三是修聚居点,解决贫困户的安全住房,一共修了3个'三峡新村',分别在中都镇民建村、锦屏镇万涡村、新安镇联合村。"

我的思绪一下飞来挂在"三峡新村"的树枝上。新安镇联合村,是三峡集团定点联系村,这个村的村民大都居住在大山峡谷之中,地处山体滑坡地带,质地条件相当不稳定,对村民的人身安全构成极大威胁。该村基础设施落后,交通困难,缺水干旱,大部分群众生产生活环境十分恶劣。集团派驻联合村干部任俊,经过大面积走访和入户调查,把了解到的情况给集团公司领导做了详细汇报,公司领导果断决策修建"三峡新村",规划占地面积6068平方米,总建筑面积3200平方米,建住房14栋40套,解决了联合村3、4、5组27户贫困户和13户危房户的安全住房问题。让居住者欣喜的是,统一建筑风格的新村,功能配套,特色鲜明,道路、供电、排污、绿化等基础设施一步到位。和该村所建的另外两个聚居点,以及改造的旧房一起,彻底解决了所有贫困户和危房户的长远安居问题。

中都镇民建村的"三峡新村"又是另一番景象。一栋栋一楼一底的楼房建造在帽盒山上,十分抢眼;加上配套的广场、池塘、小桥等休闲设施,与有着"承千年古韵、川渝谌氏代代传承"的谌家大院相互映衬,再融入苍苍翠翠、叠叠远山的大背景,共同渲染营造出一个不是旅游景点,胜似旅游景点的新农村、新景象。他们颇具匠心地打造"农业+文化+旅游"融合发展新业态,利用早春蓬勃盛开的万亩油菜花梯田举办油菜花节,用旅游带动农业发展,带动村民脱贫致富,已经收到很好的成效。

"你们修的3个'三峡新村'我都看过,确实修得不错,称得上屏山县聚居点样板。"我肯定道,继而又问,"还有一个方面的项目是什么呢?"

马共强说:"产业发展。屏边乡有一个养鸡项目,昨天我去看了,那个搞得真的好。我们投了157万元,把厂房等基础设施建起来后,引进老板经营。他花了几十万买鸡苗饲养,刚好遇上好行情,鸡蛋每天可以卖八九千元,一年的营业额可达300万元左右,扣掉各种饲料成本,扣掉每年50户贫困户一家4000元、共20万元的股份分红,再扣掉租金等其他费用,都可以赚100万元。现在鸡蛋在市场上很抢手,供不应求。如果我们不给钱修厂房,老板要投资那样大一笔钱来做这个产业是要担很大风险的。我们把风险给他担了,他干起来就没有担忧了。"

这个养鸡场我去看过，称得上屏边乡党委主要负责人的得意之作。我去看时，刚做好场地基础设施建设，圈舍材料已经到了还没来得及搭建。在短短的三四个月已经饲养成功，并赶上因猪肉价格猛涨而带动肉蛋类市场随波逐浪的好行情，算是为"机遇只留给有准备的人"这话找到了最好的注释。

我问马共强还有哪些产业项目效果好？他迟疑了一下说："这几年我们做了很多项目，总结了一下，还是基础设施项目效果好，比如说修一条路，修一个水池，能够看见实实在在的东西摆在那里，社会效益也很好。所以，我们捐赠资金投向，重点还是倾向于这方面项目，尽管建设周期要长一点。纯属做产业的少，因为不好做。"

我忽然想到一处挂着"中央企业·三峡集团"牌子的农产品加工项目来。虽然金秋十月，阳光和煦，却给我水瘦山寒、冷气扑面的感觉。偌大的厂房，大门洞开，已经生锈的机器设备，和堆放着的蛀出了一堆堆粉末的原材料与成品半成品，无声地向来人诉说着这个起码停产了半年。我相信经常在屏山的马共强知道这一件事。从他答问时的迟疑态度，从他这一次专程到龙华镇五桐村论证中药材项目所表现出的审慎与细心，明显给了我一个以此为鉴的感觉。由此可见，三峡集团在捐赠资金一事上何等慷慨大方，又何等小心谨慎。是啊，好心要有好效果；如果没有好的效果，就枉费了捐赠人的初衷与美意。

市扶贫开发局程江对来自社会各界的帮扶力量情况比较了解。他告诉我："2020年是决胜战决胜脱贫攻坚收官之年。三峡集团将为巩固屏山已经取得的脱贫攻坚成果再添一把火，再鼓一口气，进一步加大捐赠力度，确保屏山县的贫困户同全国贫困地区贫困人口一道，健步迈入全面小康社会。"

四、当好"娘家人"

俗话说："嫁出门的女儿，泼出门的水。"我很感动，对于选派到屏山县驻村扶贫的"女儿"们，宜宾市市级部门并非把他们"泼"出去就撒手不管了；而是当好"娘家人"，只要"女儿"们遇难求助，不说有求必应，至少尽其所能、倾其所有。

我在书楼镇五峰看到，山上的核桃可谓"亭亭玉立、楚楚动人"。这是谁的，村上的人答曰："许书记来栽的，是从西昌那面引进的'盐源早'。"

后来采访市工业和军民融合局许智才知道，他2015年派驻书楼镇五峰村后，满腔热忱，谋发展、编规划、起新篇，努力"不给单位丢脸"，但发展什么产业为好？他征求有关领导意见，与村民代表商议，根据五峰村区位优势，准备发展核桃产业。但核桃品种多，成熟期分早中晚，选什么发展为佳？他们组织"产业联动"的尖山、兴大三个村贫困户与非贫困户代表、县里专家与村上有关人员20余人，准备外出考察比选。但交通工具不好解决，许智给单位分管领导汇报，分管领导说："这个肯定支持。车、人、钱你用就是。"后来单位给了一辆大车、两辆小车供他们无偿使用半个多月，油费和过路费花掉上万元。

我问许智："'娘家人'还帮你解决过一些什么具体困难和问题？"他一口气数出三件：他刚去的时候，村公所全是烂房子，泥巴敞坝踩成泥凼凼，他找单位领导批了20万元，新修了村公所，硬化了敞坝。2016年，贫困户易地搬迁资金困难，他知道单位机械装备办刘兆林主任在对接省上以工代赈这一块的工作，便给他报告，并把村上91户贫困户全部报给了刘兆林。经过刘兆林的努力，争取到480万元资金下达镇上。可惜"猫扒甑子替狗干"，镇上把这一笔钱用于其他村摘帽去了。尽管他给镇上"打燃火"，但大局为重，他也只好干瞪两眼算了。2017年五峰村退出贫困村，许智给单位领导汇报，说全村可能还存在一点问题。领导果断拍板，补助每户贫困户3000元，真金白银打到村上，提出按照"一超六有"要求，贫困户家里缺啥补啥，床烂了的一律换成新床，衣裳没地方放的买新衣柜，要一户一户整好。此外，迎"七一"、庆新春，单位年年都要集中慰问，还有平时单独零散的个人慰问。"可以说，五峰村贫困户得到的实惠，不会比县上别的地方差。"

有"娘家人"撑腰，许智的话说得很有底气。

同样说话有底气的是宜宾职业技术学院（简称"宜职技院"）纪委办公室主任兼监审处副处长谢炽勋。他被派驻鸭池乡隆兴村担任第一书记，报到的当天，就到最远的苦竹组聚居点走访贫困户。他接任第一书记不到5个月，心得写了一篇又一篇，认为驻村要"驻心、驻身、驻足"。他对我说，院领导对扶贫工作特别重视，成立了扶贫工作领导组，党委书记任组长，下设办公室，有两人专职负责扶贫工作，除了隆兴村，还有凉山州普格、雷波、马湖三地。学校给他们准备了50作为万元日常工作经费，另外的项目开支单独支出。我见"隆兴村2014年以来设施项目台账"上记着，2014年，他们给52户建卡贫困户每户 1000 元的生产发展启动金；2017 年，贫困户危房改造、易地搬迁及"三建三改"支出 13 万元；2018 年，贫困户危房改造、易地搬迁及产业发展，又做出 33 万元的贡献。我在看台账的时候，谢炽勋拿来一块捐资牌，红底白字很抢眼：宜宾职业技术学院支持隆兴村基础设施建设及环境整治金 65000 元。谢炽勋说："这是才捐的。院领导说，有困难就找他们。明天（即 2019 年 10 月 24 日），我喊学校水电组来 2 个搞水、2 个搞电的人，带好水管、电线、灯管、灯泡，到村里来转一圈，特别检查一下贫困户家里水电有没有问题。这是把'不忘初心，牢记使命'主题教育落到实处。我给他们说，来嘛，帮扶是做善事，良心事。"

我正在跟谢炽勋聊的时候，村支书吴德财唱着歌来了。正好，我请他谈谈宜宾职业技术学院（后简称宜宾职技院）对他们都有一些什么帮扶。他屁股还没落座就说："给我们做得多哟。"

吴支书讲，村上成立了一个党员专合社，让老百姓特别是贫困户种植蔬菜、养鸡、养鸭等，宜宾职技院负责采购；先由专合社给宜宾职技院报各类菜品供应数量，纳入宜宾职技院蔬菜采购计划，以鸭池市场价为标准，照市合价。老百姓把菜种好，放在地边上，村专合社专车统收，运到宜宾职技院去，要么交食堂，要么交门市——宜宾职技院有专人同村上联系，专门为隆兴村在宜宾城区信义街和学院内辟有两间门市，负责销售村里的土特产品。老师们需要买一只鸡、一个蛋、一棵菜，给学院联系人说，联系人跟村上对接，土特产运来了，放在门市，老师下课去提就是。现在村上一年蔬菜收入几十万元，老百姓得到了实惠。像岩足组贫困户蒋明福，单靠种养业一年就可收入 2 万多元，摆脱了贫困。

谢炽勋补充道："隆兴村种的菜，只能供应教师食堂，还不一定能够满足，更不要说学生食堂了。"他让村民们尽量种植经济价值高的菜，同时监督村民不要打农药、生长素、除草剂等，确保蔬菜品质绿色、原生态。我想，这是一件互利互惠的大好事，相当于宜宾职技院在隆兴村打造了一个蔬菜基地，村民们也不愁菜种出来没有销路，并且不因脱贫攻坚结束而结束，院社还可以进一步长期深度合作，实在是一件两全其美的大好事。

吴支书接着说，他们最大的收获是激发了村民特别是贫困户的内在动力。原来大家种菜卖不掉，别的又找不到啥子事来做，只有打牌。现在有事做了，哪怕七八十岁的人也可以种菜，基本上看不到走东家串西家打牌的人了。还有村民的素质也提高了。关于农民夜校，别的乡镇他没有去过，在鸭池乡他敢说没有哪个村上夜校有他们这里的人多。宜宾职技院老师来智力帮扶，给他们讲种植养殖技术很受欢迎。谢炽勋插话："后天（指2019年10月25日）学校老师要来讲李子树的冬季管理。"吴支书说："干到老，学到老，还有三分没到。大家学习热情很高，一大把年纪了都要去夜校学习。"

通过帮扶，贫困户养成逐渐养成了好的生活习惯。对于已经修好房子的贫困户，宜宾职技院每一户补助4000元；对于2018年后进聚居点的贫困户，每一户补助8000元，要求大家买质量好的沙发、床、衣柜，不准搬家时把破破烂烂的东西搬进新房子去。现在随便进哪家贫困户家里去看，吴支书说："比我家头都漂亮。"我特意去看了村委会下面那个聚居点，屋里有好沙发、床、衣柜的，大多是贫困户。不管村民家中，还是公共地段，我没见过环境卫生做得有比这里还好的地方。

我心里感慨着，油然想起前面写过的一件事：2017年，富荣镇三洞村抢修聚居点，因路烂，有5户易地搬迁贫困户的建材运不进去，只能请马帮驮。上级单位要求三洞村当年要退出贫困村，但安全住房都没有解决好，验收肯定过不了关。市民政局派驻三洞村的第一书记刘熠心如火焚，紧急向"娘家人"求援。局主要领导和分管领导迅速赶赴现场调研，会同镇党委和村两委磋商，制订出用马转运的方案，仅此一项市民政局就花掉了27万元。刘熠告诉我："三洞社区三组的陆某清搬迁的距离最远，花在他家的转运费超过了10万元，比他建房的钱还多。"

三洞村两委会办公场地破旧狭窄，"转身都恼火"。当时没有建设村级组织阵地的支持政策，刘熠向局主要领导汇报，可不可以帮助三洞村修建一幢村办公楼？这不是一点点钱能办到的事，我猜想，刘熠汇报时肯定没抱多大希望。没想到主要领导把这当成一件大事来办，亲自到省福彩中心协调资金30万元，再通过整合的如农村阵地建设、农村日间照料中心，以及文化室、卫生室、农村互助幸福院等7个方面项目的资金，历时两年，筹集90万元，新修了三洞村两委办公楼。中间还有一个插曲，建办公楼时找不出一块适合修建的平地，找了很多地方才找到三洞溪。可这地方在地灾点上，他们担心在这里建楼不安全，又请地勘队去勘探，确定采取措施后可以修建，才把办公楼修在了三洞溪。

我了解到，实施精准扶贫以来，宜宾市民政局通过各种渠道，协调筹集资金200多万元帮助驻村工作队员解决工作中遇到的各种问题。我对副局长邓忠权谈起这事,他说:"我们告诉抽调下派的人,遇到问题,能够解决的解决,不能解决的带回来,局里想办法帮助解决。"我想,有了这一句话垫底,嫁出去的"女儿"们完全可以在脱贫攻坚岗位上放心放胆放手一搏了。

还值得一提的是,有别于市级机关对口帮扶贫困村、贫困户的普遍做法,市民政局的帮扶方式是一个新颖独特的措施:不只是市局单打独斗去帮,还发挥市民政系统整体优势全力以赴去帮。他们分别成立了8个帮扶小组,每一个小组由一名局领导牵头,组员由科室、下属事业单位派员组成,每个帮扶小组负责4户贫困户。贫困户家里有什么事,需要以购代捐什么的,大家伸手共同帮扶,很好地发挥出了人多力量大的群体优势。

宜宾市公安局的帮扶也很有特色,他们三个层次无缝覆盖其所帮扶的贫困村。"抽硬人",把才引进不久的一位硕士、法制支队副支队长刘凯抽去当第一书记;举全警之力,以党支部为单位,每一个支部联系一户贫困户或非贫困户;局机关党委书记付天池亲临一线,事必躬亲抓扶贫。

与付天池交谈,我有一个很深的感受,那就是他对所帮扶的村的情况烂熟于胸:宜宾市公安局2015年帮扶的是屏边彝族乡林场村。该村人口528人,面积7.9平方公里,贫困户26户,108人;全村4个组,山上2个组主要是彝族同胞。总体来说基础设施差,产业发展落后,等、靠、要思想严重。付天池提出扶贫先扶志,必须先把村民的精气神抓起来。如何抓?首先把从中央到地方的有关精准扶贫政策,一一给他们宣讲清楚;二是要找出村民们缺精气神的原因,这里长期较为落后,对外面的世界了解不多,没有WiFi,看电视也很难,过着相对独立封闭的生活。怎么办?中国老百姓喜欢热闹,他以这个为抓手,按县里要求做到"两必":凡节必过,凡事必问。

关键要给老百姓办实事。最初林场村只有一条独路上山,交通不便;再就是产业发展,不抓起来脱贫很难,即使脱了贫也容易返贫。宜宾市公安局是财政供养单位,拿不出多少"真金白银"去支持。怎么办?努力帮助林场村争取政策。要说付天池也是正县级干部,但他礼贤下士,亲自到县上扶贫、交通、国土、法改、水务等单位登门汇报工作。有的单位领导体谅他:"付书记,你难得跑,有事电话上说嘛。"付天池说:"没关系,跑当锻炼,我下来找你吧。"而且有时反复找,去陈情表,一陈就是半天,直到把问题解决为止。我突然想起"脸皮厚"这个词,付天池还给我讲经验呢:"比如修路,本来只给500万元,多反映汇报,就有可能争取到600万、700万,甚至更多。"如今林场村村有村道，组有组道，还有联结几个村的环形路，修到茶园、李子林、猪场的产业路，家家户户有能过小车，至少摩托车开得进家门口的入户路。还安了太阳能路灯115盏，"晚上看林场村，像一条龙一样，真的很漂亮。"说起这话，付天池话语中难掩骄傲。现在林场村路好了，产业好了，所有土墙房全部拆除修成平房、楼房了，2017年林场村退出贫困村。省委办公厅机关党委主要领导去看了后说："林场村的经验值得推广。"

同市里很多单位帮扶一个贫困村退出后，又转战帮扶另一个更难啃的贫困村一样，市公安局又挥师帮扶屏边乡街基村，同时帮扶夏溪乡南坪村、江安县红桥镇公益村。经过两年帮扶的街基村现在情况如何？我在前面第三章中已经详述，恕不在此赘言。现在付天池这个"娘家人"，越当越"婆婆妈妈"了，说每月下扶贫村"去转转看看"是他工作的主要内容。宜宾市区到屏边乡街基村，一个来回得七八个钟头，路上还不能出幺蛾子。我以为他头一天下去第二天回来，他则说："当天去当天回来。住下来会给基层增添麻烦，一般去村上两三个小时，主要是解决问题，给他们一些鼓励。"2019年10月，付天池"整了一个市脱贫攻坚创新奖"。

以上是随手俯拾的几个当好"娘家人"的例子。事实上，市里助力屏山脱贫攻坚的97个单位，虽然有43个单位没派人驻村，但都在八仙过海各显神通地做着对口帮扶工作；已派人驻村的54个单位，无一不像例中所举，比如市委办公室、市检察院、市农业农村局、市自然资源和规划局、市人防办、市清源水务公司，等等，随便采访哪个单位都能写出一篇文章来。可惜情长纸短，只能挂一漏万地言之一二，表明嫁出门的"女儿"，带走的是"娘家人"的心，不是不管，而是一管到底。单位主抓扶贫工作的市工业和军民融合局机关党委书记蒲自体，我认为他说出了市级部门最一般的做法："我们把人派出去后，领导会定期、不定期地到他们工作的地方看望慰问，检查工作情况，对他们提出需要帮助解决的困难和问题，我们就高不就低地加以解决。同时解决他们家庭的后顾之忧，像他们的家属在县上，我们协助其调到市里来。还关心他们的进步与成长，像许智，2016年下派的时候是科员，3年时间，他现在已经是科长了。苏锐2018年9月接替许智驻村帮扶，在单位职位有限的情况下，把他提拔为副科长；单位公务员考核，给他们评定优秀职级，推荐市级先进个人。这样做的目的，就是为了让他们在脱贫攻坚一线，尽心尽力地发挥出个人的聪明才智。"

第十章　屏山经验与希望

在脱贫摘帽过程中，屏山人不唯书、不唯上，一切从当地实际出发，创造出一个个屏山经验，获得上级肯定与推广，彰显了屏山人的聪明才智；一个幸福奋进的新屏山，将如一颗辉耀一方的新星引人瞩目。

一、"歇帮"治懒病

姚登文冒火了。

我们在前面见识过这位"登师"，他是屏山县工业园区管委会副主任，被抽调到书楼镇任脱贫攻坚工作队副队长，具体负责五峰片区工作。据说有一个星期天，他把老婆拉去村上帮着整理资料，下午四五点钟了还在整，老婆不耐烦想走了。他一边埋头做手上的事，一边宽老婆的心："不要慌，一会儿我去整（钓）一条鱼给你吃。"意思是晚饭吃了才走。村里一位女干部见了这一幕过意不去，委婉地劝他："姚主任，今天你就不要整鱼给嫂子吃了，留着下一次再来整吧。"他是一位静得下心沉得住气的人，居然要冒火，说明遇上的不是一般的人和事。是啊，恐怕性格再好的人遇上了有些事都会冒火。比如，真心诚意帮扶，居然还要被拒绝。

文兴培告诉我，"歇帮"是指敦促等、靠、要思想严重的贫困户迷途知返，配合工作组做好脱贫攻坚的一种手段。"歇帮"期间并不是不帮，而是暗中帮助。像屏山镇柑坳村蒋某，虽然驻村工作组暂停了对其帮扶，但并没闲着。他们跑了上10趟，找他父亲、弟弟帮着做工作，最后打动了蒋某，回村参与脱贫。村里依据政策标准给他争取到7.5万元的购房补助，他在屏山县城买了新房子，解决了安全住房问题。凡是被"歇帮"的贫困户，只要意识到错误并予以改正后向村两委提出申请，经村民代表大会审议通过公示无异议后，就能恢复享受相关扶贫政策与帮扶措施。各乡镇反映，推行"歇帮"机制以来，强化了对贫困户的教育、约束，到处呈现出感恩奋进的好风气。贫困户跟驻村工作组积极配合做好脱贫攻坚工作的多了，交流发展经验的多了，节俭办事的多了。

常言道："船上人不得力，岸上人挣断腰。"贫困户是脱贫攻坚主体，如果一味等、靠、要，政策再好，资金再多，帮扶力量再强大，脱贫攻坚效果也要大打折扣。因此，肇始于屏山县的"歇帮"机制甫一面世，宜宾市全市推广，省扶贫移民局很快印发全省各地借鉴，省委组织部收入《"绣花"功夫四川省脱贫攻坚案例选编》一书，《人民日报》《四川日报》等媒体予以重磅宣传报道，省委领导热情签批肯定。

"歇帮"也是帮，不过是换一种手段的帮。

二、"借牛还牛"

2016年，屏山县创造了一项经验，被中央深化改革办公室《改革情况交流》和《改革案例选编》采用，那就是"借牛还牛"、股权量化模式。国务院办公厅领导也曾来屏山专题调研，时任省委书记王东明对这一资产收益扶贫模式做了肯定性批示。

"两不愁三保障"的核心问题是钱。手里无刀杀不死人，没有钱，一切都将无从谈起。可钱从何处来？找财政这个"财神菩萨"？屏山县财政局主要负责人说，他对这个称呼特别反感："筹钱的艰难，很多是难以用语言来描述的。"并且，费尽心机筹得的钱，不可能全部用于扶贫，更不可能装进贫困户的腰包里。贫困户要脱贫摘帽奔小康，必需激发内生动力、广辟财源，让自己的腰包鼓起来才行。在这一特定背景下，"借牛还牛"、股权量化这种独特的挣钱模式，在众多挣钱方法中点燃了人们仰望星空、寻求致富的希望。

追本溯源，"借牛还牛"、股权量化模式，滥觞于县内屏山镇柑坳村。

2016年，柑坳村要退出贫困村，县财政无息借款90万元予以资助。如何用好、用活这一笔钱，让它在脱贫攻坚中发挥出应有作用？驻村工作组和村两委反复商量，决定将资金注入有一定规模和经验的村肉牛养殖专合社，并协同专合社制定出实施办法：由专合社购买110头牛犊，"借"给22户贫困户饲养，每户5头。专合社承诺给每户贫困户保底收益1800元。等10个月后，400斤左右/头的牛犊，长到了八九百斤，贫困户将牛"还"回专合社。专合社按照9.5元/斤计算增重部分价值，扣除精饲料和有关成本，就是贫困户获得的养牛效益。

尝到甜头后，柑坳村又将200万省财政资产收益扶贫试点资金继续投放给村肉牛养殖专合社。在镇政府和村两委指导下，他们变换模式，采用资金入股、专合社分红的方式，专合社按1万元1股，共200股，保证每年每股5%即500元保底分红；根据贫困程度，给7户缺资金、缺劳力、缺技术的"三缺"贫困户，分配6~8.5股的分红收益；给21户一般贫困户，每户3.5股分红收益。专合社买回213头牛犊，"借"给贫困户饲养，牛长大"还"回来销售后，再根据年度利润情况进行二次分红，形成"养殖收益＋保底收益＋二次分红"的扶贫模式。

怎样养殖？专合社采用"一免四统一"方式破解这一难题——虽然叙述起来有一点枯燥，但却是取经者的目光聚焦所在。

一是免费技术培训。专合社联合市县下派人才、驻村干部、农业农村局专家，组成技术支持团队，实行包买小牛、包卖大牛、全程技术支持的"包两头带中间"服务模式。同时，专合社不定期聘请畜牧专家到村开展点对点的技术指导，每月组织贫困群众开展养殖技术培训，对养殖户在生产中遇到的难题进行现场解决。

二是统一建圈。专合社为贫困户选定圈址，按6平方米／头的标准统一建圈舍，每户至少30平方米，县财政按每平方米140元给予贫困户建圈全额补助。

三是统一疫病防控。统一对肉牛进行疫苗注射，定期对肉牛、饲料运输车辆进行消毒打扫，定期对肉牛圈舍消毒清洁进行监督指导，让经验丰富的养殖户对附近贫困户养殖的肉牛进行疫情疾病监控。

四是统一配送精饲料。每头牛每天需喂草料20斤、精饲料5斤，精饲料由专合社定期配送到养殖户家中，草料由贫困户提供。

五是统一购销服务。专合社带领社员代表、畜牧专家到非疫区繁育基地筛选和采购已断奶的、健壮的牛犊分发给养殖户，10个月左右分批现金回收贫困户养大的架子牛，再经两个月左右育肥成商品牛，统一销往具有长期合作关系的几家企业。

为化解把牛养死的风险，专合社为贫困户"借"去的牛按280元／头买保险，县财政补贴210元，专合社承担70元，确保贫困户养殖"零风险"。

这是县里想方设法为贫困户脱贫增收开辟出的门道。村支书张桥肯定地对我说："模式很好，贫困户得到实惠，最多的保底分红能分到四五千元，专合社也能从'借'出去的每头牛身上挣到1200元左右的利润，这为2016年我们退出贫困村起到很好的促进作用。"

"借牛还牛"、股权量化的做法，得到中央深化改革办公室、国务院办公厅、四川省委肯定后，屏山县各乡镇迅速加以推广。在此基础上不断完善和丰富内容的当属新市镇何家坪村金源肉牛养殖农民专合社。理事长詹方金近水楼台，驱车到柑坳村考察学习取回真经，于2016年7月，自筹资金207万元，股权量化资金208万元，产业扶持基金45万元，建卡小额贷款资金10万元，三峡种子基金10万元，共整合资金480万元，很快建起了目前全县资金投入最多、养殖规模最大的肉牛养殖基地。

也许有人会问：詹方金怎么一干就是大手笔？在此对詹方金做一简介。

这个敦实健壮的汉子，老家在新市镇何家坪村4组。他20岁刚出头就走上了艰辛的创业路，先在新市镇开设餐饮店，继而在屏山县、沐川县、绥江县、龙华镇等多地开设分店。有一定财富与经验积累后，决心利用大好时光一显身手，2010年他自筹资金，在新市镇镇政府旁几百米的地方，创办了集餐饮住宿为一体的金源酒店，年均利税额在100万元以上。村民们见这个小伙子脑瓜子灵光，勤劳踏实，发财有术，2010年底村两委换届，一致推选他为何家坪村委会主任。詹方金感激群众对他的信任，决心不负众望，不辱使命。只有多投入，才有多产出；只有大手笔，才有大文章。更何况，2014年何家坪村被确定为贫困村，要让65户贫困户、246人贫困人口尽快摆脱贫困，小手小脚肯定不行。所以，詹方金和村两委挖空心思发动群众集资修公路，千方百计争取政策解决全村生产和生活用水，费尽心神让这个全县危房最多的贫困村户户住上好房子。詹方金想方设法因地制宜发展黑桃等产业的同时，将自己的房产抵押贷款，组建了以养殖为内容的金源肉牛专合社，建成了年出栏200头规模的肉牛养殖场，决心带动何家坪村、观音村建卡贫困户104户442人种草、养畜，增收致富。

让詹方金悲伤的是在修建肉牛养殖场期间，为确保工程进度与质量，他让年近六旬的父亲现场协助监工，结果不慎发生事故，他父亲付出了宝贵的生命。在失去父亲的悲痛中，詹方金没有放弃为老百姓谋财路的初衷，化悲痛为力量，如期建成养殖场。

我是2019年7月的一个下午走进他那养殖场的。一个陡坡上去，迎面墙上"债权资产股份量化"详细方案十分引人注目。养殖场整洁卫生，西门塔尔牛们毛发光滑、膘肥体壮，大的巍巍然如小山丘。我指着一头有白色花斑的大牛，问詹方金有多重？他说应该有1500斤左右。一条才出生不久的小牛犊，眸如点漆，咧着嘴唇望着我们，十分憨厚可爱。我在它头上轻轻地拍了一下，调笑道："快快长大，脱贫攻坚等着你出力哩。"

我一边看，一边向詹方金了解情况，得知他们的"借牛还牛"代养模式与柑坳村有诸多不同之处：一是回收牛每头的保底收入比柑坳村多200元，即2000元/头。二是他们独出心裁地开辟了"共圈共养"，即贫困户可以自筹或者占股权资金投入专合社，由专合社统一管理，即统一购买牛犊、统一防疫、统一饲养、统一销售、统一核算，可享受5%的保底分红收益和二次分红。三是发动贫困户种植牧草，专合社免费提供草种，贫困户种植成草后销售给专合社，按200元/吨回收，可享受5%的保底分红收益和二次分红。目前詹方金依靠养殖场已经带动何家坪村、观音村建卡贫困户104户442人种草养牛，3年来专合社共种草1000余亩，肉牛出栏400余头，为建卡贫困户分红资金达30余万元，两个贫困村每年村集体经济收入5200元，建卡贫困户种草收入5万余元。何家坪村杨某家贫困人口5人，股权量化保底分红加务工收入2万元。涂某家贫困人口4人，保底分红加入股分红达2万元。观音村刘某家贫困人口5人，保底分红加种草收益达1万元。

对于村里偏远的缺资金、缺技术、缺劳力的"三缺户"怎么办？詹方金没有忘记他们，专合社专门开通"绿色通道"，为单亲家庭、年满60岁以上有创业意愿的家庭做担保贷款，带领他们外出学习考察，学习先进养殖技术，聘请专家对他们进行免费培训。只要有脱贫意愿，专合社千方百计地为其量体裁衣，增加致富措施，入社会员还可以零风险享受年底分红。这一举动，激发了本村及周边相邻村干部群众想干事、能干事、敢干事，也干得成事的热情，让贫困户看到了脱贫的希望，找到了摘帽的出路。

后来，詹方金特意传给我他们专合社召开"股权量化分红大会"的会场照，并附言道："每个年度的分红时间为第二年的5月份，每次分红均达10万元以上，每次召开分红大会大家都非常开心。"我点开照片看，会场坐得满满当当，与会者全神贯注。我揣测他们一定在反复默算着自己该领多少钱，紧张地等待着分红时刻的到来。

在中都镇，我看到了股权量化的又一个发展路程，它进一步拓展和丰富了

"借牛还牛"、股权量化的内涵和外延。

说起中都，一轴鲜艳夺目的画卷油然铺展在眼前。大家都还瑟缩着身子企盼着春天的来临时，中都的油菜却迫不及待地抢在一个月前开花了，黄灿灿的，不管不顾、目空一切地开满坡头地坳、山湾地边，以其昂扬的韵律、壮阔的气势、张扬的个性，彰显着要主宰世界的霸气。镇里那一家叫美美粮油食品有限公司（简称美美公司）的企业，为人们蜂飞蝶舞前来大饱眼福的壮观场景抱薪助火，着色增辉。

这是一家菜籽油、小麦加工企业，中都"夷都四礼"是他们的特色拳头产品。他们公司产的面条是屏山县唯一一家通过 SC 质量认证的，成都、宜宾、乐山、凉山、昭通等地有 30 多个销售网点，年销售额达 400 万元。党中央提出脱贫攻坚号召，美美公司积极响应。怎么帮助中都父老乡亲脱贫致富？美美公司以敢于担当的精神，密切配合镇党委、政府，在高峰村实施 2016 年债券融资贷款资金，形成资产股权量化项目，主要发展油菜。

美美公司法人郑美是一位风趣优雅的女士。她向我介绍：这个项目债券融资投资 30 万，量化为股权 30 股，覆盖高峰村 30 户建卡贫困户；按照贫困户、村集体与美美公司 5:1:4 的比例进行分配，贫困户按所占股权份额，享有年终 5% 的保底分红和二次分红权利。具体操作是公司购买油菜种、肥料、农药等，由贫困户种植，然后公司按照高于市场价格 10% 进行收购。这其实是变"借牛还牛"为"借种还种"。参与项目的贫困户家庭人口享有优先进厂务工的权利，且月工资比其他非建卡工人高 10% 以上。公司根据每年油菜发展情况，落实专人负责参与项目贫困户种植、栽培、病虫害防治等方面的技术培训与指导服务。无论公司盈亏，对贫困户 5% 的量化收益，确保在每年 10 月中旬以前 100% 兑现到位，确保参与项目的贫困户按期脱贫。

我问郑美："实施后情况如何？"

郑美答道："每户的种植收益加上保底分红，大概有 2500 元。来厂里打工的，按 80 元 / 天发工资，干得多的收入要多一点。项目运行两年情况不错，贫困户该分得的红利，每年 10 月中旬就会全部兑现完毕。我们公司通过镇政府又去贷款 100 万元，在民义、黎明、新平 3 个村，再带动 100 户贫困户种植油菜和小麦，目前进展顺利。"

我又问："你们收购贫困户的产品，要高于市场价 10%，又要保底分红和二次分红，企业不亏损吗？"

郑美嫣然一笑，答道："从贫困户那里回收菜籽、小麦，当然赚不到钱。我们主要在产品加工、包装、销售环节要效益。其实这是一件两全其美的事，相当于贫困户为我们建立起了粮食供应基地，我们在产品质量上有了可靠保证，同时也扩大了生产规模，提高了市场占有率。米在箩内转，企业把利润看薄点、看淡点，让贫困户从中多获取点好处，也算美美公司为脱贫攻坚尽了一份责任。"

我认同郑美的话。青出于蓝胜于蓝，昔日屏山镇柑坳村播下的股权量化之种，在新市镇何家坪村开出绚丽之花，继而分枝展叶，在以中都镇美美公司为代表的全县众多乡镇村组孕育成丰硕之果，夺得可喜收获。这是屏山县在脱贫攻坚中锐意进取、开拓前进的一个精彩例证。

近几年来，屏山县把财政资金股权量化到贫困村集体和贫困户，建立起了市场主体和贫困户稳定的利益联结机制，已投入股权量化资金7250万元，创建规范化专合社162个，实现了贫困户增收、专合社壮大、集体经济发展、扶贫资金保值的共生共进良性循环局面。我分明看见，众多持有股权的贫困户，摇身变成股东，像詹方金说的"非常高兴"地分到红利，笑逐颜开地走在穿吃不用愁、生存有保障的小康之路上。

三、叫得最响的一个事

东西部扶贫协作——东西协作，是屏山经验中最明亮耀眼的那一颗星。我知道这一件事，缘起王金良。

屏山县种植产业发展蓬勃，除了茶叶，最值得称道的是茵红李，它已经成为广大农民脱贫增收的支柱产业。全县15个乡镇均有种植茵红李，面积已达12多万亩，年产量达到10万吨、收益5亿元以上。大镇锦屏镇就种植了4万多亩，几乎占全县三分之一，已经形成完整的产供销产业链条，该镇许多贫困户皆因种植茵红李挣了钱，而摘掉贫困帽子，我于是去该镇采访。镇长李开林介绍情况时，说青年村有一个叫蒋成会的土专家非常能干，把绿亿种养殖农民专合社办得风生水起，线上线下销售一派红火，他还指导当地诸多贫困户种茵红李增收致富，我打定主意去见识一下蒋成会。刚到蒋成会的专合社门口，见一个汉子，50多岁，戴着一副眼镜，穿着浅灰色短袖衬衣、黑色裤子，脖子上挂着一部照相机，领着一行人行色匆忙地从公路那端迎面走来。李开林说："王专家来了。"我惊疑："哪个王专家哟？"李开林说："海盐县的王金良，他们县首席农业专家。"我更困惑:"他来屏山做什么?"李开林解释道:"脱贫攻坚,国家号召经济发达的东部对口帮扶经济欠发达的西部,浙江省帮扶四川省,嘉兴市帮扶宜宾市,海盐县帮扶屏山县。2018年,屏山的茵红李大丰收,但不好卖,海盐便派了王专家过来指导茵红李发展,查找和解决滞销问题。"

由此东西协作一事种植进了我的脑海。"吃请不如吃碰",我当即采访了王金良。后来从屏山县农业专家罗家帮处了解到,王金良曾获过"全国五一劳动奖"、全国人民满意的公务员、全国农技推广突出贡献奖。他不负重托,2018年10月来到屏山,便马不停蹄地进行实地调研。在短时间内,他的足迹踏遍大乘、富荣、锦屏、书楼、新市、新安等乡镇的土地。林间院坝,他与村干部和果农座谈,找到屏山茵红李滞销的原因:农业生产方式落后,老百姓无标生产,拿出来的果子大小不一样,大的大、小的小;果子味道不一样,甜的甜、酸的酸;果子的品质不一样,脆的脆、软的软;果子的质量安全不一样,这很难适应市场的需要。针对这些情况,他提出全县茵红李发展必须在"提质、控产、增效"上下功夫,全面实行"七统一",即统一品种品系、统一产品管理、统一植保防治、统一配方施肥、统一农资配送、统一分级包装和统一品牌营销,把"田间"当"车间",形成一个完整的产业链。他绘制出《茵红李标准化栽培模式图》,哪个时候施肥、怎样做病虫防治、咋个修剪枝条等技术标准细节,一清二楚地标注在上面,发到每家每户,果农只管按图施工即可。他广泛讲解限产控果生产优质茵红李的重要性。他提出要建6300亩茵红李高标准精品示范园,只要按他的要求来办,他将用协调来的150万元东西协作扶贫项目资金,每亩补助180元,等等。后来我了解到,2019年,6300亩高标准精品示范园产出优质果1万吨,售价平均4.3元/斤,每亩效益1.3万元,每户平均收入6万元,示范园涉及的240户贫困户全部增收脱贫。全县果农也因标准化生产增收1.5亿元,惠及2500余户贫困户脱贫致富。

王金良还做了一件大事,在他的牵线搭桥下,屏山县宇桂公司实施品牌营销,借助嘉兴水果批发市场平台,2019年初,与华通果业、万通果业、杰鹏果业、建明果业等10家客商签订茵红李1万吨产销合同。同年3月,屏山县宇桂公司组织嘉兴、上海、成都等地的客商来屏山参加李花节,期间,在举办的茵红李推介会上,又与紫尊农业、上农批、诚实果品等公司签订产销合同5000吨;4月在上海组织了屏山茵红李产品推介会,进一步拓展市场,通过对接,在上海果品行业协会设立屏山办事处,打通上海各大连锁超市、专卖店、大卖场的终端配送中心市场，做到产销直接见面。王金良促成海盐万好食品公司和屏山精准农业公司合作成立了"嘉兴市海屏情农产品有限公司"，并在海盐县城开设"屏山名特优农产品海盐直销店"，动员海盐社会各界通过购买屏山农产品等方式积极开展消费扶贫，取得了很好的经济和社会效益，东西协作结硕果。

　　王金良来屏山帮扶的一年多时间里，对屏山县无序的茵红李产业发展，甚至现代农业发展，注入了沿海发达地区的先进理念与新鲜活力，令我感动不已。我准备以《军师升帐》专节写他。随着采访的深入，东西协作在我眼前呈现出新的亮点。

　　我在书楼镇高田村看到，一幢阔大的厂房墙上，红艳艳的黑体字异常醒目："山海协作，产业扶贫，惠农富农，互利共赢。"县文化广播电视和旅游局派驻高田村第一书记何坤告诉我，这是按照"屏山所需、海盐所能、共赢为本"指导思想，充分利用屏山的资源优势，海盐的市场优势，共同建立起来的精扶竹笋加工厂，打造东西两地企业"双连"扶贫模式，探索"龙头企业联动发展特色产业、加力加速带动助推精准脱贫"的东西协作全新路径，让山区的好资源变成好产品卖出好价钱。

　　我在鸭池乡越红村蚕桑科技园看到，东西协作复兴桑蚕产业项目在这里悄然兴起。去的那天，正逢乡党委书记徐龙华领着外地客人前来考察，屏山锦晖蚕业合作社负责人李永贵，指着设立在越红村米杉沟的宣传展板向客人做着介绍：这个项目被列入 2019 年东西协作对口支持范围，总投资 1030 万元，其中东西协作补助资金 560 万元，科技部项目补助资金 250 万元，专合社自筹资金 220 万元，计划新建标准化桑园 3000 亩，总面积突破 6000 亩，产茧 100 万公斤，将为屏山纺织园提供 1000 吨优质蚕茧原料，带动鸭池乡和龙华镇桑树种植户 2000 户以上养蚕致富，带动 400 户以上贫困户人均养蚕收入超 8000 元。高标准打造 200 亩核心示范园区，筹建蚕桑科技实验室 1 处，标准化蚕茧加工仓储中心 1 处。展现在我眼前的是一个热火朝天的项目建设场面：园区内产业路四通八达，示范园桑树已现成林雏形，越红村上关组半山坡上占地 5000 平方米的蚕桑科技园大楼装修即将告竣。我问徐龙华客人来自何方？答曰客人是上海水星家纺老板，来商谈合作生产水星 1 号黄金蚕丝被事宜。参观完后，他们去越红村委会座谈，签下锦晖蚕业年供货 2000 万元的合同。剩下要做的事，是锦晖蚕业如何率领贫困户完成合同任务。

　　东西协作在向屏山更多的产业、包括教育在内的更广阔的领域推进，显示出旺盛的生命力。我喜不自禁，调整思路，准备进一步搜集素材，重新确定本节写作重点与结构，一个更为抢眼的亮点，引导我走进一方更加炫目的天地：浙川纺织产业扶贫协作示范园。文兴培眉飞色舞地对我说："这个是我们做得最好、叫得最响的一个事。"

杨育是屏山县工业园区管委会投资促进办主任。他向我言及浙川纺织产业扶贫协作示范园的动因，2017年1月，时任浙江省代省长车俊，率浙江省代表团赴四川考察，对接东西扶贫协作和深化合作工作，在四川省尹力省长陪同下考察了屏山县。屏山三种独特优势吸引住车俊的眼球：一是向家坝水电站给屏山留存电0.37元/度固定包干电价，可以打造要素成本洼地；二是宜宾丝丽雅集团现有38万吨粘胶纤维，可以打造产业原材料配套高地；三是园区载体优越，产城园一体化规划面积10平方公里，50公里范围内可辐射人口300万人，可以打造人力资源富地。屏山县已有绒惠线业、山东恒丰、四川浪莎三家纺织企业竞选入驻，奠定了兴建纺织园区的基础。浙江纺织产业十分发达，亟待转型升级换代，屏山无疑为其提供了理想的选择场所。在充分考察调研的基础上，两省领导基于对屏山县贫困特点及纺织产业发展趋势的共同研判，结合屏山产业承接特点和浙江纺织产业转移需求，推动"屏山所需"与"海盐所能"实现精准对接，两地共同谋划，商定共建"浙川纺织产业扶贫协作示范园"。

两县认真把两省领导共识化为行动，经过一番紧锣密鼓地谋划，定下将示范园落脚在屏山经济开发区，示范园占地面积7平方公里，屏山县将纺织作为第一大主导产业来抓，实现纺织产业从无到有、由小变大、大中做强、强上向优的转变飞跃，培育县域经济发展新引擎，成为东西部扶贫协作新亮点；力争到2025年建成西南最大的以纺纱、织布为主，配套服装、家纺和生物基产品为特色的纺织产业园，总投资250亿元以上，实现总产值400亿元、税收12亿元，就业3万人以上；同时以屏山为核心基地，催生宜宾市1000亿元纺织产业集群规划。

我问："现在示范园建设得如何了？"杨育说："2019年4月海盐县选派常务副县长王坚挂职屏山担任县委副书记，海盐县政府办公室副主任吴学辉挂职屏山担任县委、县政府办公室副主任，具体负责东西扶贫协作工作，以产业合作为载体，带动屏山县加快脱贫攻坚的步伐，重点抓好纺织产业园的建设。浙江干部来了以后带来了先进的工作理念和机制，通过园区共同谋划、工作共同推进、共谋产业政策、共用招商渠道、共建入驻门槛、共优项目服务，快速推进了纺织产业园的建设步伐。纺织产业园目前已经建成1.5平方公里，基础设施总投资28亿元，引进嘉兴天之华、萧山林芬、福建锦原等24家纺织企业，签约总投资126亿元，建成投产16家，2018年纺织产业完成产值20亿元，2019年实现产值50亿元。总而言之，纺织产业国关键要落脚在带动贫困户脱贫奔小康上。目前园区纺织企业用工3000余人，其中建档立卡贫困户就业688人（残疾贫困户60余人），带动贫困户增收脱贫1480余人；计划2020年招录贫困户就业超1000人、年均增收3万元以上。为了加强精准脱贫政策导向，屏山县设立东西协作精准扶贫3000万元基金池，通过基金池的循环实现长效造血，屏山县明确从纺织产业园新引进企业的厂房补贴中提取10元/m2，将这部分资金与企业录用贫困户挂钩，企业招录贫困户达到在职职工总人数5%的予以奖补。"

示范园建立起来不久，就有如此大的效益注入屏山"孱弱的躯体"，就有如此多的贫困户摘帽脱贫，我为此感到十分惊喜。但有一些所谓先进发达地区，将面临淘汰的企业，以及落后的工艺设备，打着转型升级、更新换代一类招牌，向经济欠发达地区转移迁建，我心里生出担忧："引进的这些企业，是不是浙江淘汰过来的呢？"

杨育淡淡一笑道："首先引进园区落户的企业，我们注重产业转移示范。签约企业平均投资规模超5亿元，24个纺纱企业平均产能超20万锭，在全国并不多见。其次必须是集约用地示范，签约企业普遍采用多层厂房，节约用地已达1500亩，投入产出强度大大提升。再者是强调装备引领示范，天之华为全球最大涡流纺织企业，弘曲为全球最大缝纫线生产企业，润厚为全国最大机织用特种包覆纱企业，等等，这些都是纺织冠军企业，95%的企业采用了国际国内先进设备，像帛洋、弘曲使用的是目前最先进的盛大智能化设备；天之华纱线飞绕成锭的最快速度为每分钟500米。"

杨育缓了一口气接着说："我们还从另外三方面设置门槛。一是招优引强，将浙江'亩产论英雄'理念引入屏山，配套多层厂房补贴政策，园区企业入驻原则按照亩均税收15万元、不少于2层厂房的标准，确保高水平投入产出强度。二是坚持落后替代设备转移不接，对入驻企业在高端设备引进、厂房建设等方面予以补贴，对园区实行阶梯式土地供给价格，投资5000万元以上的项目按5.6万元/亩计价，构筑起在全国具有比较优势的'政策洼地'。三是配套引进国外、国内先进设备补贴政策，设立工业发展专项基金8000万元，按企业投资额实行阶梯电价激励，最低给予 0.37 元 / 度的固定包干电价支持。

我杞人忧天了。有这些门槛与激励机制，披沙沥金、去芜存真，很好地保证引进企业的品质和纯度。从现在建成投产的企业来看，平均利润率达 12% 以上，超过全国平均水平 1 倍，真是一件了不起的事。

宜宾市所有区县，我对屏山最熟悉。山区县，农业发展不好，工业就只有 20 世纪末 21 世纪初的水平，都是水泥、电、石等高耗能、高污染、低产出的企业。向家坝水电站建成后，县里雄心勃勃规划利用电站库区发展旅游业，但怎么建、谁来游，这么多年过去旅游业发展仍然止步不前。开辟的工业园区，引进企业寥若晨星。屏山经济发展陷入瓶颈，前程一派迷茫、晦暗。东西扶贫协作，海盐县倾力帮扶屏山，不只是出钱、出人，重点是把东部纺织产业优势企业引入屏山，一举打破瓶颈，如一束强烈阳光驱散了笼罩在屏山县域经济发展道路上的迷雾，展现出白云朵朵的万里蓝天。现在建成投产的企业已显示出强大的生机与活力，如果 2025 年达到规划指标，仅示范园区纺织产业就会数倍超过全县总产值和税收。加上这几年间茶叶、李子、柑橘、龙眼、枇杷等水果产业的迅猛发展，屏山整个县域经济将是一个什么样动人的局面，我不敢妄断，但可以满怀信心地说，要叫屏山穷恐怕也穷不起来。

浙川纺织产业扶贫协作示范园现在已获得"四川省首批特色产业基地""全国纺织产业转移示范园区"美誉。2017 年，国务院扶贫办组织东西扶贫协作交叉考核评估中给予了充分肯定。2018 年，屏山、海盐两县分别在四川、浙江两省扶贫协作现场推进会上做了经验交流。2019 年 8 月上旬，国务院扶贫办公室副主任洪天容来屏山调研，为召开全国东西部扶贫协作"携手奔小康"行动培训班做准备。文兴培告诉我："在屏山纺织产业扶贫协作示范园调研途中，洪副主任非常高兴，说真正体现了大布局、大视野抓东西部扶贫协作，产业布局紧扣国家发展大战略，立足于世界经济产业发展，值得学习借鉴。"

8 月底，该培训班在屏山圆满结束。省东西部扶贫协作和对口支援领导小组办公室，特意给宜宾市、屏山县党委和政府发来《感谢信》，转达国务院扶贫办给予的高度评价："思考得很细致，准备得很充分，服务得很周到。扶贫办领导很满意，与会代表都觉得很有收获。非常感谢宜宾和屏山的大力支持！"

我想，真正应该感谢的，是浙江省、嘉兴市、海盐县创造性地帮扶，更要感谢习总书记脱贫攻坚、精准扶贫的伟大号召。它给屏山带来的千年难逢的历史机遇，必将引发这个贫困县沧海桑田的伟大历史性变迁。

四、新起点新征程

这肯定是载入屏山史册的重大历史事件：2020年2月18日，经四川省人民政府批准，屏山县退出国家级贫困县序列，正式宣告那一顶戴了快20年、压得屏山人抬不起头的贫困县帽子，被自强自立、奋发有为的屏山人民一举摘掉，从老君山巅振臂扔进金沙江里。凸显的时代意义在于，2014年，屏山县建档立卡并经动态调整的10742个贫困家庭、42819个贫困人口，通过这几年精准扶贫与勤力攻坚，过上了不愁吃、不愁穿，教育、医疗、住房有保障的称心日子。作为全国832个国家级贫困县的一分子，没拖后腿，为习总书记提出的2020年我国全面建成小康社会，实现中华民族伟大复兴的中国梦，为世界减贫做出贡献。32万屏山人民提前一年交上了一份满意的答卷，可喜可贺、可歌可颂。

如今颐养天年、含饴弄孙的黄国照曾任屏山县人大常委会主任，在副县长任上时，为争取国贫县这一顶帽子曾立下过汗马功劳。我问他："现在把你们千辛万苦争取来的贫困县帽子扔掉后，你是什么心情？"他不假思索道："万分的高兴和激动。当初争取戴上帽子，就是为了现在更好地摘掉帽子。这说明屏山农村变好了，人民群众特别是广大贫困群众生活水平改善和提高了，已经追赶上了全民小康的时代脚步。"

去乡村听听反响吧。

太平乡火星村，是一个干得火星子迸溅的地方。经过帮扶攻坚，村里出现三大变化：一是通过交通改造，村上的硬化路由当初的3公里，变成了现在的15公里；打通了两条与外村连接的道路，公路通户达到95%以上，告别了晴天一身灰、雨天满脚泥的历史，村民们不再受出行难的困扰。二是兴建水利设施，他们从10公里外引水到村上，安了6万余米的大小水管，解决了长期困扰火星村的人畜饮水和生产用水问题，为农民增收提供了很大的帮助。三是文化建设与服务功能有了很大提升，国家为他们修建了党群服务中心和卫生站等，给群众办事治病带来了极大的方便。村支书蹇良江喜形于色地告诉我："摘帽成功，是包括我们村在内的全县人民多年辛苦努力的结果，得到上级认同，我们交了一笔账，心里非常高兴。"

周兴武是中都镇建立村支书，一个有情有义的汉子，因驻村工作组完成脱贫攻坚任务撤回单位时不让他们开欢送会而深感内疚，躲在家里的房子楼上望着他们缓缓离开的车，竟然情不自禁地哭了起来。他写了一封饱含深情的信寄给工作组，称他们是"最可爱的人"。我问他听到屏山县摘掉贫困帽子消息后内心是什么感受？他说："眼窝子一热，有一种想哭的感觉。"因为他一下就想起了驻村工作组带领村两委和村民们创造了5大亮点：一是修建洪堤，村里70%农户原来住在小桃溪两岸，经常遭遇洪涝灾害，2018年"8·16"洪灾小桃溪把两岸道路冲得几乎荡然无存，工作组向上级部门争取资金500万元，建了两段重要洪堤，河岸上两个聚居点和临溪而居的村民住房安全有了切实保障。二是原来村里只有破烂不堪的2公里公路，现在打通了到各个组的公路，还修了10多公里产业路，全村已经形成公路网络，村民下雨天也不用穿雨鞋出门。三是修建了3个聚居点，加上部分村民入住镇棚户区和旧房加固维修，全村210户村民都住进了安全住房；修了3个集中供水站，全村家家户户吃上了自来水；在村口桥头边上，争取国家资金20万元修了一个旅游公厕。四是以前处于半瘫痪状态的电力线路和通讯网络全面恢复。五是修建了村党群服务中心，别的村卫生室和服务中心联建在一起，唯有他们村争取了10万资金单独建了3大间房屋作为服务中心使用。几大亮点构成了一幅漂亮的新农村图景，全部得益于党的脱贫攻坚政策和驻村工作组的指导帮扶，"贫困县帽子摘掉了，我们更好轻装上阵，没有包袱地在小康道路上大步朝前走了。"

与屏山新县城只有一江之隔的庄子村，当摘掉贫困县帽子的消息传来后，村支书张文弟说出了他第一时间的感受："是一件大好事。说明我们大家辛辛苦苦奋斗了几年的心血没有白费，做出的努力有了结果，我感到非常高兴和欣慰。"他想起当初动员很多易地搬迁户垫钱修房子，向他们许诺政府会给予补助，村民们根本不相信。后来村上担保，村民房子修好以后，补助款及时兑现，村民们的态度马上发生一百八十度大转变，对党委和政府、帮扶工作组和基层干部变得十分信任了。再是扶贫先扶智，他们经常给村民传递一些正能量，哪怕有些村民没有多少文化，其精神面貌发生了很大变化，村民们都学勤快了，晓得到处找活干了。大家都晓得，只要勤快就饿不到人。还有公益性岗位设立得好，让贫困户扫大道、植树、栽花、绿化等增加收入，让他们真正感觉到政府是在实实在在地帮助他们。务工增收这一块不能丢，庄子村土地不多，种植养殖很难成规模，不适合发展种植业、养殖业，就算种养成功了也很难销售出去，村民要有稳定收入只有靠打工。现在村民们振作了，都在想办法找路子打工挣钱了。"正是大家相信我们，积极配合我们脱贫攻坚，才按时摘掉贫困县的帽儿。"

三位村支书从不同角度说出了真切的内心感受，表达出对摘掉贫困县帽子的喜悦之情。习总书记指出："脱贫摘帽不是终点，而是新生活、新奋斗的起点。"因此，我们要清醒地看到，并不是帽子一摘就可以刀枪入库，马放南山，高枕无忧了。黄国照认为："脱贫摘帽只是一个阶段上的胜利，由于种种历史和现实的原因，还存在返贫因素，主要体现在两个大的方面，一是总体上说还是'输血'式扶贫强于'造血'式扶贫，如果国家投入力度不这样大，要这样如期摘帽是有难度的，所以这种脱贫还显得有点脆弱，要确保长期不返贫，任务还比较艰巨。二是发展不平衡，现在屏山的茵红李、茶叶等产业发展得很好，但主要集中在一些已经具备产业基础的地方。而在一些边远、本身比较贫穷、农业产业还没有真正建立起来的地方，基础还比较薄弱，虽然脱贫了，但要可持续发展，政府还得下大力气，才能真正解决返贫问题，让老百姓进一步走向富裕。"

我的思绪悄然飘飞到了中都镇双河村中山坪彝族组。这个令省贫困县摘帽专项评估检查组震惊和感叹的地方，我认为其创造了几个"最"：一是贫困户最多，总共19户就有17户是贫困户。二是公路最陡，具体负责修这条路的屏山县舒程建筑建材劳务分包公司负责人舒祖奎对我说："1米路就有0.4～0.5米的坡比，弯道不止60°～70°的角度，像手肘迁在胸口面前一样。"前面我已经说过，坐车上去，感觉是望天而行。三是条件最艰苦，组长王元明向我介绍："村民们没有什么产业，就喂点牛羊和猪，种点苞谷、土豆。高寒地区，入冬就下雪，出不了门，只有一天到黑在家里头烤火。"他反复叮嘱我，要我给他呼吁一下，"山上网络现在都差得很，电话经常断，电视虽然安了信号接收器，但还是放不起。"四是学校最小，包括卫生间在内3间屋，一个老师，三四个学生。五是帮扶力度最大，修上山公路、建聚居点、易地搬迁建房、配套市政公共设施与供水等，政府资金投入量接近740万元，人平均约7.2万元。可以肯定地说，要不是脱贫攻坚，仅凭自身力量发展，中山坪永远摘不掉贫困帽子。现在虽然摘了帽，不加强巩固，返贫风险很大。

我佩服县委、县政府敢于直面现实的勇气，他们不遮掩、不粉饰，坦陈摘帽后屏山县还存在三个方面返贫隐患：一是全县虽然达到了脱贫标准，但部分贫困户稳定脱贫还有差距，特别是低保户、残疾人、重病患者家庭等帮扶措施单一、稳定脱贫难。二是贫困边缘户因病、因灾、因收入低极易致贫，脱贫监测户抵御天灾、人祸、病痛的能力弱，存在返贫风险。三是全县所建聚居点还有一部分配套设施不完善，少部分农村"六类"困难人员还没有搬进新房子，影响生活水平。

姚华去年9月从大乘镇党委书记调任县应急管理局副局长后，又被派往新市镇做脱贫攻坚帮扶工作，他先后在4个乡镇干了快30年农村工作；柳高是龙华扶贫办主任，之前经营过公司，当过村干部，还在镇党政办工作过；张开林从1984年起一直在太平乡工作，2014年脱贫攻坚开始担任乡扶贫办主任至今。他们对农村情况比较熟悉，我与其探讨返贫隐患时，他们举例说：比如贫困户包括贫困边缘户，如果产业发展和打工收入不稳定，或者遇上意外，一脚就滑进贫困户里面去了。政策兜底的人，往往都是自身动力不足，"造血"功能差，甚至没有"造血"功能的人，像新市镇柏杨村有一个5口之家，其中4人有智力障碍，户主也没有多少能力，小孩读书靠送教上门，如果政策跟不上脱贫标准，以他的收入就达不到现在的生活标准，而政策兜底是导向性的，不是长期而无限制的。比如有一些贫困户抗御自然风险的能力还不强，土地资源也比较少，一家四五个人只有一两份地，种植的产品既少又零星分散，只要一歉收或者产品卖不上价，就有可能被一金箍棒打回原形。还有一个不能忽视的大问题，这几年慢慢建立起来了帮扶体系，广大帮扶干部与贫困户结穷亲，不仅从经济上支持，更是当了贫困户家里的明白人，站在前台帮着出谋划策，彼此相互信任并结下深厚情谊。随着贫困帽子的摘掉，帮扶力量减弱，会让一些贫困户感到不适应甚至茫然，一时找不到方向而返贫。

他们所站视角不同，讲的个性多于共性，我们不能以小见大，以偏概全，但不能忽视这一些返贫诱因的存在。现在需要思考的是用什么办法化解返贫风险，或者说把返贫风险降低到最低程度？钟震认为："关键要发展好农村产业，建立稳定的长效机制。"他说他通过这两年扶贫，日益加深了产业发展对脱贫致富重要性的认识。不管是脱贫攻坚，还是以后的乡村振兴，它都是未来解决三农问题的一把钥匙。中国作为一个传统的农业大国，没有农业而只有工业的现代化，国家不能说完全实现了现代化。脱贫攻坚是解决人民基本的生存权，乡村振兴是党中央提出的解决农业诸多深层次矛盾问题的总抓手，目标是达到"产业兴旺，生态宜居，乡村文明，治理有效，生活富裕"。屏山发展农业基础条件薄弱，地形破碎，一些地方早该退耕还林，但地方政府说，我们要发展地方经济，要让老百姓有饭吃、有钱用。要破这个局，钟震认为一要因地制宜，选准产业项目。绝对条件来说，屏山县和平原地方没法比，但可以在某些方面显示出自己的独特优势，比如茶、茵红李、竹笋等。二是要解决产业生产组织化问题。屏山产业要发展，必须提高组织化程度。屏山32万人，青壮年大都出去打工了，乡村只留下一些老弱病残，人的结构变化必须带来生产组织的变化，不可能让80岁的老人健步如飞，在很高、很陡的坡上去耕作。三是产业发展需要进行市场对接，这种对接不可能让农户一家一户去对接。屏山茵红李2018年滞销，一个重要因素就是缺少销售组织，老百姓个人没办法直接面对市场，几角钱一斤也卖不掉。钟震到东部沿海去看，不管青脆李还是茵红李，都能卖10多元/斤。原因在哪里？生产和销售中间这一段距离没有人去补上。这就回到第二个问题，一方面要组团生产，另一方面要组团销售，做到了这两点，屏山产业大有可为。四是农村产业特点是一个弱势产业，扶持弱势产业是一级政府克服市场不足、提高公共服务水平的一种方式。政府需要做的工作是变农村产业无组织生产为符合标准的有组织生产，帮助他们搭建销售平台，协助店商对接等，政府做到这一点，会有更大的话语权。

钟震应该抓住了防止贫困户返贫的一大肯綮。旁观者清，有比较才有鉴别。王坚是海盐县常务副县长，挂职屏山任县委副书记，来自东部先进发达地区，他认为要巩固屏山县脱贫摘帽成果防止返贫，必须全力以赴抓好三大板块工作。他提出的第一板块是要抓好农村产业发展，与钟震的观点不谋而合。我在采访有关乡镇村组干部时，他们无一例外地提到防止返贫必须抓好农村产业发展，舍无它途。县委、县政府提出指导意见，要持续做大做优茵红李、茶叶精准扶贫产业，升级10万亩茵红李基地、20万亩茶叶基地，通过品牌营销，线上线下立体销售，与上海、浙江等发达地区市场建立产销关系，带动更多贫困户稳定增收。由此可见，屏山全县上下在只有抓好农业产业发展才能建立防止返贫长效机制这一认识上，已经形成共识并付诸行动。

王坚说的第二个板块："要抓好县域经济主导产业发展。屏山通过东西部扶贫协作，纺织产业园已具雏形，要在现有基础上明确目标，争取尽快建成我国西南地区最大的生物基纺织特色产业基地，同时积极拓展产业链向下游延伸，只有这样才能够带动更多贫困户就业。"对于这一点，我在"屏山经验"里已经写到，县委、县政府响亮提出：依托东西部扶贫协作和科技部定点帮扶等有利条件，持续做大做优浙川纺织产业扶贫示范，到2025年，园区规模达到10平方公里，形成集纺纱、织衣、制衣、家纺于一体，产值超400亿元，税收超12亿元，就业超3万人的纺织产业群，建成我国西南地区最大的现代纺织产业城。

王坚说的第三个板块："积极推进城镇化建设速度，要很好地发挥县城的龙头带动与辐射作用。现在农村百姓居住太分散了，县内交通也不方便，必须通过产权制度改革，通过城乡统筹解决农民'进得了城、安得了居、就得了业'的问题。做大做强县城来带动全域的资源要素、人流、物流、资金流的集中，使县城真正发挥出核心增长极功能，以此推进城镇化建设。中央提出要农业现代化、工业化、城镇化'三化融合'发展，我们要按照这个思想做好相关工作。城镇化要靠工业支持，不然整个县城就是空的。工业发展了，才能很好地反哺农业。现在县里没有财力来保证脱贫攻坚长效机制建设，虽然中央明确了财政转移支付的政策不变，但是，我们对这个话要研究，有一些资金投向肯定要做调整。所以必须立足自我发展，增强自身'造血'功能，才能有效地建立起防止返贫的长效机制。"

王坚的"三板块说"，概括地道出筑牢返贫防线的腧穴。大河有水小河满，县域经济发展起来了，再来解决少数边远、零星、分散的贫困户返贫问题，就是小菜一碟、牛刀杀鸡了。

2020年1月14日，是对于屏山县非常重要的一天。一是四川省脱贫攻坚领导小组发布屏山等31个县（市）退出贫困县公示；二是中共屏山县委以"等不起"的紧迫感、"慢不得"的危机感、"坐不住"的责任感，召开了十三届第七次全体会议，吹响"全面提升基层治理能力、高质量建设幸福奋进新屏山"的集结号，宜宾市委常委、屏山县委书记廖文彬发出动员令。

值得一说的是廖文彬才从宜宾市副市长调任屏山县履职不到50天，便迅速进入角色，做出屏山摘帽和未来发展"115"总体谋划与布局，可见其主政一方致富一方、造福一方的心情是何等追切。

廖文彬确立了一个愿景：高质量建设幸福奋进新屏山。廖文彬向我坦陈："习总书记指出，我国社会主要矛盾已经转化为人民日益增长的美好生活需要和不平衡不充分的发展之间的矛盾。"屏山正处于高质量脱贫向经济高质量发展的转型机遇期，人民对美好生活更加向往，迫切希望过上更加幸福的生活。但幸福要靠自己创造，全县上下必须图强进取，勇克难关，敢于担当。与最优者对标，与最强者比拼，与最快者赛跑，以"奋进"提振士气和表达决心，让贫困群众自力更生，让落户企业看到屏山精神而增强信心，让干部树牢"坐不住""等不起""加油干""向前冲"的进取精神，全面展示屏山人响鼓重锤、快马猛鞭、奋力争先的精神风貌。

廖文彬开展工作围绕一条主线：决战决胜脱贫攻坚、建立健全巩固脱贫成效和防止返贫的长效机制。廖文彬清楚地认识到，屏山脱贫摘帽只是取得阶段性重大成效，只能说基本实现了高质量脱贫目标，但离致富奔小康还有很大差距。习总书记指出："打赢脱贫攻坚战不是搞运动、一阵风，要真扶贫、扶真贫、真脱贫。要经得起历史检验。"现在屏山县脱贫摘帽奔小康了，只是消灭了绝对贫困，而相对贫困将是永远的，与人类前进历史相伴相随的，先进发达的西方国家同样面临着这个难题。先贤孙中山说得好："革命尚未成功，同志仍须努力。"我们只能以现在脱贫摘帽为新起点，摘帽不摘责任，摘帽不摘政策，摘帽不摘帮扶，摘帽不摘监管，努力探索建立起一套解决相对贫困的长效机制，在阻止返贫的基础上高质量大步前进，创造出丰富的物质与精神财富，尽量满足屏山人民群众对幸福美好新生活的向往与诉求。

愿景的实现、主线的落实，必须以产业强县、城乡融合、开放创新、生态文明、党建引领这"五大发展战略"为坚实牢固的支撑点。"产业强县战略"要用产业发展带动县域经济，聚焦特色主导产业，强化平台建设，不断提升产业"造血"功能，打造高质量建设幸福奋进新屏山的动力引擎。"城乡融合战略"要按照"做大县城、做全集镇、做美乡村"的思路，把屏山经济技术开发区打造成为全市千亿纺织园的核心区，把东部县城打造为我国西南地区最大现代纺织产业城，把中部锦屏镇打造成为川滇走廊水果集散中心，把西部中都镇打造成为县域经济中心镇。"开放创新战略"要构建开放合作新格局，推动屏山开放创新，打破大山思维，树牢开放奋进新理念，打通内联外通新通道，发挥科技部和嘉兴市帮扶优势，搭建开放合作、科技创新平台。"生态文明战略"要坚定长江上游生态功能县定位，全面加强对老君山、五指山和岷江、金沙江的"两山两江"生态环境综合保护，坚决打赢守护蓝天、碧水、净土"三大战役"，实施县域绿化、美化、亮化"三大行动"，筑牢长江上游生态屏障。"党建引领战略"要把握好屏山特殊时期政治生态，不忘初心，牢记使命，以全面提升基层治理能力为抓手，提振干部多干事、干实事的激情，提高基层党组织战斗力，重塑风清气正的政治生态。总之，我们必须用新担当、新作为的勇气，团结带领全县广大党员干部众心一念，众謦一声，全面推动各项事业取得新突破、新成效，为高质量建设幸福奋进新屏山努力，为把宜宾建设成为四川经济副中心屏山力量，做出屏山贡献。

浴着皎洁的灯辉，听着廖文彬信心满满、掷地有声的话语，回思起采访期间行走在屏山那方流绿淌翠、风景如画的热土上，即使最偏僻、边远的山村，也能看到一条条随地形蜿蜒、伴山势起舞的水泥公路，一幢幢群星一样耀眼闪烁在青山绿水间的聚居点与小别墅，一个个沃叶扶苏、果实盈枝的水果产业园，一处处功能齐全设施完善的村小学、村卫生所、村文化中心。所见的一切，无一不透露着勃勃生机和欣欣向荣的景象，让人心情舒畅精神振奋想歌想舞。奋进者身姿永远朝前倾，我们愿意看到屏山县委、县政府带领32万屏山人民迎风搏浪、纵征惯战的身影！

　　我们更愿意看到在不久的将来幸福奋进的新屏山，如一颗璀璨耀眼的新星，闪烁在祖国西南边陲明净的上空，引万众瞩目，世人仰望！

2020年3月30日

后 记

今年的春天荒芜破败。闭门在家，没见到几棵生机勃勃的绿芽，没见到几朵恣意绽放的鲜花，春天就要挥手远去。新型冠状病毒实在凶险，似乎布满广漠空间，无处不在，世界恐慌，人人自危。真想一把抓住揍它几拳，却又摸不着看不见，如同虚空幻境中的假想敌人——若是成功交锋，恐怕正中它的下怀，乖乖地沦为它的俘虏。

我还有件闹心的事。

2019 年，承蒙中共屏山县委宣传部盛情邀请——采写一本反映该县脱贫攻坚的书，我爽快地答应了。他们曾邀请我写过反映向家坝水电站库区移民搬迁的《水拍金沙》一书，该书获四川省"五个一工程"奖，我除了挣得一份浮名，还"携带私货"：运用搜集到的素材，写了中篇小说《月亮之上》《酒仙儿》和短篇小说《赔我一个男人》等作品，还有的素材已经或即将写进另外的小说中。上次的采写衍生出诸个副产品，我"赚得"盆满钵满。如今这种好事又找上门来，我能不赶快伸手一把抓住？当时的我相信这次仍然会有额外收获，却全然没料到会陷入此时的窘境。

他们提出要求：写基层写群众，要有史料性与可读性。这很对我的胃口，举凡笔下大都是从寻常百姓家走出来的小人物，没有一手叉腰一手指点江山的大英雄。采写过程中，两眼紧盯一线帮扶干部与困难群众，要背离邀请人的意愿也难。所以这一点要求不算高。

史料性吗，记录下特定背景、特别时间、特别地点展开的这一场波澜壮阔、震古烁今的大国行动，本身就具有非常重要的史料价值。我特别警醒，历史自古为胜利者所书写，如何不粉饰、不溢美、不诿过、不杜撰，如何客观真实地记载下此时一些人物、言论、事件，供彼时人们回顾研究这一段历史，能够寻找到一星半点可供运用引证的资料，我就问心无愧了。这也是我原则上拒绝拿来主义，不采用别人提供的素材，宁愿自己"搬砖"，尽量下沉搜集第一手素材进行写作的动因。这还能更深入乡间肌理：只有运用亲自所见所闻、未经他人加工咀嚼过的材料写出的作品，方能确保新鲜度与原汁原味。若非具体接触了解，无论作家如何妙笔生花，永远写不出"这一个人"的一颦一笑，让人物"活"起来。一身汗水一脚泥，足到、眼到、心到、情到，是确保一部作品生动可读的炼金石，也是一个非虚构作家的基本态度。

一路写下来，自以为答卷交得还算无愧，那又有啥闹心事呢？

须知屏山举全县之力，集全县之智，紧紧围绕党中央决策部署，调集精兵强将组成脱贫攻坚队伍，浩浩荡荡地开赴农村实施精准帮扶，个个殚精竭虑、奋勇争先；广大群众特别是贫困户想方设法主动配合，渴求能迅速摆脱贫困，随便找一个人、一件事深入采访，都可以写出一篇像模像样的文章。犹如走进繁花似锦的花园、果实诱人的橙林，随便采一朵花都能闻出春天的气息，随手摘一个果都能尝到原野的甘甜。那么，千里园林，采哪一朵花，摘哪一个果？我满眼惶然，一时不知何处下手。尽管我努力让所采写的人和事更典型一些，具有代表性一些，但受个人视野与书籍容量等因素限制，无法一逞胸怀。比如全县抓得很好的内联外畅通江达海的路网重构，比如在极旱之地破解人畜饮水难题，比如"财神爷"为筹集资金付出的常人难以想象的辛劳，比如以茵红李为龙头的种植产业如何支撑起脱贫致富蓝天，比如脱贫攻坚过程中诸多感人肺腑的人和事，等等，这些都值得浓墨重彩大书特书，况且有的已经采写成章，最后统稿时再三斟酌、反复掂量，又不得不忍痛割爱。这一些让我如鲠在喉，无法释怀，却又别无良法予以补救，才突然意识自己做了一件傻事、笨事，只有心存郁闷面壁长叹。如今木已成舟，恳请满山长得高大应林的树们包容谅解，真钻石即使深埋地底也会熠熠生辉。

我心里不快，油然滋生出沮丧懊恼，望着电脑屏幕发呆。突然有清脆的鸟叫声如飞镖一样射进耳洞。起身稳步窗口撒眼望去，两只画眉站在一根细长的树枝上，微风吹着，一波一荡的，宛如航船在大海之上迎波斗浪。哦哟，两棵冰糖柑几时开出一树白皑皑的繁花，坐果的枇杷长得比大拇指肚还大颗了。听一个朋友说薄荷可以驱蚊，可以驱杀病毒，特意栽了一盆，现已经舒枝展叶拔节上长。这一些小小的愉快，汇成一湾奔流淌过心河，把浮渣败草一般的不良心绪顺流冲走。

是的，为人做事，只要努力了尽心了就问心无愧，大可不必患得患失，世上没有十全十美的事——虽然这样的自我原谅显得自私，但此时我只愿一心无二，向为我提供采访名单与线索、接受采访、成稿成书过程中给予倾情帮助的所有人，真诚地道一声感谢！

作者

2020/4/20